Eberhard Serauky

IM NAMEN ALLAHS

Eberhard Serauky

IM NAMEN ALLAHS

Der Terrorismus im Nahen Osten

Karl Dietz Verlag Berlin

Die Deutsche Bibliothek – CIP-Einheitsaufnahme

Serauky, Eberhard:
Im Namen Allahs : der Terrorismus im Nahen Osten /
Eberhard Serauky.– Berlin : Dietz, 2000

ISBN 3-320-01990-2

Typographie: Brigitte Bachmann
Umschlag: Trialon, Berlin,
unter Verwendung eines Fotos der
Fotoagentur Zentralbild GmbH
Satz: MediaService, Berlin
Druck und Bindearbeit: Wiener Verlag GmbH, Himberg
Printed in Austria

Inhaltsverzeichnis

Vorwort

Ein großes deutsches Reiseunternehmen hat seinem Werbekatalog für den Zeitraum Oktober 1998 bis März 1999, der kühleren und deshalb touristisch bevorzugten Jahreszeit im Land der Pharaonen, ein „Offenes Wort" vorangestellt. Darin sieht man sich zu der Aussage genötigt, daß Ägypten kein sicheres Land ist und deshalb jeder einzelne potentielle Tourist für sich selbst die Entscheidung zu treffen hat, ob er dorthin fahren will. Unverblühmt lockt man mit den Möglichkeiten einer intensiveren Betrachtung der Altertümer und Sehenswürdigkeiten, weil der Besucherandrang stark nachgelassen hat. Auch die niedrigen Preise der ägyptischen Partner angesichts der Flaute im Geschäft seit den letzten Terroranschlägen am 17. 11. 1997 sind ein Argument der deutschen Tourismusmanager für den Besuch. Man kann die Fachleute verstehen, die das Risiko für ihre Touristen mit bewachten Inlandflügen und Schiffsfahrten auf dem Nil minimieren wollen. Doch ist die Region von Oberägypten, wo die altägyptischen Tempelanlagen von Abu Simbel, Edfu, Luxor und Kom Ombo in der Sonnenglut stehen, fest in der Hand der Terroristen, bereits seit Jahrzehnten; sie gehören zu der dortigen Bevölkerung, erwachsen aus ihr in der Gestalt immer neuer Generationen und zählen deshalb unlösbar zu den Menschen in den Dörfern und Städten Oberägyptens. Daran ändert auch die momentan verstärkte Polizeipräsenz nichts. Im Gegenteil. Die Terroristen haben ihr Ziel erreicht, indem sich der Staat durch die Anschläge zu aufwendigen Schutzmaßnahmen bei den touristischen Höhepunkten gezwungen sah, wodurch unzählige Soldaten und Polizisten eingesetzt sind, die, so kalkulieren die Terroristen befriedigt, an anderen Stellen und Plätzen des Landes nicht mehr zur Verfügung stehen. Allein bei dem weltberühmten Tempelkomplex von Luxor durchstreifen jetzt Einheiten der Armee, durch Scharfschützen verstärkt, die angrenzenden weiten Wüstenflächen auf der Suche nach möglichen Gefahren; Polizisten sind vor dem Tempel stationiert und beobachten die Szenerie, um sofort eingreifen zu können. Speziell ausgebildete junge Leute, in Maßanzügen mit leichter Bewaffnung unter der modischen Weste, mischen sich im Tempel unter die Touristen und halten sich bereit, wenn etwas passiert. Einen solchen personellen und materiellen Aufwand leistet sich Ägypten gegenwärtig bei den wichtigsten Objekten touristischen Interesses. Die offene Palmenlandschaft bei den Tempeln im oberen Niltal ermöglicht eine recht direkte Sicherung, aber wie will man die Besucher bei den vorgesehenen Visiten in dem quirllebendigen und übervölkerten Aswan und in dem chaotischen Kairo schützen, wo das Ägyptische Museum, wichtigste Stätte für die Besichtigung einer Vielzahl alter Mumien, auf dem Plan steht? Hier ist jede Schutzbemühung vor unlösbare Aufgaben gestellt. Die Terroristen können zuschlagen, wann immer sie es für günstig erachten. Jenen Interessenten, die eine Reise nach Ägypten beabsichtigen oder dort bereits waren, immerhin kamen 1998 allein aus der Bundesrepublik schon wieder ca. 60 000, der Schock sitzt offensichtlich nicht so tief wie bei den Schweizern und Japanern, kann das Buch Hinweise und neue Zusammenhänge vermitteln. Aber auch allen, die aus beruflichen, kulturellen oder allgemein bildungsorientierten Bestrebungen heraus den Nahen Osten als bedeutenden Faktor unserer Weltsituation betrachten, finden in dem Buch Fakten und Aufschlüsse, die sich unmittelbar als nützlich erweisen.

Der Terrorismus, der sich immer mehr international gestaltet, sich gewaltige Finanzsummen erschließt und ein weltweites Bedrohungspotential entwickelt, stellt ein ernstes Phänomen unserer Zeit dar, das deshalb auch breites Interesse hervorruft. Die bisherigen Bemühungen, ihn einzudämmen, unschädlich zu machen und zu bekämpfen, schlugen fehl, da bestimmte Ursachen für die virulente Kraft des nahöstlichen Terrorismus keine Berücksichtigung fanden.

Ernüchterung, Frustration und Aggressivität finden wir in weiten Teilen der ägyptischen Gesellschaft. Die Hoffnungen und Versprechungen, die mit der Erlangung der Unabhängigkeit verbunden waren, erfüllten sich nicht. In den Augen dieser Menschen ist das Land nicht von ausländischen Einflüssen befreit, ist kaum im eigentlichen Sinn politisch souverän und verfügt deshalb über keine staatliche Selbständigkeit. War früher die englische Kolonialmacht dominierend, sind es heute die Amerikaner. Diese Gleichsetzung ist simplifizierend und ungenau, existiert jedoch. Dabei übersehen die Ägypter, daß die Briten einst in Gestalt des Generalkonsuls, der mit kolonialer Machtfülle ausgestattet war, selbst die Regierung ausübten, während heute die USA im Zeitalter der Globalisierung vor allem im Wirtschaftsbereich, Bankwesen und der Kultur präsent sind. Immer stärker nehmen die Araber jedoch wahr, daß ein noch viel spezifischerer und rasch wachsender Einfluß der USA in der Region seit der Besetzung Kuwaits durch den Irak am 2. 8. 1990 zu beobachten ist. Die militärische Präsenz auf Stützpunkten in Saudi-Arabien beträgt bereits rd. 25 000 Soldaten. Nicht nur das Erdöl will man im Interesse der USA sichern, alle wichtigen Regierungen der Region sind in die neue Strategie einzubinden und Störfaktoren wie der Irak und der Iran zu neutralisieren. Im Irak strebt man einen Machtwechsel an, und gegen den Iran unterstützen die USA in gewissen Grenzen die Taliban von Afghanistan.

Besondere Sorgen bereitet den USA das Königreich Saudi-Arabien, weil die Stabilität des gegenwärtigen Systems nicht gesichert ist, aber kaum Kräfte für eine demokratischere Fortführung der Macht des Landes vorhanden sind. Während 7000 Prinzen und Prinzessinnen der regierenden Dynastie in Saus und Braus leben, ist jeder fünfte Jugendliche arbeitslos. Für islamische Gläubige, auch in Ägypten, ist bereits die Ansammlung von Fremden auf dem heiligen Boden der Arabischen Halbinsel eine unvorstellbare Provokation. Seit dem frühen 8. Jahrhundert war es ein ungeschriebenes Gesetz für alle Muslims, daß kein Ungläubiger die Arabische Halbinsel betreten darf, wo sich die wichtigsten Heiligtümer des Islam in Mekka und Medina befinden. Bereits am 4. 2. 1991, während der Aufmarsch der multinationalen Einheiten zum Kampf gegen den Irak erfolgte, schossen in der Stadt Djidda Unbekannte auf einen Bus und verletzten zwei amerikanische Soldaten und einen Saudi-Arabier. Im November 1996 zündeten Terroristen eine Autobombe vor einem Ausbildungszentrum der saudischen Nationalgarde in der Stadt Riad. Unter den sieben Opfern des Anschlags waren auch fünf amerikanische Militärberater. Mit Unterstützung von Experten aus den USA gelang es, die vier Attentäter festzunehmen. Bei den beginnenden Verhören aber sah sich die amerikanische Seite ausgeschlossen, woraus ernste Verstimmungen zwischen beiden Staaten erwuchsen. Da Saudi-Arabien die Menschenrechtskonvention der UNO nicht anerkennt, sind die Methoden bei den Vernehmungen von sehr anfechtbarer Natur. Makaber war es, daß man am 22. 4. 1996 die vier Täter unmittelbar vor ihrer Hinrichtung im saudischen Fernsehen auftreten ließ, wo sie ohne Umschweife ihren jeweiligen Beitrag am Anschlag erläuterten, Hintermänner im Ausland benannten und auch die geistigen Quellen für ihr Handeln offenlegten, wozu auch die Verbindungen zu den Terroristen in Ägypten zählten. Unerschütterlich und mit festem Blick in die Kamera formulierten sie ihre Gedanken, Motive und Aktionsfelder. Im Mai erfolgte ihre öffentliche Enthauptung.

Wenn Saudi-Arabien mit der Fernsehinszenierung und der blutrünstigen Hinrichtung erhofft hatte, eine massive Abschrekkung zu erreichen, sah man sich in der Folgezeit bitter enttäuscht. Im Nordosten Saudi-Arabiens, nahe beim Persischen Golf, liegt die Stadt Dhahran, die sich erst seit 1936 entwickelt hat, als man in der Gegend bei Dammam auf gewaltige Erdölvorkommen gestoßen war. Pipelines und die Eisenbahn führen inzwischen hierher. Am strategisch wichtigsten jedoch ist der Flugplatz der Stadt. Von hier aus erfolgten während des Kuwait-Konflikts die Luftangriffe auf die irakischen Stellungen; noch heute starten Kontrollflüge über den Südirak. Dem amerikanischen Wachtposten auf dem nordöstlichen Beobachtungsturm des Flugplatzes fiel in den frühen Morgenstunden des 26. 6. 1996 ein Tanklastwagen auf, der sich unmittelbar in die Nähe des geschlossenen Eingangstores manövrierte. Der Soldat hatte noch vier Minuten Zeit, die verdächtige Beobachtung dem zuständigen saudischen Sicherheitsoffizier zu melden, als das Fahrzeug, vollgepackt mit hochexplosivem Plastesprengstoff, in die Luft flog. Die Vorderfassade eines neunstöckigen Hauses fiel unter der Druckwelle in sich zusammen; insgesamt neunzehn schlafende US-Soldaten wurden Opfer des Anschlages. Über 400 Verletzte kamen in die Krankenhäuser. Die Täter hat man trotz aller Bemühungen bisher nicht entdeckt; keine der Terrorgruppen im Nahen Osten übernahm die Verantwortung. Der Verdacht, das Verbrechen begangen zu haben, fiel deshalb aus saudischer Sicht auf die schiitische Minderheit in der Region von Dhahran.

Die Schiiten, die wichtigste Untergruppierung des Islam, 11% aller Muslims in vielen Ländern der Erde, vor allem im Iran, zählen zu ihnen, sind aus der Sicht der regierenden Saudis Häretiker, noch schlimmer jedoch ist die Tatsache, daß man diese Gläubigen wirtschaftlich wie sozial in den Status von Bürgern zweiter Klasse abdrängt. Im November 1979 brachen unter diesen Schiiten deshalb Unruhen aus, wobei Losungen auftauchten, die nach dem iranischen Vorbild eine islamische Revolution forderten. In Bahrain, das nur durch einen schmalen Wasserweg von diesem Distrikt getrennt ist, bemühen sich schiitische Kreise bis heute, mit legalen und Terrormethoden, ihre Ansprüche auf eine gerechtere Beteiligung an der Macht durchzusetzen. Grundsätzlich streben die heutigen Terroristen im Nahen Osten alle danach, die bestehenden Regime mit Gewalt zu stürzen, um selbst die Regierung zu übernehmen. Dabei haben jedoch nicht alle von ihnen ein klares Konzept für den Umschwung der Verhältnisse, bei manchen gibt es nur vage Vorstellungen für die Zeit nach der Machtergreifung. Islamisch soll die Herrschaft sein, aber wie setzt man das durch? Solche Fragen existieren in vielen Köpfen. Das bedeutet aber nicht, daß diese Leute ihr Ziel aus dem Auge verlieren, den Umsturz zu realisieren. In Saudi-Arabien wissen sie, daß amerikanische Kreise dem bestehenden Regime keine fünf Jahre Fortexistenz mehr zugestehen, wenn es sich nicht von Grund auf wandelt. Die baldige Phase möglicher Instabilität haben die Terroristen im Auge, um im geeigneten Moment loszuschlagen. Sie werden sich mit Teilen der Geistlichkeit verbünden, die heute bereits zu den oppositionellen Kreisen gehören. In der Zusammenarbeit mit ihnen, so hoffen die Terroristen, werden sich praktikable Wege für die Machtausübung finden. In anderen arabischen Staaten wie Ägypten haben die Terroristen die umfassende Schwächung des Staates als Hauptmittel erkannt, um dann den Umschwung mit Hilfe der Volksmassen und gewisser Armeekreise durchzuführen. Sie verfügen über die umfangreichsten theoretischen Grundlagen und die detailliertesten Praxiserfahrungen, gewonnen in der harten Auseinandersetzung mit den Terrorbewegungen Ägyptens der letzten 80 Jahre, viele nicht-ägyptische Organisationen ziehen daraus Nutzen.

Die Zusammensetzung der Terrorbewegungen, ihre Verankerung im Volk, gehört zu den geheimen Dingen. Doch liegen Kenntnisse vor. 30% von ihnen sind Studenten. Freie Berufe und Handwerker machen 22% aus und 12% sind Vertreter aus der Arbeiterschaft. 12% sind Arbeitslose, aber Bauern nur 3,2%, Kleinhändler 1,9% und Polizei sowie Armee 0,1%. Nicht eindeutig beruflich einzuordnen sind 17% der Mitglieder, zu denen Prediger, Gelehrte und freie Autoren religiösen Schrifttums gehören. Ein relativ breiter Ausschnitt aus der Gesellschaft zeigt sich hier. Auffällig und für unsere Breiten nicht nachvollziehbar, ist die aktive Beteiligung von Ärzten, Apothekern, Rechtsanwälten und Teilen der reichen Oberschicht. Sie sind nicht nur willige Geldgeber, sondern umfassend in die konspirative Arbeit eingebunden. Die Leute sind dazu nicht gezwungen worden, sie halten vielmehr eine islamisch orientierte Gesellschaft, die die Terroristen anstreben, für die bessere Alternative, für die von Allah gewollte Ordnung, und nicht das gegenwärtige Regime. In der Altersstruktur dominiert die Gruppe der 20-24jährigen mit 39%, ihr folgt die der 25-29jährigen mit 25%. Älter als 30 sind immerhin noch 24% der Terroristen. Die Attraktivität des islamischen Staatsmodells hängt vielleicht auch etwas mit der Natur des Islam zusammen, der den ganzen Menschen erfaßt und sein Leben als Individuum wie in der Gesellschaft regelt und ordnet. Darüber hinaus fehlt der Gegensatz von Religion und Politik, religiöse Fragen sind gleichzeitig politische und umgekehrt. Ebenso stellen geistlich und weltlich keine Konflikte dar. Im frühen Islam war die Gemeinde der Gläubigen zugleich das kämpfende Heer, Anführer und Vorbeter konnte jeder sein, wenn er bestimmte menschliche Qualitäten besaß. Der Islam hat keinerlei Tendenz zum Terror, doch da seine religiöse Welt gleichzeitig politisch ist, sind heutige Muslims auch stark politisch engagiert.

Das sind sie ebenfalls in der Region um Dhahran in Saudi-Arabien. Die Menschen dort wenden sich gegen den eklatanten Mangel an politischer Freiheit, ihre Zurücksetzung im öffentlichen Leben und die allgegenwärtige Korruption im Staat. Die saudische Führung, die zwar offiziell eine puritanisch-konservative Religionslehre vertritt, sieht sich nicht nur von diesen Schiiten kritisiert. Zahlreiche islamische Gelehrte wenden sich gegen das Regime, weil der Widerspruch zwischen der verkündeten Theorie und der konkreten staatlichen Praxis, die durch eine Aufhäufung riesiger Reichtümer in einigen wenigen Familien immer deutlicher wird, evident zutage tritt. Die Tonbandmitschnitte, die bei Freitagspredigten in manchen Moscheen des Landes zustande kommen, kursieren im ganzen Land. König Fahd, seit vier Jahren durch einen Schlaganfall stark in seiner Amtsführung behindert, hat als Nachfolger und amtierenden Herrscher den Kronprinzen Abdallah bestimmt, der bereits das Alter von 75 Jahren erreicht hat. Nach ihm, das ist bereits jetzt bekannt, ist die Amtsnachfolge unter den Prinzen stark umstritten. Selbst aus ihrem Kreis gibt es inzwischen warnende Stimmen, die die Einleitung eines graduellen Reformprozesses fordern. Dazu gehören allgemeine Wahlen, zuerst nur für Männer, die Zulassung von poltischen Parteien, die Verbesserung der Rechte der Frauen und die Schaffung einer klaren Erbfolgeregelung. Verfechter solcher Ideen ist Prinz Talal b. Abdalaziz, ein Halbbruder des Königs und Vater des Multimiliardärs Walid b. Talal. Beobachter sind einhellig der Meinung, daß bei einem Ausbleiben solcher tiefgreifender Reformen der Staat Saudi-Arabien mit seinem Königtum nicht mehr lange existieren wird. Das wissen auch die Amerikaner. Die politische Krise des Staates verschärft sich noch durch die wachsenden Negativfaktoren in der Wirtschaft, wozu der tendenziell sinkende Rohölpreis zählt. Bereits jetzt fehlt Geld in zentralen Bereichen. Deshalb privatisierte man 1998 hastig das ganze Telefonunternehmen, das der Staat mit gewaltigen Mitteln aufgebaut hatte. Die saudische Fluggesellschaft wird in nächster Zeit vom Staat in Privathände übergehen. Bereits jetzt hat sie aber die Flugpreise drastisch erhöht, auch führte man für den internationalen Reiseflugverkehr die Flughafensteuer ein. Völlig über den Kopf gewachsen sind dem Staat die Kosten der Elektrifizierung. Bis 2006 sollte der Aufbau geschehen, 20 Milliarden Dollar sind bereits vom Staat investiert, da aber kein Geld mehr vorhanden ist, denkt man nun darüber nach, das halbfertige Netz mit allen Umspannwerken und anderen technischen Anlagen privaten Geschäftsleuten zu überlassen, wenn man welche findet. Kürzlich führte man eine Extrasteuer für die Großverbraucher von elektrischem Strom ein. Saudi-Arabien hatte diese Projekte und Unternehmen entwickelt, um damit den Staatsbürgern, Gastarbeiter erhalten nicht die Vergünstigungen, kostenlose oder stark verbilligte Dienste anzubieten. Das ändert sich aber zum Leidwesen der Bevölkerung gründlich mit den Privatisierungen. Der Staatshaushalt für 1999 wies ein Defizit von umgerechnet 11,7 Milliarden Dollar aus und nur noch 1,3 Milliarden Dollar waren für die Finanzierung von Wirtschaftsprojekten vorgesehen. Im Jahr davor waren es noch viermal mehr. Gleichzeitig aber machte man nicht deutlich, wie man das Defizit abbauen will. Das sind alles keine ermutigenden Zeichen einer prosperierenden Entwicklung.

Bei der Durchsetzung der strategischen Ziele der USA im Nahen Osten spielt Ägypten eine Sonderrolle. Die resultiert aus seiner geopolitischen Lage im Zentrum der Gesamtregion, der relativen Stabilität der politischen Verhältnisse mit Ansätzen von Demokratie und Parlamentarismus, der entwickelten Wirtschaftsstruktur, wobei Ägypten als einziger Staat des Nahen Ostens über eine hochtechnisierte Schwerindustrie verfügt, ein bereits hundertjähriges Banksystem aufweist, eine breite Schicht von gut ausgebildeten Arbeitern und Angestellten hat und eine Außenpolitik realisiert, die sich geschickt im Rahmen der amerikanischen Zielvorstellungen bewegt, gleichzeitig aber flexibel und mit Nachdruck spezifische Eigeninteressen in der arabischen und übrigen Welt wahrnimmt. Zur Rüstungsindustrie gehören ca. 30 Fabriken mit 70 000 Facharbeitern, die Unternehmen liegen alle in der Nähe Kairos. Die USA bewerten die Tatsache sehr hoch, daß Ägypten als erster arabischer Staat einen Friedensvertrag mit Israel abgeschlossen hat und 1991 entscheidend zu dem gemeinsamen Sieg über den Irak beitrug. Die wirtschaftliche Potenz des Landes hat nach Ansicht amerikanischer Finanzkreise einen besseren Stand als Polen und läßt solche Staaten wie Südafrika und die Türkei weit hinter sich. Im Rahmen der seit 1991 verstärkten Liberalisierung der Wirtschaft, vor allem die Banken bezog man direkt in diesen Transformationsprozeß ein, erhöhte sich die Zahl registrierter Aktiengesellschaften und anderer Betriebsformen kontinuierlich. 1997 waren es 658, ein Jahr davor noch 653. 7533 Betriebe unterschiedlich rechtlicher Gestalt arbeiten mit ausländischer Beteiligung. Die USA haben mit mehr als 35% den absolut größten Anteil am Import des Landes, Frankreich, Deutschland und Italien folgen und rechnen damit, daß Frieden im Nahen Osten zu offenen Grenzen führen wird, wodurch Ägypten noch erhöhte strategische Positionen für Vertriebs- und Produktionsoperationen in dem ganzen Mittelmeerraum gewinnt. Ägypten nimmt für die USA Rang sieben ein bei den Ländern, mit denen sie einen starken Handelsüberschuß haben, damit sind die Aussichten für einen weiteren Ausbau der

Zusammenarbeit sehr günstig. Die amerikanischen Lieferungen umfassen Weizen, Weizenmehl, Rohbaumwolle, Tabak sowie Sojamehl, auch sind die USA aktiv auf den Gebieten der Elektroenergie, Telekommunikation, Bewässerung, Öl- und Gasprojekten, Tourismus und Sport. Spezifische amerikanische Restaurantketten wie Pizza Hut, Dunkins Donats, Mc Donalds, Arby's und Chili's haben Zweigstellen eröffnet. Auch Kentucky Fried Chicken (KFC) und TCBY Yoghurt haben auf dem ägyptischen Markt ihren Platz gefunden.

Ägypten verfügt über eine eigene Rüstungsindustrie, deshalb beläuft sich der Waffenkauf des Landes auf vergleichsweise niedrige 9% des Nationaleinkommens; die USA wickeln hier die Lieferungen auf der Basis des militärischen Hilfsprogramms ab. Bei Saudi-Arabien sind es 18%; das Sultanat Oman im Südosten der Arabischen Halbinsel, die strategisch wichtige Meerenge von Hormuz zwischen Oman und Iran gehört zu seinem Territorium, hat 23%. Aus dem ägyptischen Verteidigungsministerium erfährt man, daß die Militärkosten allmählich reduziert werden, weil die USA die Grenze auf der Sinai-Halbinsel zu Israel garantieren und daher das Bedrohungspotential reduziert ist. Die konkreten Auswirkungen dieser Sparmaßnahmen auf die Innenpolitik werden im Zusammenhang mit der Polizei in einem anderen Kapitel behandelt. Der Abbau der Militärkosten geschieht vor allem durch die Absenkung der Kosten bei den Neueinkäufen, die Armee hält man jedoch weitgehend auf einer festgelegten Mannschaftsstärke. Angesichts der ständig steigenden Geburtenzahlen im Land, konnte man es sich in den letzten Jahren leisten, nur 23% der männlichen Jugend in den einzelnen Jahrgängen einzuziehen. In Zeiten der Hochspannung am Suezkanal, in der Konfrontation mit Israel mußten 1975 in Ägypten noch 27,8% aller jungen Männer in die Armee. Von ihrer Schulbildung her stellen heute die Jungen mit Grundschulabschluß das Gros der Soldaten mit 62%, Oberschüler und Studenten sind mit 12% dabei und werden für die Bedienung der modernen Wehrtechnik dringend gebraucht. Sie vor allem, die vor und nach der Armeezeit sozial im täglichen Leben zu den Deklassierten und Arbeitslosen zählen, sind das Zielobjekt der Terroristen bei ihrer geheimen Arbeit in der Armee. Die subversiven Kreise sind ebenfalls in speziellen Feldern der Wirtschaft tätig, um dem Land auch auf diese Weise gezielte Schläge zu versetzen. Alle Schwächemomente der staatlichen Ökonomie registrieren sie genau, daher ist es ihnen sicher nicht entgangen, daß in Ägypten vor kurzem beinahe der Aktienmarkt zusammengebrochen ist. 716 Unternehmen sind an der Börse mit 2563 Mio. Aktien vertreten, am 16. 10. 1998 erschütterte die Börse ein ungeheurer Wertverlust von durchschnittlich 23,9%. Das Ereignis, das die wirtschaftliche Instabilität des Landes unverschleiert aufzeigt, hatte sich in den Tagen davor etwas angedeutet, als Einzelpersonen und Institutionen Aktien ägyptischer Industriebetriebe verkauften, daraus entstand eine erdrutschartige Bewegung. Man erwarb dafür Aktien europäischer Unternehmen. Das war eine Mißtrauenserklärung gegen die ägyptische Wirtschaft. Die Vorbehalte bestätigten sich auch dahingehend, daß die ägyptische Börse 1998 ein durchschnittliches Minus von 24,71% aufwies. Die Regierung des Landes muß sich nun bemühen, den eingetretenen Schaden einzugrenzen.

Ägypten beschuldigt den Sudan, Terroristen auszubilden, zu bewaffnen und als Versteck zu dienen. Dafür gibt es interne Hinweise, die auch für die USA wichtig sind. Der amerikanische Angriff auf die Chemiefabrik bei Khartum hat bewiesen, daß man auch in Washington die Gefahr des Sudans erkannt hat. Neuere Geheimdienstberichte belegen, daß US-Agenten in der Fabrik vor dem Angriff waren, wo sie die Giftbeweise aus einem undichten Rohr entnommen haben. Damit steht fest, obwohl das in den USA angelegte Kapital des Eigentümers der Fabrik inzwischen wieder freigegeben wurde, daß das Werk im Auftrag des saudischen Multimillionärs und Förderers des Terrorismus Usama b. Ladin dabei war, toxische Stoffe zu produzieren, die zu einem Mittel der zukünftigen Angriffe von Terroristen gehören sollten. Der Sudan, dessen besondere Rolle für die Kooperation der Extremisten in dem folgenden Kapitel eine genauere Behandlung erfährt, bietet auf Grund seiner enormen geographischen Ausdehnung, der in dem Land vorhandenen Finanzmittel der Regierenden und einem kleinen, aber recht gut ausgebildeten Technikerstamm sehr günstige Voraussetzungen für die Produktion neuer Formen von chemischen Kampfstoffen. Unbedenklich, wie Terroristen auch gegenüber ihrer eigenen Bevölkerung sind, ist auch mit Tests zu rechnen in den Kampfgebieten des Südsudans, wenn man in der Produktion eine bestimmte Stufe erreicht hat. Zukünftig wird sich der Sudan sicherlich zur Verheimlichung der tatsächlichen Ziele bemühen, jedem Neubau von Fabrikanlagen eine durch technische Zusammenarbeit belegte Öffentlichkeit zu verleihen. Die interne Zielsetzung ist dann in einem geeigneten Moment in dem Bauvorhaben, in der Produktpalette und in den Parametern einzubringen. Die Sudanesen und ihre Hintermänner wissen jetzt, daß USA-Beobachtungssatelliten möglichst alle größeren Projekte genau überprüfen werden. Die Aktionen und neuesten Probleme der Terroristen im Sudan, die Bemühungen Usama b. Ladins zur Schaffung international vernetzter Terrorfelder, die Anstrengungen der USA dagegen und die vielfältigen Erscheinungen heutiger Extremisten in der arabischen Welt bilden Schwerpunkte des Buches, das auf bisher unerreichbaren Quellen, direkten Kontakten und genauer Analyse der Situation vor Ort basiert.

1. Die Zusammenarbeit der Terroristen und ihre Bekämpfung durch die USA

Die im Sudan seit dem militärischen Umsturz vom 30. 6. 1989 herrschende National-Islamische Front, deren führender Kopf der einstige Absolvent europäischer Hochschulen Hasan at-Turabi ist, hat das Land in brutaler Weise ausgesaugt und damit gewaltige Geldsummen gewonnen. Turabi, graue Eminenz des Sudans, hat seine Laufbahn als Jurist begonnen. Nach ersten Studien in Khartum begab er sich nach London und nach Paris. An der Sorbonne promovierte er über die Vollmachten der Exekutive im Ausnahmezustand nach französischem und angelsächsischem Verfassungsrecht. An der Universität Khartum unterrichtete er in den sechziger Jahren an der juristischen Fakultät. Er tat das bewußt in arabischer Sprache, die den Anwesenden von Stämmen des Südens nicht geläufig war. Englisch und Französisch beherrscht er zwar vollkommen, wollte jedoch den christlichen Studenten aus dem Südsudan nicht entgegenkommen. In dieser Zeit erfolgte seine rasche Hinwendung zum islamischen Fundamentalismus, wobei einerseits gewisse negative Eindrücke von der westlichen Kultur und Moral, andererseits aber die wachsenden Erkenntnisse eine Rolle spielten, daß angeblich nur der Islam die Lösung der Landesprobleme bieten kann. 1964, noch regierte der General Abbud, trat er an die Spitze der dortigen Bewegung der Muslimbrüder und konnte ein Jahr später, nachdem der General gestürzt war, seinen unaufhaltsamen Aufstieg beginnen. Er wurde gewählter Abgeordneter und trat mit allen Mitteln für die Islamisierung des Staates ein, womit er das Land spaltete und 1983 in den noch heute andauernden Krieg mit den christlichen und animistischen Landesteilen führte. In den siebziger Jahren unter dem Präsidenten Numeiri war Turabi Justizminister und Generalstaatsanwalt, damit besaß er spezifische Möglichkeiten, die strikte Einführung der Scharia, des alten islamischen Rechtssystems, durchzusetzen. Das Abschlagen der Hand für Diebstahl und andere drakonische Strafen steigerten noch den Widerstand der Nicht-Muslims. Unbeschränkte Macht erlangte Turabi, der heute ca. 67 Jahre alt ist, seit dem 30. 6. 1989, als sich General Umar al-Baschir mit Unterstützung der Fundamentalisten an die Macht putschte. Nun ergaben sich erweiterte Möglichkeiten, den islamischen Extremismus zu fördern und voranzutreiben. Dem international gesuchten Terrorist Carlos bot er Unterschlupf, bis dieser unter mysteriösen Umständen nach Frankreich gelangte, wo er vor Gericht kam. Für seine Unterstützung des Terrorismus, Beschaffung von Waffen und Funkelektronik, Ausbildung, Reisen, Fälschen von Dokumenten, Koordinierung von Aktionen, brauchte er, der jetzt der regierenden National-Islamischen Front vorsteht, viel Geld. Wie beschaffte er sich das?

Im Sudan hatte sich in den vergangenen Jahrzehnten, neben der absolut dominierenden Landwirtschaft, im Ansatz eine Leichtindustrie, vor allem in Gestalt von Ölmühlen, Spinnereien, Webereien und einer Glasfabrik entwickelt. 1959 entstand in dem Land mit der Landwirtschaftsbank die erste nationale Finanzeinrichtung, der bis 1970 11 weitere Banken folgten, die von 1970-1974 verstaatlicht wurden. Ab 1975 tauchten vor allem reiche arabische Finanziers auf und gründeten 1976 die Nationale Abu Zabi Bank, weitere 13 kamen dazu. Neben dem Banksektor gab es auch Hotels und erste Tourismuseinrichtungen. Alle diese Objekte wollte nun die National-Islamische Front zu Geld machen. Unter der verlogenen Losung einer Privatisierung begann in skandalöser Weise der Verkauf der Betriebe. Die Festlegung des Verkaufspreises erfolgte durch eine Kommission, die eindeutiges Instrument der National-Islamischen Front war. Es kam offensichtlich darauf an, die profitabelsten Einrichtungen für wenig Geld den richtigen Kumpanen zuzuschanzen. So kaufte am 30. 12. 1992 ein anonymer „Nationalfond für soziale Sicherheit" das respektable Sudan-Hotel. Von einer dubiosen Fachkommission war das Hotel mit einem Wert von 193 Mio. sudanesische Pfund ausgeschrieben worden, der Fond aber zahlte nur 137 Mio. und blieb gleich noch die Kaufsteuer von 41,2 Mio. schuldig. Nicht überall machten sich die Extremisten die Mühe eines formalen Aktes, vielmehr ließ sich einfach die Märtyrer-Organisation, ein Zweig der National-Islamischen Front, u. a. die folgenden Betriebe überschreiben: Gesellschaft für Ölgetreide, die Molkerei von Khartum und den Betrieb für Ernteschutz. Die Islamisten beschafften sich damit die profitabelsten Einrichtungen des Landes und schufen sich sichere Einkommensquellen, die keinerlei unabhängiger Kontrolle unterliegen.

Als einen parallelen Schritt der Durchsetzung ihrer islamisch-fundamentalistischen Prinzipien beschlossen sie nach der Machtübernahme 1989 die Islamisierung aller im Land tätigen Banken. Was bedeutet das? Banken bieten normalerweise Finanzierungsvarianten an, eröffnen Geldanlagemöglichkeiten und organisieren den Zahlungsverkehr. Sie sind in einen weltweiten Verbund von Finanzgeschäften einbezogen und verstehen sich als aktiven Faktor einer internationalen Gemeinschaft. Die Islamischen Banken des Sudans und anderer Länder Asiens glauben, einen eigenständig religiös abgesicherten Weg der Finanzgeschäfte gehen zu können. Kernpunkt des islamischen Bankgeschäfts ist das Zinsverbot, das der Prophet Muhammad im Koran eindeutig und mit strengen Strafen für die Mißachtung formuliert hat. Doch Gewinn ist erlaubt. Die islamische Bank konzentriert sich deshalb oft auf undurchsichtigen Nebenwegen der Finanzierung. Einerseits propagiert man die zinslose Geschäftsbeteiligung, bei der man an Gewinn und Verlust beteiligt ist, aber auch eine Form der Leasing-Nutzung, des Mietkaufs, zählt zu den Arbeitsformen. Diese Banken, die in einem offiziell streng islamischen Staat wie Saudi-Arabien nicht einmal die Hälfte der dort vorhandenen Geldinstitute ausmachen, sind durch eine Verfügung der absolut regierenden National-Islamischen Front zur alleinigen Art im Sudan geworden. In ihnen existiert für die Kunden kein Bankgeheimnis, eine eigentliche Rechnungsführung fehlt, das Internet ist hier kein Instrument der Bankwelt, da es aus religiösen Gründen verteufelt wird. Kein freier Devisenhandel ist zugelassen, deshalb gründete man im Juli 1998 eine „Investbank", bei der nur Nicht-Sudanesen für Devisen Aktien erwerben können. Man stellte die Zwangsislamisierung der Finanzwelt als die Befreiung von allen bisherigen Fesseln dar.

Wie frei der Prozeß tatsächlich war, erkennt man beim näheren Betrachten des Vorgangs. Denn auch jetzt geht es den regierenden Extremisten nur darum, sich auf unverschämte Weise zu bereichern. Eine Gruppe von ihnen überlegte 1991, eine Bank zu gründen, mit der man allen bedenklichen Geldgeschäften ein sicheres und ehrenwertes Aussehen geben könnte. Sie setzte schließlich durch, daß die wichtigste Bank des Landes, die 1960 geschaffene staatliche Sudanesische Handelsbank, am 28. 2. 1991 zum Verkauf ausgeschrieben wurde. In aller Eile ließ man eine Kommission bilden, die das Vermögen des Geldinstituts bewerten sollte, sich aber keinerlei Anstrengung unterzog und einen Minimalpreis von 653 Mio. sudanesiche Pfund festlegte. Dabei hatte man die weitverzweigten Geschäftsverbindungen, den Aktien- und Beteiligungsbesitz der Bank überhaupt nicht berücksichtigt. Eine Extremistengruppe kaufte am 20. 4. 1992 die Bank, holte sich die Wertpapiere und Barschaften im großen Umfang heraus und gründete damit die „Landwirtschaftsbank für Investition und ländliches Wachstum". Ein unverfänglicher Name. Noch heute ist die „Landwirtschaftsbank" die Holding-Company für die formal fortbestehende Sudanesische Handelsbank und bereichert sich fortlaufend durch das Geschäft der anderen. Das bedeutet, daß bei Transaktionen mit der Handelsbank die Fundamentalisten in der Landwirtschaftsbank finanzielle Vorteile gewinnen, wie überhaupt die Extremisten in der Lage sind, das ganze Verhalten, die Kontaktpflege und das Geschäftsgebaren der Handelsbank direkt zu lenken und zu leiten. Auch in anderen Fällen verschafften sich die Extremisten über Bankverbindungen Geld.

Die 1967 gegründete Sudanesische Immobilien-Bank, ein lukratives Objekt aus Sicht der Fundamentalisten, erhielt zum Start in die Privatisierung durch einfachen Verwaltungsakt die bisher existierende „Öffentliche Körperschaft für Immobilien" zugeschlagen und beherrscht nun im Interesse der Regierenden den Immobilienmarkt und den Wohnungsbau. Bei der 1977 gegründeten Sparbank organisierten es die Machthaber so, daß sie in der Einrichtung ihre islamischen Fonds wie den Sparfond, den Zakat-Fond, Zakat ist die vom Islam vorgeschriebene Armensteuer, den Solidaritätsfond, den Fond zur Unterstützung islamischer Gesetzlichkeit und den Unterstützungsfond für Studenten verankerten und die Bank an das Ministerium für Sozialplanung anschlossen. Die erwähnten Fonds sind Deckbezeichnungen für fundamentalistische Aktionsfelder und sollten teilweise unter einem schönen Namen der Finanzierung terroristischer Ziele dienen. Die unsaubere Geschäftsgrundlage der Fonds ergibt sich auch daraus, daß sie ihr Startkapital durch die Beschlagnahmung der Gelder der wohl wichtigsten Wohlfahrtseinrichtung des Landes gewannen. Nach dem Sturz Numeiris hatte sich landesweit die Organisation „Sudan-Hilfe" gebildet und großes Ansehen dadurch gewonnen, daß sie in den Jahren 1984 und 1985 sowie 1993 den zahlreichen Bürgern, die von Dürreepidemien und Hungersnöten betroffen waren, umfassende Hilfe bot. Das Vermögen der Organisation belief sich nach internen Angaben auf beachtliche 8 Milliarden Pfund, die die Terroristen in ihre Fonds überleiteten. Das machten sie aber nicht bekannt, um kein Aufsehen zu erregen. Der dubiose Charakter der neuen Fonds erweist sich darin, daß die Bürger des Sudans, die dringend Hilfe benötigen, bei einer Analphabetenquote von fast 90% in einem Staat, der mit einer Hyperinflation von 15% kämpft, nichts von ihnen wissen. Die Terroristen sind sogar bemüht, ihr Agieren mit den Fonds in den Details nicht bekannt werden zu lassen. Vor allem auch sehr bedenklich ist die unmittelbare Verquickung der erwähnten Bank mit der staatlichen Ebene, denn damit wird nicht nur die Privatisierung insgesamt ad absurdum geführt, auch die Verschmelzung der Machthaber mit der unmittelbaren Geschäftsebene tritt uns dabei befremdend entgegen. Bei der Besetzung des obersten Leitungspostens der Zentralbank ist oft keine Selbständigkeit gewährleistet. Angesichts dieser Tatsachen und Gesamtverhältnisse im Bankwesen des Landes ist es nicht verwunderlich, daß die USA-Regierung allen Wirtschaftsunternehmen des eigenen Landes jegliche Kontaktaufnahme zu den 29 sudanesischen Banken strikt untersagte.

Die Extremisten aber verfügen auf Grund dieser Maßnahmen über ausreichend Geld, um ihre gefährlichen Aktivitäten zu finanzieren. In keinem Land des Nahen Ostens ist die Wirtschaft so unmittelbar in den Händen von Terroristen wie im Sudan. In welchem Umfang sie bereits Geld zusammenraubten, belegt ein interner Vorgang der jüngsten Zeit. Anfang der neunziger Jahre hatte Chevron, das drittgrößte USA-Ölunternehmen, Interesse an Erkundungsbohrungen im Sudan gezeigt. Die Erdölfelder bei Halij, al-Wahda und Abu Jabira boten recht aussichtsreiche Möglichkeiten, so daß der amerikanische Konzern 24 Mio. Dollar für die Bohrrechte bezahlte. Inzwischen aber begann in den Führungskreisen der Terroristen der Widerstand gegen den Konzern zu wachsen, weil er aus den USA kam und man nicht nur Spionagevorwürfe gegen ihn erhob, sondern glaubte, daß das Wirtschaftsunternehmen den Auftrag habe, dem Land grundsätzlich zu schaden. Deshalb zahlte einer der führenden Köpfe der Extremisten dem Konzern die 24 Mio. Dollar zurück. Damit hatte man den Vertrag aufgelöst und die Amerikaner zum Abzug veranlaßt. Inzwischen hat man mit eigenen Leuten eine Firma namens ConCorp geschaffen, die die Erdölindustrie des Landes allmählich aufbaut. 1999 wurde das erste Erdöl exportiert. Deshalb überlegt man bereits, Mitglied der OPEC zu werden.

Die Gefährlichkeit des Sudans, die mit seinen beachtlichen Finanzmitteln in Beziehung steht, haben bereits die neun Anrainerstaaten erfahren, die alle direkt unter der wachsenden Bedrohung durch den flächengrößten Staat Afrikas leiden. Äthiopien protestiert entschieden gegen die sudanesische Ermunterung aufständischer Oromo-Stammesangehöriger. Eritrea hat die Beziehung zum Sudan abgebrochen, nachdem es zu einem Aufstand radikaler Muslims kam. Weil Kenia den Christen im Südsudan gewisse Propagandahilfe leistet, unterstützt der Sudan eine islamische Partei in der kenianischen Hafenstadt Mombasa, um in einem größeren Umfang Unruhe zu stiften. Zwischen Uganda und dem Sudan sind die Beziehungen abgebrochen, ein Grenzkonflikt entwickelt sich hier. Auch unterstützt der Sudan eine Sekte, die den Norden Ugandas stark verwüstet. Tschad beschwert sich über Geistliche, die aus dem Sudan kommen und einen Staat Allahs auf Erden predigen. In Somalia unterstützt der Sudan den Kriegsherren Aidit. Selbst im fernen Harare und Tansania entdeckt man die Spuren der Sudanesen. So hat Tansania jüngst einige sudanesische Prediger ausgewiesen, die die örtliche muslimische Bevölkerung gegen ihre christlichen Mitbürger aufwiegelten.

Am schlimmsten ist das Verhältnis zu Ägypten. Denn am 26. 6. 1995 gab es das bisher gefährlichste Attentat auf Präsident Mubarak, als er zu einem offiziellen Besuch in Addis Abeba weilte. Die drei ägyptischen Täter, die nach dem Sudan fliehen konnten, sind bis heute nicht an Ägypten ausgeliefert worden. Nach dem Anschlag rief in Washington der damalige Vorsitzende des Nationalen Sicherheitsrates, Anthony Lake, spezielle Fachleute für den Sudan und Ägypten zusammen, um die Frage zu klären: Wie läßt sich der Sturz der Islamisten herbeiführen? Welche Mittel sind dafür geeignet? Viel kam dabei nicht heraus. Die Ägypter haben zwar eine beachtliche Armee, doch eine Militäraktion in das Riesenland scheint aussichtslos. Die Verluste sind unkalkulierbar. Washington war deshalb gegen einen direkten Militärangriff, lieber setzte man auf die Opposition des Regimes. Doch haben die Extremisten ihre Positionen inzwischen beachtlich ausgebaut. Sie haben sich mit dem Iran verbündet, zum Entsetzen der Ägypter und Saudis befindet sich im Hafen Port Sudan inzwischen ein regelrechter Flottenstützpunkt Irans. Zwar hatte Mubarak jahrelang erklärt, daß er keinen Ausbau iranischer Positionen am Roten Meer hinnehmen werde, nun will man die Iraner mit Propagandasendungen über den Rundfunk verjagen. Im Sudan aber verstärkt man die Verteidigungskraft. Analog zu den Pasdaran des Irans, den Revolutionswächtern, entstehen Volksbefreiungskräfte, die teilweise freiwillig, aber auch zwangsrekrutiert auf eine Mannschaftsstärke von einer Million kommen sollen. Für den „Heiligen Krieg“ werden sie trainiert, auch im Kampfgebiet des Südens gegen die Christen kommen sie zum Einsatz. Fest zu dem Regime steht auch der Kern der Offizierskreise. Die iranische Zusammenarbeit auf militärischem Gebiet geht sehr weit. Mit Unterstützung des Irans brachte der Sudan neueste chinesische Waffen gegen die Christen zum Einsatz, darunter Nachbauten der amerikanischen Phantom-Kampfflugzeuge. Den benötigten Treibstoff beschafft man sich zur Zeit noch überwiegend auf Schmuggelwegen aus dem befreundeten Irak. Die Regierung des Sudans wähnt sich stark und unangreifbar. Wie steht es mit der Opposition, von der die USA einiges erhoffen? Sie betreibt zwei Radiosender gegen das Regime im Sudan, einer arbeitet auf eritreischem Gebiet, der andere von Ägypten aus. Die Gegner der Extremisten, zwei sudanesische Parteien, Umma und DUP, haben sich in Asmara mit der südsudanesischen Rebellenorganisation der SPLM getroffen, die Anregung dazu kam von einer mehr intellektuellen Exilgruppe, der Nationaldemokratischen Allianz. Da man sich in den Beratungen auf ein säkularistisches Staatsprinzip für die Zukunft einigte, sind wichtige Vertreter der Opposition inzwischen zu dem Regime übergelaufen, weil sie das Zugeständnis an den Südsudan nicht akzeptieren können.

Doch hat sich die Lage der Opposition dramatisch verändert, seit im Mai 1998 aus einem Scharmützel zwischen Eritrea und Äthiopien bei Badme ein militärischer Konflikt großen Ausmaßes entstand. Die Gründe für den Krieg liegen in ungeklärten Grenzfragen aus der Kolonialzeit und in den gewaltigen Ressentiments gegeneinander, die aus den Verbündeten, die im Mai 1991 das Regime in Äthiopien stürzten, Feinde machten. Seit zwei Jahren dauert das Morden in dem Wüstenstreifen zwischen beiden Staaten an, die auf der weltweiten Liste der ärmsten Länder am unteren Ende rangieren. Täglich eine Million Dollar kostet die Auseinandersetzung. Rußland liefert nach Eritrea Kampfflugzeuge des Typs MIG 29 und an Äthiopien Suchoi 27-Bomber, die Piloten kommen aus Rumänien und der Ukraine, China liefert Munition. Wie lange der Wahnsinn noch dauert, läßt sich nicht sagen. Für die Opposition gegen das Regime im Sudan hat der Krieg die schlimmsten Folgen, denn beide Konfliktstaaten waren plötzlich bestrebt, ihre politischen Beziehungen zum Sudan auf Kosten der Opposition zu versachlichen. Eritrea gab dem Sudan das Botschaftsgebäude zurück, das man nach dem Abbruch der Beziehungen den Oppositionellen als Domizil zur Verfügung gestellt hatte. Auch mit Äthiopien verbesserten sich die Verbindungen des Sudans. Die Extremisten in Khartum konnten sich glücklich schätzen, daß sich mit dem Krieg ihre Lage entschieden günstiger gestaltete.

Um die Opposition zu spalten, unternahmen sie die erforderlichen Schritte. Turabi reiste mit seiner Frau nach Genf, um sich mit dem Führer der Umma-Partei zu treffen, das ganze hatte einen familiären Charakter, denn die Ehefrau ist die Schwester des Oppositionsführers. Mit dem sehr geschickt und klug eingefädelten Manöver rief man in den Reihen des Widerstands bis heute andauernde Streitereien und Verdächtigungen hervor, von Einheit des Widerstands gegen das Regime im Sudan ist keine Rede mehr. Eritrea stellte die vollen diplomatischen Beziehungen am 3. 5. 1999 wieder her und gelobte, alle feindlichen Aktivitäten gegen den Sudan einzustellen. Zwar läßt es Eritrea zu, daß sich die Opposition gelegentlich in Asmara trifft, doch vermeidet man eigenes Mitwirken an der Aktion. Die USA mußten erkennen, daß auch ihre Hoffnungen, die sie auf die Opposition gesetzt hatten, gescheitert sind. In letzter Zeit gibt es Überlegungen im USA-Kongreß, die südsudanesische Oppositionsformation der SPLM unter John Garang perspektivisch mit den entsprechenden Waffen auszurüsten, um das Regime in Khartum mit Gewalt zu stürzen. Das aber ist nicht sehr aussichtsreich. Seit den siebziger Jahren unterhält man Trainingslager für Extremisten in Gebieten nördlich von Khartum. Fast alle Terroristengruppen des Nahen Ostens von Mauretanien und Algerien bis nach Ägypten werden dort für den Einsatz vorbereitet. Neuestens sind unter den erfahrenen Lehrkräften auch iranische Revolutionswächter zu finden. Gelehrt, geübt und lebensecht durchgespielt wird vor allem der Guerillakampf unter städtischen Verhältnissen, der verdeckt vorbereitete schnelle Angriff und das geschickt spurenlose Zurückweichen. Auch bilden das Dokumentenfälschen, das Eindringen in Wirtschaftsbereiche und die neuesten Techniken beim Sprengstoffeinsatz Teile des Ausbildungsspektrums. Da viele der Terroristen gewisse Kampferfahrungen aus dem Krieg in Afghanistan mitbringen, kann die Ausbildung im Sudan den schnellen Einsatz sichern. Vor allem Ägypten beschwert sich, daß die Angehörigen von Terrorgruppen vor der Verfolgung nach dem Sudan fliehen und mit neuen Waffen wieder eindringen. Ab und zu organisiert deshalb die National-Islamische Front in Khartum Demonstrationen, bei denen man die Drohung an die ägyptische Adresse ausstößt, daß bald der Assuan-Damm gesprengt wird.

Der Sudan ist ein gefährlicher Faktor des internationalen Terrorismus, der seine Verbindungen weiträumig unterhält, auf Konferenzen in Khartum vertieft und subversiv zu nutzen versteht. Die USA hatten deshalb Ende 1997 ihre Wirtschaftssanktionen gegen das Land verschärft und dabei auf schwere Menschenrechtsverletzungen und die Förderung des internationalen Terrorismus verwiesen, sogar ein Flugverbot war zeitweilig im Gespräch. Zur Reduzierung dieser Bedrohung schufen Turabi und seine Gefährten, um den Anschein von Demokratie zu verbreiten, schnell eine Verfassung. Im Juni 1998 ist sie in Kraft getreten. Die Extremisten haben aber vorgesorgt, daß keine zu großen Gefahren für ihr Regime dadurch entstehen können, denn in Artikel 27 heißt es zwar verheißungsvoll, daß die Bildung politischer Parteien zugelassen ist, aber nicht sofort. Eine gewisse

Übergangszeit, die sich beliebig verlängern läßt, Gründe dafür finden sich immer, ist darin vorgesehen. Darüber hinaus haben sich die Machthaber laut Verfassung einen über den Parteien stehenden Nationalkongreß geschaffen, der ein Instrument der regierenden National-Islamischen Front ist, die eigentlich keine freie Parteiarbeit konkurrierender politischer Richtungen zuläßt. 1997 realisierten Investoren, vor allem aus anderen arabischen Staaten, 11 Projekte auf dem landwirtschaftlichen Gebiet mit einem Wertumfang von 110,4 Mio. Dollar. Im Dienstleistungssektor erbaute man acht Einrichtungen für 20,6 Mio. Dollar. Im Bereich Metallurgie/Chemie drei Fabriken, die insgesamt 7,6 Mio. Dollar kosteten, das von amerikanischen Cruise-Missile Flugkörpern am 22. 8. 1998 vernichtete Giftwaffen-Unternehmen gehörte dazu. Damit bestätigte sich in krasser Weise die aktive Zusammenarbeit des Sudans mit den gefährlichsten Terroristen der Welt. Stets hatte man in Khartum wortreich Fragen zurückgewiesen, die auf die Klärung dieses Sachverhalts aus waren. Die vielfältige Verwicklung des Landes in die geheimen Operationspläne arabischer Extremisten, seine aktive Rolle auf dem Gebiet und die umfassenden hier einsetzbaren Ressourcen verdeutlichen eine Brisanz von beachtlicher Gefährlichkeit. Für weite Teile der Bevölkerung ist die innere Situation des Landes bedrohlich. Vor allem die oben erwähnten Kampfmilizen der Volksbefreiungskräfte üben einen beinahe unverhüllten Terror gegen alle Bürger aus, die als mißliebige, politisch Auffällige und moralisch Bedenkliche gelten. Ohne genaue Begründung holt man diese Menschen von der Straße und verschleppt sie in die Folterquartiere des Regimes. Besonders Personen, die im Verdacht stehen, mit den einstigen Oppositionsparteien zu sympathisieren, stehen im Fadenkreuz der Verfolger. Zahlreiche Fälle von schwerer Folter sind bekannt. In Khartum ist oft hinter der vorgehaltenen Hand Stadtgespräch, wer gerade in letzter Zeit abgeholt worden ist. Wer bei spontanen Demonstrationen gegen das Regime erwischt wird, ist seines Lebens nicht sicher. In leichten Fällen schleppt man solche Personen zum Verhör, das mit verbundenen Augen unter Schlägen ganze Tage dauern kann. Dann setzt man die geschundenen und verängstigten Menschen nachts in einsamen Gegenden aus und überläßt sie ihrem Schicksal. Stehen die Dinge ernster, kommt es in den Folterhöhlen zu Verstümmelungen und anderen Verletzungen, die den Tod hervorrufen. Solche Vorfälle werden teilweise bekannt, weil man die Ermordeten irgendwo findet. Um die Stimmung der Bevölkerung nicht durch solche Ereignisse zu sehr beeinflussen zu lassen, läßt das Regime in gewissen Zeitabständen in Lastwagen staatstreue Sudanesen nach Khartum zu einer Jubeldemonstration transportieren. Alle öffentlichen Einrichtungen beteiligen sich selbstverständlich daran und sind deshalb für den Publikumsverkehr geschlossen. Damit stellt man die angebliche innere Festigkeit dar und übertüncht die existierenden Spannungen, die durch den Bürgerkrieg im Süden, die wirtschaftlichen Schwierigkeiten und die allgemeine Unsicherheit entstehen.

Terroristen haben im Sudan jede Möglichkeit, ihre Projekte zu entwickeln und optimal zu koordinieren. Deshalb tauchte sofort 1989, als sich die National-Islamische Front mit Hilfe des Militärs um Umar al-Baschir an die Macht geputscht hatte, im Sudan der Multimillionär Usama b. Ladin auf. Der 42jährige Extremist, drei Frauen und 13 Kinder gehören zu seiner Familie, ist Besitzer von ca. 300 Mio. Dollar, die vor allem sein Vater, der als Maurer aus dem Jemen nach Saudi-Arabien eingewandert war und ein gewaltiges Bauunternehmen aufbaute, das Brücken, Flughäfen, Paläste und Verwaltungsgebäude errichtete, erwirtschaftet hat. Die hohe Anerkennung des Herrscherhauses gewann die Familie dadurch, daß sie aus eigenen Mitteln die Reinigungsarbeiten in den Heiligen Stätten von Mekka finanzierte. Der junge Mann aus reichem Haus war früh als Eiferer in religiösen Dingen bekannt, doch als die Sowjetunion 1979 in Afghanistan einmarschierte, kam seine große Stunde. Mit 23 Jahren begab er sich in den Kampf. Zwei Hauptfunktionen übernahm er sofort, indem er zum einen Geldmittel vom Sicherheitsdienst Saudi-Arabiens an die Kämpfer an der Front weiterleitete, auch sorgte er in Zusammenarbeit mit der amerikanischen CIA für deren moderne Bewaffnung. Zum anderen stand er mutig in vorderster Front seiner Truppen, die bald aus 20 000 Mann bestanden haben soll. Legendären Ruf gewann er dadurch, daß er im Zweikampf einem sowjetischen Soldaten die Kalaschnikow abnahm und selbst in einer weiteren Militäroperation verwundet wurde. Er nahm für sich keinerlei Luxus in Anspruch, lebte einfach und schlicht mit seinen Soldaten. Damals bewerteten ihn seine CIA-Partner als eine Art Salonterroristen mit dicker Brieftasche und großem Maul, sie waren jedoch noch nicht völlig hinter seine Zielsetzungen und Machenschaften gekommen.

In der Stadt Peschawar, direkt an der Grenze zu Afghanistan gelegen, traf Ibn Ladin Mitte 1985 mit Dr. Aiman az-Zawahiri, Anführer der ägyptischen Terrorgruppe „Bewegung islamischer Heiliger Krieg" zusammen. Beide organisierten den direkten Transport weiterer Extremisten aus Ägypten und anderen arabischen Staaten nach Afghanistan. Hinter der Grenze in den afghanischen Bergen schufen sie zusammen ein als Gästehaus getarntes Ausbildungslager, Basis benannt, in dem die gerade eingetroffenen Araber ein umfangreiches militärisches Training erhielten. An dem Projekt waren auch die Terroristen Abdallah `Izam und Mustafa Shalabi beteiligt, die zusammen mit az-Zawahiri in eine feste Zusammenarbeit mit Usama b. Ladin traten. Dabei richtete man den Blick bereits in die Zukunft, denn 1985 sprach sich der KPdSU-Generalskretär Michail Gorbatschow in einem Gespräch mit dem Präsidenten Pakistans schon für eine politische Lösung in Afghanistan aus. Usama b. Ladin konkretisierte seine Kritik an den inneren Verhältnissen in Saudi-Arabien, an der Gottlosigkeit des Regimes und seiner Verlogenheit immer mehr und lenkte seine terroristischen Verbündeten auf verstärkte Aktionen in den arabischen Staaten. Absprachen gab es für ein koordiniertes Vorgehen in einem Zweistufen-Plan. Ausgewählte Staaten des arabischen Raums sind zu destabilisieren, um die Macht zu übernehmen. Gleichzeitig ist die Dominanz amerikanischer Politik in der Region zu bekämpfen. Dazu hatte er mit seinen Verbündeten und Anhängern bereits erste Schritte realisiert, Terroristengruppen in Ägypten, Algerien, Jemen und auf den Philippinen, in Bosnien, Kenia, Tadshikistan, Tschetschenien, Somalia, Albanien und Afghanistan erhalten direkte Hilfe. An Bombenanschlägen gegen die USA war er mit seinen Leuten direkt beteiligt, 1992 im jemenitischen Aden und 1993, als das World Trade Centre in New York explodierte. Nach seiner Rückkehr artikulierte er sich dahingehend, daß seinen Landsleuten in Saudi-Arabien nicht der Reichtum Segen bringe, sondern nur der Islam. Zunehmend wandte er sich direkt gegen das Regime, da sich aber die Sicherheitsdienste verstärkt für ihn interessierten, verschwand er in den Sudan. Er kam gerade rechtzeitig.

Die Extremisten der National-Islamischen Front hatten nach der Machteroberung Pläne beschlossen, wie sie sich wichtige Teile der Wirtschaft aneignen könnten. Ladin griff ein in die Geschäfte und war einer der Hauptkäufer der modernen Gerberei „Weißer Nil" am 21. 1. 1992. Sie war mit ausländischem Kapital gerade maschinell neu ausgestattet worden und mußte deshalb teilweise in Dollar, 8,7 Mio. waren das, bezahlt werden. Auch Baustoffbetriebe kaufte oder errichtete er. Wenn man außerhalb Khartums, mitten im grünen Umland, Dreiertürme zur Lagerung von Zement sieht, dann sind es meistens seine Betriebe. Bis heute hat man 40 Mio. Dollar für moderne Produktionslinien auf dem Baustoffsektor investiert. Die Gerberei verarbeitet örtliches Ziegenleder, das er über Mittelsleute nach Italien verkauft, viele luxuriöse Ledermöbel italienischer Herstellung haben ihren Weg in die anderen europäischen Staaten gefunden und sind mit sudanesischem Material ausgestattet. Seine Haltung gegenüber dem Heimatland Saudi-Arabien radikalisierte sich seit dem Golfkrieg 1991 immer mehr, da er die Stationierung amerikanischer Soldaten in den saudi-arabischen Küstengebieten am Roten Meer als unverzeihliche Verletzung des islamischen Glaubens bewertete, als abgrundtiefe Sünde. Damit habe König Fahd die Heiligen Stätten des Islam entweiht, sein Regime werde das Schicksal der Schah-Herrschaft im Iran erleiden, die Auslöschung. Die saudi-arabischen Behörden entzogen ihm schließlich 1994 die Staatsbürgerschaft, das stört ihn kaum, weil ihm jeder Zeit ein sudanesischer Diplomatenpaß zur Verfügung steht, auch die neue Staatsbürgerschaft ist ihm im Sudan zugänglich. Für die Errichtung der Giftgas-Fabrik nahe bei Khartum hatte er einen persönlichen Vertreter bestimmt; noch vor der Fertigstellung, er war noch anwesend, testete man im Sudan die Verwendung von Nervengift in Bomben und Artilleriegeschossen. Damit ist die verbrecherische Zielsetzung der Fabrik unmißverständlich klar. Danach reiste er nach Afghanistan, wo er bei den dort regierenden Taliban als Held und freigiebiger Spender in höchster Achtung steht. In Kandahar, der bergigen Südwestregion Afghanistans, hat er seinen Stützpunkt. Am 24. 6. 1998 fand dort, von ihm eingeladen, eine höchst seltsame Konferenz statt, die Ibn Ladin als „Islamischer Weltbund" bezeichnete. Alte Bekannte aus den Terrorgruppen Ägyptens waren vor allem dort vertreten, nur wenige Afghanen, dafür jedoch Jemeniten, Somalis und Leute aus Tschetschenien. Einen Tag und eine Nacht dauerten die Diskussionen der geheimnisvollen Versammlung. Dann sickerte über pakistanische Kanäle durch, daß man sich in der Runde auf eine Reihe von Terroranschlägen geeinigt hatte, vor allem auf USA-Objekte und Diplomaten hatte man es abgesehen. Wann und wo diese Angriffe erfolgen würden, war unklar, bis zu den Explosionen am 7. 8. 1998 vor den diplomatischen Vertretungen der USA in Kenia und Tansania. Für Ibn Ladin sind die Amerikaner geborene Feinde seiner Religion, entsprechend bemüht er sich darum, sie dort zu vernichten, wo sie der umwälzenden Veränderung arabischer Regime, vor allem Saudi-Arabien und Ägypten, im Wege stehen. Im Nahen Osten tritt er aus Sicherheitsgründen nicht mehr öffentlich hervor, nachdem die USA seit 1996 geheime Vorbereitungen getroffen hatten, ihn bei einem etwaigen Besuch in Kuwait oder Qatar festzunehmen. Die Amerikaner sind sehr unzufrieden darüber, daß er von den geheimen Planungen offensichtlich erfuhr, die eigenen arabischen Partner stehen diesbezüglich in Verdacht, wodurch die weitere Zusammenarbeit schwierig wird. Als einer seiner wichtigsten Stellvertreter und Vertrauensperson fungiert Dr. Aiman az-Zawahiri, Chef der „Bewegung islamischer Heiliger Krieg" in Ägypten. Bei seinem jüngsten Besuch in Kuwait ging es darum, gewisse Geldsummen aus dem Golfgebiet, vor allem aus Abu Dabi und Qatar, in Empfang zu nehmen. Die Summen, so scheint es, kommen von Spendern, die an der Stationierung von Soldaten der Ungläubigen, gemeint sind die USA, auf dem heiligen Territorium Arabiens Anstoß nehmen. Seine Geldgeschäfte reichen auch unmittelbar nach Europa. So fiel im August 1999 eine junge Französin in die Hände der Polizei Triers wegen eines Betrugsverfahrens. Dabei kam aber auch heraus, daß diese Frau bereits 1993/94 für Usama b. Ladin 30 Mio. Dollar aus der Schweiz nach Monaco und Frankreich transferierte und damit das Geld in seinem Auftrag gewaschen hatte, um die Herkunft zu verwischen. In Khartum sind in letzter Zeit in manchen Stadtteilen Bulldozer dabei, alte Gebäude abzureißen. Das hat viel Unruhe in der Bevölkerung hervorgerufen, deshalb beeilte sich die Regierung, als Begründung für das Vorgehen zu verkünden, daß man die durch den Abriß gewonnenen Flächen für den Wohnungsbau benötigt. Das scheint nicht sehr plausibel, mag aber in einigen wenigen Fällen zutreffen. In Wirklichkeit überlegt man in den herrschenden Kreisen, mit welcher besseren Sicherung man in Zukunft eine solche Giftgasfabrik für Ibn Ladin errichten kann; baut man sie geschickt getarnt in ein Wohngebiet ein oder errichtet man sie in Gegenden, wo sie durch natürliche Beschirmung in Gestalt von Bäumen und Sträuchern von Aufklärungssatelliten nicht entdeckt werden kann. Die Planungen der Terroristen gehen deshalb weiter.

Amerikanische Sicherheitskreise stießen 1995 erstmals auf den Namen von Usama b. Ladin, als sie Ramsi Jousuf verhörten, den sie wegen der Beteiligung am Bombenanschlag auf das World Trade Centre festgenommen hatten. Der berichtete recht ausführlich von seinen Afghanistanerfahrungen und von einem wichtigen Mann in dem Zusammenhang, das war Ibn Ladin. Bei näheren Nachforschungen kam bei der Gelegenheit noch schlimmeres heraus. Denn Ramsi Jousuf erzählte von einer al-Qaida-Organisation Ibn Ladins, einer speziellen Militär- und Finanzeinrichtung, die ihm, Jousuf, Geld angeboten habe, um damit die technischen Voraussetzungen zu schaffen, einige USA-Boing 747 Großflugzeuge über dem Pazifik zur Explosion zu bringen. Da aber nichts dieser Art passierte, blieb die Angelegenheit intern. Ab 1996 war die Sache eindeutig. Seit dieser Zeit registrierte der Geheimdienst viermal ganz öffentliche Gewaltandrohungen Ibn Ladins gegen Amerikaner. Dazu kamen bereits erste Angriffe auf US-Soldaten in Somalia, Jemen und Saudi-Arabien. Usama b. Ladin wurde das Symbol des arabischen Terrors, obwohl die USA bald dahinter kamen, daß sich um ihn teilweise eine zahlenmäßig lose Gruppe von Arabern scharte, die ehemalige Kämpfer in Afghanistan waren. Ein festerer Kreis von Mitarbeitern ist in Zellen organisiert, zu ihnen gehören auch die ägyptischen Terrorgruppen, die sich keineswegs aufgelöst haben, sondern die effektivste Truppe für schwierige Arbeit sind und sich durch die Unterstützung Ibn Ladins eine gesteigerte Schlagkraft in Ägypten erhoffen. Seit 1993 bemühte sich die Organisation Ibn Ladins um einen atomaren Sprengkopf, deshalb durchstreiften seine Leute ehemalige Sowjetrepubliken auf der Suche nach angereichertem Uranium und anderen Waffenkomponenten. Da aber seine Abgesandten keine Physiker waren, drehte man ihnen von russischer Seite einfaches Uran an, das man in Reaktoren einsetzt, jedoch nicht in Waffen. Auch Atommüll versuchte man den Ahnungslosen anzubieten, worauf Ibn Ladin sich entschied, chemische Waffen, die leichter zu produzieren sind, im eigenen Kampf zu nutzen. Darum bemühte er sich im Sudan.

In die Hände der amerikanischen Sicherheitsdienste fielen aber auch Dokumente, aus denen detalliert hervorging, daß man beabsichtigte, US-Militärpersonal im Gebiet des Persischen Golfs zu entführen. Deshalb hat die amerikanische Regierung mit Unterstützung des Kongresses bereits seit Beginn 1995 dem Anti-Terrorismus, der aktiven Bekämpfung terroristischer Aktivitäten, eine Priorität eingeräumt. Seit der Zeit erhöhte sich, wie der FBI-

Direktor Louis Freeh jüngst im USA-Senat erklärte, das Anti-Terrorbudget von 118 Mio. Dollar auf 286 Mio. Dollar, wobei in der Summe die Schaffung eines Anti-Terror-Zentrums enthalten ist, das eine wachsende Anzahl von Geheimagenten, zur Zeit 2646, im Ausland und innerhalb der USA in Anti-Terrorzusammenhängen einsetzt. Darüber hinaus aber stellte man dem Haushalt der Regierung für 1999 noch 6,7 Milliarden Dollar für Anti-Terrormaßnahmen zur Verfügung, vorgesehen für eine Vielzahl von Bundeseinrichtungen. Bei den für die CIA geplanten 28 Milliarden Dollar weiß keiner, wieviel den Anti-Terrormaßnahmen zuzuordnen sind. Sie hat seit 1995 von Präsident Clinton den geheimen Auftrag, das Terrornetz von Usama b. Ladin und seinen Leuten zu zerstören, deshalb bildete man auch hier ein „Zentrum zum Kampf gegen Terror". Die 200 Spezialisten arbeiten in fensterlosen Würfeln in dem CIA-Zentrum, das in dem Ort Langley hoch über dem Potomac im Bundesstaat Virginia liegt, aber nur knapp fünf Kilometer Luftlinie vom Weißen Haus entfernt. Das sind gewaltige Summen und Anstrengungen, die von der großen Entschlossenheit zeugen, dem weltweiten Terrorismus entschieden entgegenzutreten.

Wie sieht aber die bisherige Bilanz aus? Innerhalb der USA gelangen zwei große Erfolge. Denn 1995 nahmen die Behörden den Scheich Abdarrahman fest, dem sie die Absicht nachweisen konnten, New Yorker Verwaltungsgebäude zerstören und hohe UNO-Beamte ermorden zu wollen. Der Scheich selbst ist blind, war aber der verantwortliche Kopf einer Gruppe von jungen Arabern, die für die Realisierung der Terroranschläge ausgebildet war. Weniger bekannt wurde der Erfolg der Anti-Terroreinheiten, als sie kurz danach einen geplanten Mordanschlag auf den früheren Präsidenten George Bush rechtzeitig vereitelten. Bei beiden Vorfällen hatte Usama b. Ladin seine Hände im Spiel. Eine große Anzahl von Konteraktionen gelangten nicht in die Öffentlichkeit. Der bereits siebzehnmal wiedergewählte Kongreßabgeordnete Lee Hamilton aus dem Bundesstaat Indiana, der viele Geheimdienstanhörungen mitgemacht hat, beziffert sie auf weit über hundert. Welchen unendlich hohen Stellenwert der Kampf gegen den Terrorismus in den USA gewonnen hat, wie extrem aber auch die daraus resultierende Sicherheitslage ist, kam bei dem Angriff von Cruise-Missile Flugkörpern auf die Ausbildungslager Usama b. Ladins in Afghanistan und seine Chemiewaffenfabrik bei Khartum am 21. 8. 1998 zum Ausdruck. Von der direkten Planung und Durchführung des Vorhabens waren nur sechs Berater des Präsidenten informiert. Zu ihnen gehörte der Verteidigungsminister William Cohen als einziger Militär. Vorher hatten die CIA so viele Beweise erbracht, daß ihnen ein militärisches Eingreifen berechtigt erschien. Dazu gehörten auch in der Khartumer Fabrik heimlich gesammelte Substanzen, die den Stoff Empta enthielten, eine Komponente von Nervengas. Wenige Stunden vor dem Angriff setzte man einige führende Kongreßabgeordnete, den FBI-Direktor Freeh und die Justizministerin Janet Reno in Kenntnis. Erst nach dem Angriff informierte man die Verbündeten in Europa und begann mit der Aufklärungsarbeit gegenüber der eigenen Bevölkerung. Präsident Clinton gab deshalb am Tag des Vorfalls zwei Erklärungen ab, danach verebbte wieder der Informationsstrom. Daraus ergibt sich, daß die Balance zwischen der notwendigen Geheimhaltung und dem öffentlichen Zugang zu den Fakten in keinem Fall einfach ist.

Am 21. 9. 1998 nutzte aber Präsident Clinton seine Rede vor der alljährlichen Generalversammlung der UNO, um unmißverständlich zu gemeinsamen Anstrengungen gegen den Terrorismus aufzurufen. Dabei bemühte er sich jedoch, die islamische Welt nicht als Zentrum des Terrors darzustellen, dieser sei vielmehr ein globales Problem. Der Islam, so betonte er, ist auch eine Kraft in den USA, denn sechs Millionen Bürger zählen hier zu ihm. 1200 Moscheen und Islam-Zentren existieren. Mit ihnen gibt es keinerlei Schwierigkeiten. Überall muß man aber genau hinsehen, wer unterstützt Terror und wer nicht. Falsche Propheten mißbrauchen den Glauben für politische Zwecke, das ist kein besonderes Charakteristikum des Islam. Vielmehr sei der Terror überall zu Hause, in dem Zusammenhang verwies er auf Algerien, Rußland, Indonesien, Kolumbien, die Türkei, Irland, Jugoslawien, Japan und sogar den Iran. Er verlangte, daß kein Staat Terroristen Zuflucht bieten dürfe, die Anti-Terrorismus-Konvention sowie die C-Waffenkonvention sind strikt einzuhalten. Die Rede war geschickt angelegt, um dem generellen Vorwurf zu begegnen, daß die USA ihre Bedrohung mit einem globalen Islam gleichsetzen. Beobachter sind jedoch der Meinung, daß in den USA die Tendenz wächst, alle Fragen von Terrorismus bis Waffenhandel, illegaler und legaler, mit islamischen Staaten in Verbindung zu bringen. Auch trägt objektiv zu dieser Sichtweise die unermüdliche und zielklare Verfolgung der Gruppe um Usama b. Ladin bei, die man weltweit und teilweise mit starker Publicity betreibt. Eine geheime Aktion führte im Frühjahr 1998 ein kleines FBI-CIA Team in das Grenzgebiet zwischen Afghanistan und Pakistan, wo die Experten durch Befragungen und Erkundungen die örtlichen Verhältnisse der Ausbildungsstätten Ibn Ladins aufzuklären suchten. Mit den Ergebnissen befaßten sich nach ihrer Rückkehr CIA und Armeeangehörige, um daraus einen Plan zu machen, wie man mit einer kleinen Kommandoeinheit in Afghanistan eindringt und Ibn Ladin festnimmt. Aber CIA-Direktor Tenet verwarf das Projekt, weil er zu viele Opfer auf amerikanischer Seite fürchtete.

Am 17. 9. 1998 luden Vertreter des FBI und der Staatsanwalt von Manhattan zu einer Pressekonferenz in New York ein, vorn, direkt neben dem Rednerpult, hing ein Riesenposter, auf dem ein dunkelhäutiger junger Mann abgebildet war. Die Journalisten erfuhren, daß es Harun Fasil war, für Hinweise, die zu seiner Ergreifung führen, hatte man 2 Mio. Dollar ausgesetzt. Harun war nach den vorliegenden Informationen der Cheforganisator für die Bombenanschläge auf die Botschaften in Kenia und Tansania, ein junger islamischer Extremist, direkt Usama b. Ladin unterstellt, der von den Komoreninseln stammt, im Indischen Ozean südöstlich von Tansania gelegen. Der auf ihn ausgestellte Haftbefehl wird mit 12 Morden, für je einen in der Kenia-Botschaft getöteten Amerikaner, und dem Gebrauch von stark zerstörenden Waffen begründet. Auf der Pressekonferenz stellte sich heraus, das FBI war bereits Anfang September auf den Komoreninseln und hatte in der Hauptstadt Moroni zusammen mit der örtlichen Polizei zwei Wohnungen durchsucht und die Ehefrau des flüchtigen Täters verhört. Harun Fasil ist Mitte 20, spricht fließend Französisch, Swahili, Arabisch und Englisch, er ist eigentlich Computer-Experte. In der Organisation Usama b. Ladins hatte er Studien und Analysen zu erarbeiten. Bei dem Bombenanschlag auf die Botschaft in Kenia war er es, der im Hilltop Hotel in Nairobi einen Raum mietete, in dem die Bombe zusammengebaut wurde. Er war es auch, der nach der Explosion zwei Reinigungskräfte anstellte, die den Raum zu säubern hatten. Am Tag der Explosion fuhr er mit einem weißen Lieferwagen unmittelbar vor dem Fahrzeug, das die Bombe zur Botschaft transportierte. Diese ganzen Angaben stammen aus dem Steckbrief des Gesuchten. Drei Verdächtige sind inzwischen in dem Distriktgefängnis von Manhattan inhaftiert. Eine wichtige Informationsquelle über die Organisation Usama b. Ladins und über Harun Fasil entdeckten die Untersuchungsbehörden im eigenen Land. Sie kamen dahinter, daß in Arlington, Bundesstaat Texas, ein gewisser Wadih al-Hage lebt, der bis 1994 persönlicher Sekretär von Usama b. Ladin war. Jetzt ist er amerikanischer Staatsbürger. Bei seinem Verhör in Manhattan ergaben sich bestimmte Informationen über die Leitungsstruktur der Organisation Ibn Ladins und auch Details über Harun Fasil. Bei der Befragung stieß man ebenfalls auf zwei weitere Führungsgestalten aus der Terrorgruppe. Als sehr hohen Militärführer nannte er Abu Ubaida al-Banshiri und den Ägypter Abu Hafs al-Masri. Auch zu der Gestalt Harun Fasils ergaben sich neue Momente, da Wadih al-Hage und Fasil im letzten Jahr in Nairobi ein Haus gemeinsam bewohnten.

Die neuesten Erkenntnisse aber besagen, daß al-Hage ibn Ladins geheime Zelle leitete. Der amerikanische Geheimdienst ersuchte die Behörden in Kenia, diesen Mann gezielt zu verunsichern. Deshalb tauchte öfters die örtliche Polizei bei ihm auf, teilweise waren FBI-Agenten dabei, untersuchte seine Wohnung, konfiszierte Computer-Disketten und deutete ihm gegenüber noch mehr Aktionen an, wenn er nicht das Land verläßt. So reiste al-Hage 1997 nach den USA zurück, wo er in Texas als Reifenhändler arbeitet. Danach bemerkten die USA-Sicherheitsbehörden, daß jemand aus der Zelle Usama b. Ladins an diesen selbst einen Sicherheitsbericht schrieb, in dem er den Zustand der Zelle als 100% gefährdet umreißt, da feindliche Geheimdienste aktiv geworden sind. Autor des Schreibens soll ein gewisser Abdallah Muhammad Fasil gewesen sein. Die ersten konkreten Hinweise auf die Bombenexplosion in Nairobi ergaben sich im September 1997, als ein Afrikaner in die Botschaft kam und berichtete, daß sieben Araber, die für eine lokale islamische Sozialeinrichtung arbeiten, mit Ibn Ladins Terrororganisation Verbindungen unterhalten. Die Behörden Kenias erhielten von amerikanischer Seite die Bitte übermittelt, die Leute auszuweisen, wenn sie Afrikaner waren, in ihre Heimatgebiete, dann kamen CIA-Agenten und sammelten alle von der Gruppe zurückgelassenen Materialien ein. Damals war der Geheimdienst noch der Ansicht, daß die nächste Aktion Ibn Ladins im Golfgebiet erfolgen würde, wo es amerikanische Soldaten gibt. Aber im November 1997 kam ein anderer Informant in die Nairobi-Botschaft, ein Ägypter namens Mustafa Mahmud Said Ahmad, der warnte vor einem Autobomben-Attentat im Botschaftsgelände. Er brachte in dem Zusammenhang Details vor, die der Explosion neun Monate später fast entsprachen. CIA-Beamte verhörten ihn mehrere Tage hindurch und kamen schließlich zu der Ansicht, daß er sich die ganze Geschichte selbst ausgedacht habe. Deshalb schickte die CIA auch keine besondere Untersuchungsgruppe, im eigenen Jargon dieser Beamten Schnappschuß-Team genannt, nach Kenia. Man verstärkte etwas die Sicherheit vor und hinter dem Botschaftsgebäude, auch schafften es Sicherheitsleute in der Vertretung, den Botschafter Prudence Bushnell dazu zu bewegen, einen Brief an die Außenministerin Madelaine Albright zu richten, in dem er vor einem Autobomben-Attentat auf die diplomatische Vertretung warnte. Aber Nairobi blieb auf der untersten Stufe neuer Sicherheitsprioritäten. Auch die CIA ließ Ostafrika in den nächsten neun Monaten weitgehend aus dem Auge. Keine Terrordrohungen kamen mehr aus Nairobi. Doch hätten diese Fachleute die Stille gerade als Zeichen erkennen müssen, daß sich etwas ereignen könnte. Denn Terrorgruppen sind bewußt lange still, ehe sie losschlagen. Die CIA glaubte, die Zelle Ibn Ladins zerstört zu haben, jedoch tauchten unvermittelt in Nairobi neue Personen auf, die Fachleute für Bombenattentate waren, Rashid Da`ud al-Auhali und Muhammad Sadiq Udeh, beide Ägypter, das war die zweite Mannschaft der Zelle, sie führte das Attentat gegen die Botschaft durch. Als die furchtbaren Explosionen am 7. 8. 1998 in Kenia und Tansania geschahen, erkannte die CIA, daß die Zelle nicht beseitigt war. Das FBI nahm al-Auhali und Udeh in Nairobi fest und begann mit den Verhören, die wichtige Fakten erbrachten über geplante weitere Anschläge gegen USA-Botschaften in Afrika, Asien und dem Nahen Osten. Der Anschlag auf die Botschaften hat dazu geführt, daß zwei regierungsamtliche Untersuchungen begonnen haben, eine von dem CIA General Inspektor und die andere von der Überprüfungsabteilung des Außenministeriums, die der Frage nachgehen, ob man die beiden Anschläge hätte verhindern können. Inzwischen bemühen sich die USA um die Auslieferung von weiteren Verdächtigen aus Großbritannien, Pakistan und Deutschland. Die amerikanischen Behörden hatten im Fall des in Deutschland im Sommer 1998 in Bayern festgenommenen Verdächtigen bereits vorher informiert, daß ein sehr wichtiger Mitarbeiter Usama b. Ladins in Kürze vom Sudan nach Deutschland reisen wird. In der „Washington Post" war bereits sein Name Mamduh Mahmud Salim zu lesen, als sich die deutschen Behörden noch mit solchen Angaben zurückhielten. Auch in dem pakistanischen Fall ist die amerikanische Seite bestens informiert. In New York bei dem zuständigen Staatsanwalt liegen Informationen vor, daß die Terrorgruppe um Usama b. Ladin Unterstützung leisten wird bei Mordanschlägen auf Präsident Clinton, den Papst und Präsident Mubarak von Ägypten.

Wie gut inzwischen das technisch-logistische Zusammenspiel der Terrorgruppen im einzelnen funktioniert, aber auch die staatlichen Verfolgungsmaßnahmen sich immer mehr intensivieren, zeigte sich in jüngster Zeit. Im Juni 1998 wollten Terroristen der ägyptischen Terrorgruppe „Bewegung islamischer Heiliger Krieg" einen Bombenanschlag gegen die USA-Botschaft im albanischen Tirana durchführen, der Angriff war mit Ibn Ladin abgesprochen. Die Amerikaner waren vorgewarnt und konnten vier der Terroristen festnehmen, andere entflohen. Drei Monate später, im September, waren ägyptische Terroristen damit befaßt, eine Autobombe vor der USA-Botschaft in Baku, Aserbaidshan, zu stationieren. Auch hier griffen CIA-Beamte zu und faßten einige der Täter, die man dann nach Ägypten brachte. Zwar wurden beide Anschläge gerade noch rechtzeitig verhindert, jedoch zeigt sich darin das generelle und überregionale Zusammenspiel mit Ibn Ladin. Symptomatisch für die enge Kooperation war es auch, daß unmittelbar nach den US-Raketenangriffen auf Ziele in Afghanistan und im Sudan die „Islamische Gemeinschaft" Ägyptens, wichtigste Terrorgruppe des Landes, in Verlautbarungen Rache schwor. Das Scheitern der zwei Anschläge wird zu verstärkten Aktivitäten in Ägypten führen, da die Terroristen hier über eine entwickelte interne Infrastruktur verfügen, auch werden sie alle Mittel anwenden, um die verhafteten Täter freizubekommen oder sie blutig zu rächen. Man kann ebenfalls davon ausgehen, daß die Vereitelung beider Anschläge durch die CIA die Terroristen zu verstärkten Aktionen gegen die USA veranlassen wird. Diese Tatsache ist sehr ernst zu nehmen, deshalb ist in der gesamten amerikanischen Öffentlichkeit eine komplexe Diskussion über die Problematik der Bedrohung durch den Terrorismus und möglicher Konsequenzen daraus entstanden. Der wichtigen Tatsache sind sich die Verantwortlichen bewußt, daß das umfangreiche und zielgerichtete Eintreten der USA gegen Terrorismus als Antwort darauf auch die wachsende Gefahr hervorruft, daß bald Anschläge im Land passieren, die zahlreiche unschuldige Opfer kosten könnten.

Am 14. 10. 1998 lud Justizministerin Reno unter dem Code-Namen „Gleichgewichtige Antwort" 200 Polizeibeamte aus dem gesamten Gebiet von Washington D. C. zu einer Übung zusammen. Angenommen waren folgende Terrorakte: eine Autobomben-Explosion, ein Angriff mit chemischen Kampfstoffen auf eine Großveranstaltung der Washington Redskins, einer bekannten Football-Mannschaft, die Anbringung von Explosivstoffen in Regierungsgebäuden und ein Mordanschlag auf die Außenministerin Madelaine Albright. Geübt werden sollte in solchen Fällen die effektivste Zusammenarbeit. Die Justizministerin war mit den Ergebnissen nicht sehr zufrieden. Man weiß, daß auf der Liste der Terroristen ganz oben ein Anschlag in Washington oder New York steht. Um die Bevölkerung nicht zu verunsichern, behält man diese Erwartungen für sich, verstärkt jedoch die Sicherheitsmaßnahmen an den sensiblen Punkten beider Städte. Einig ist man sich, daß man die Bevölkerung vorsichtig an die Probleme heranführen muß. Dabei ist man in einem demokratischen Staat vor das Dilemma gestellt, die Notwendigkeiten der Sicherheit mit denen für öffentliche Information und Freiheit in Übereinstimmung bringen zu müssen. Die Öffentlichkeit darf nicht in Panik versetzt werden, das ist klar, aber Raphael Perl, der Terrorexperte und Mitarbeiter des Forschungsdienstes des Kongresses ist, macht darauf aufmerksam, daß die Öffentlichkeit die Tatsache akzeptieren muß, daß man in einen Zeitabschnitt eintritt, in dem terroristische Zwischenfälle zum täglichen Leben gehören werden wie Autounfälle und die gewöhnliche Straßenkriminalität. Das bedeutet letztendlich die Einschränkung ziviler Freiheiten durch die Stärkung der nationalen Sicherheit. Die amerikanischen Behörden verweisen auf die Verhältnisse in Nordirland vor dem Friedensabkommen zwischen den Kampfparteien, aber auch auf Israel und zahlreiche westeuropäische Staaten, wo bereits jetzt die Polizei einen größeren Spielraum hat bei internen Nachforschungen und Überwachungen als in den USA. Aber die Geheimhaltung der internen Planungen und Absichten ist in jedem Fall zu sichern, betonen die CIA und das FBI, sie setzen auf die Abwehr, das beste Mittel für die Sicherheit der Bevölkerung. Anja Guilsher, eine Sprecherin der CIA, macht in aller Klarheit deutlich, daß es oft gänzlich unratsam ist, die Bevölkerung über Dinge zu informieren, die einen brisanten Charakter tragen, weil die CIA verpflichtet ist, ihre jeweiligen Quellen und Methoden zu schützen. Das schließt jedoch nicht aus, daß die CIA Informationen herausgibt, die zu einem besseren Verständnis von Regierungsaktionen führen sollen. Die Bedrohung des Präsidenten durch den Terrorismus, aber auch jedes einzelnen Bürgers der USA, ist zu einem aktuellen Aspekt des täglichen Lebens geworden, wobei die großen Potenzen der Anti-Terroreinrichtungen und die gewaltigen eingesetzten Finanzmittel eine gewisse Sicherheit bieten, die, darüber ist man sich im klaren, den Terror jedoch nicht völlig beseitigen können.

Die Geheimdienste verweisen aber auch darauf, daß es bedenkliche Probleme im eigenen Staatsapparat gibt, die eine effektive und umfassende Bekämpfung des Terrors behindern. So ist es dem Finanzministerium der USA bisher nicht gelungen, die Geldquellen und Anlagesphären der Terroristen um Ibn Ladin genügend aufzuklären. Man hat nur herausgefunden, daß die meisten seiner Investitionen in europäischen und afrikanischen Gesellschaften und Unternehmen angelegt sind, die nicht in Dollar abgerechnet werden und nicht zugänglich sind für amerikanische Sanktionen. Das Außenministerium, das unter Madelaine Albright den Anti-Terrorkampf zu einer Hauptlosung erhoben hat, sie nennt ihn den Krieg der Zukunft, vermochte es nicht, die in Afghanistan herrschenden Taliban zur Ausweisung Ibn Ladins zu bewegen, damit ihn das FBI verhaften kann. Das Pentagon ist bereit, weitere Ziele, die genau benannt werden, effektiv anzugreifen. Die amerikanischen Sicherheitskreise haben selbstverständlich den Vatikan und Ägypten über die bestehenden Morddrohungen informiert. In Ägypten sehen die Verantwortlichen der USA die Gefahr, daß durch einen Mord an Präsident Mubarak das Land und damit die gesamte Region in eine gefährliche Phase der Destabilisierung eintreten kann. Die Hoffnungen und Erwartungen auf eine in den Mittelmeerraum und in den Nahen Osten ausstrahlende Blüte ägyptischer Wirtschaft und politischer Kultur sehen vor allem amerikanische Sicherheitsfachleute als gefährdet an, wenn der Terror in der Lage ist, die Spitze zu erreichen. Die Zukunft bisheriger Bemühungen der USA in Ägypten ist damit bedroht. Man legt dem ägyptischen Staatspräsidenten nahe, möglichst weite Reisen in Staaten der Dritten Welt zu unterlassen. Das entspricht eigenen Erfahrungen in Kairo und Washington, denn das bisher gefährlichste Attentat auf Mubarak geschah – wie bereits geschildert – 1995 bei einem Aufenthalt in Addis Abeba, aber auch die Amerikaner waren bei einem Besuch Präsident Clintons auf den Philippinen 1994 hinter einen Mordanschlag gekommen, der rechtzeitig verhindert wurde. Die Sicherheitsstandards in vielen Entwicklungsländern sind nicht effektiv zu kontrollieren, so daß hier ein Schwachpunkt entsteht, der dem Terrorismus objektiv das Agieren erleichtert. Ob aber jegliche Auslandsreise dieser Art für Mubarak auszuschließen ist, kann nicht ganz sicher gesagt werden. Natürlich wird man die ägyptische Regierung weiterhin mit geeigneten Informationen versehen, damit man sich selbst in Kairo ein Bild von der konkreten Gefahrensituation machen kann. Die Ägypter selbst werden ihre Erkenntnisse an die Amerikaner weiterleiten. Vor allem denken die Sicherheitskreise der USA darüber nach, was es heißt, wenn im Mordplan gegen Mubarak etwas von Unterstützung der Gruppe um Usama b. Ladin steht. Um Geld kann es sich nicht handeln, davon haben die Terroristen mit sudanesischer Hilfe genügend, wahrscheinlich muß man mehr von neuen Waffentypen ausgehen. Der Angriff würde also nicht mit der traditionellen Kalaschnikow erfolgen, panzerbrechende Waffen, kleinere Raketen, einige USA-Stinger Raketen haben die Extremisten seit dem Afghanistankrieg in ihren Händen, darunter sind vielleicht chemische Stoffe zu verstehen. Das sind keine beruhigenden Überlegungen. Andererseits läßt man solche Gedanken nicht an die Öffentlichkeit dringen, obwohl die Bewohner Ägyptens bereits genügend leidvolle Erfahrungen mit dem Terror in ihrem Land gemacht haben, so daß sie neue Vorstellungen in der Führung des Landes kaum erschüttern. Auch findet in dem Land keinerlei Diskussion darüber statt, wie die Ansätze liberaler Regierungsform zu bewahren sind, wenn der Staat im Kampf gegen den Terror die Rechte der Presse, der Justiz und des einzelnen Bürgers immer mehr einengt. Natürlich wird die ägyptische Regierung auf Grund der amerikanischen Informationen nicht herumkommen, ihre bisherige Sicherheitskonzeption für den Präsidenten zu überdenken und notfalls neue Momente zu entwickeln, die sich besser den speziellen Gegebenheiten des Landes anpassen.

2. Islam und Gesellschaft unter Husni Mubarak

Die Muslimbrüder, 1928 entstandene Mutterorganisation aller heutigen islamischen Terroristengruppen, hatten in der Zeit des ägyptischen Präsidenten Gamal Abd Nasser ihre entscheidende Niederlage erlitten, indem die absolute Mehrzahl ihrer Anhänger in die Gefängnisse kam, nachdem sie zwei erfolglose Attentate auf das Staatsoberhaupt unternommen hatten. Einige richtete man hin. Danach war nichts mehr von ihnen im Land zu spüren. Nur wenige Muslimbrüder hatten noch rechtzeitig die Flucht ergriffen und vor allem in Saudi-Arabien Schutz gefunden. 1970 starb Präsident Nasser, und Sadat kam an die Macht. Faisal, der damalige König von Saudi-Arabien, arrangierte im Sommer 1971 Geheimverhandlungen zwischen Sadat und den Exil-Muslimbrüdern über die Modalitäten ihrer Rückkehr nach Ägypten. In den Gesprächen erwies sich bald, daß Sadat den Exilgruppen jede Garantie für ein freies Leben in ihrem Heimatland bot, ja mehr noch, er bat sie um Hilfe in seinem innenpolitischen Kampf. Denn er sehe sich einem Widerstand von Freidenkern und Kommunisten gegenüber, den man gemeinsam brechen müsse. Deshalb gestand er den Muslimbrüdern jede öffentliche Tätigkeit zu. Die Muslimbrüder waren jedoch mißtrauisch und trauten den Angeboten nicht. Sie argumentierten, daß sie keine Entscheidungen treffen könnten, weil ihre Führung in Ägypten inhaftiert sei. 1973 begann die Freilassung der Gefangenen, doch hatte es vorher noch Konflikte unter ihnen über die Zeit unter Nasser gegeben. Diejenigen, die ihn unterstützt hatten, stieß man aus den eigenen Reihen aus. Auch mußten die Muslimbrüder vor ihrer Freilassung ein Papier unterschreiben, in dem sich der Staat zusichern ließ, daß sie nicht die Regierung angreifen und keine

Waffen gegen den Staat erheben. Dafür beseitigte man alle Beschuldigungen gegen sie und bot ihnen jegliche Freiheit in der Publikation und der öffentlichen Rede. Am 22. 3. 1975 kamen die letzten aus dem Gefängnis und begannen ihre Arbeit. In der arabischen Welt führte das offene Agieren der Muslimbrüder in Ägypten zu einem großen Aufsehen, die geheimen Abmachungen mit der Regierung über politisches Wohlverhalten waren noch nicht bekannt, und bald führte das zu einer Vielzahl von unterschiedlichen Terrorakten, offensichtlich sahen sich viele ermutigt, nun gegen ihre Regierungen loszuschlagen. Dafür existierte keine gemeinsame Planung, oft waren es mehr spontane und wenig durchdachte Aktionen. In Saudi-Arabien erstürmten Bewaffnete 1979 die heilige Moschee in Mekka und richteten ein Blutbad an. In Tunesien beteiligten sich Terroristen 1978 bei den Massenprotesten Unzufriedener und praktizierten brutale Gewaltmaßnahmen. 1979 gewannen die Extremisten unter Führung von Turabi im Sudan einen ersten Einfluß auf die Regierungsgeschäfte des Landes. Nur hier konnten sie sich bis heute halten. Die übrigen Aktionen waren nicht von bleibender Dauer, zeigten aber eine latente Form der Gewaltbereitschaft, die sich mit dem politischen Protest verband. In Ägypten jedoch bahnte sich eine besondere Entwicklung an.

Als die Muslimbrüder aus den Gefängnissen kamen, waren es überwiegend ältere weißbärtige Herren, die nicht unbedingt an die konspirative Arbeit dachten. Sie hielten auch nichts von ihrem früheren Programm, entstanden in den vierziger Jahren, wo sie noch Losungen armer Bevölkerungsschichten nach Landreform und Verstaatlichung ausländischer Betriebe aufgenommen hatten. Das verwarfen sie nun und orientierten ihre neuen Satzungen an dem Wirtschaftsleben der siebziger Jahre Ägyptens. Sie unterstützten die Aufforderungen Sadats an ausländische Großfirmen, in seinem Land zu investieren. Auch den freien Handel, den die Reichen zu ihrem Nutzen betreiben konnten, befürworteten sie jetzt. Muslimbrüder, während ihres Aufenthalts in Saudi-Arabien wohlhabend geworden, stiegen auf den

Gebieten der Plasteproduktion und des Immobilienhandels in das ägyptische Wirtschaftsleben ein. Mit einem waren die Muslimbrüder nicht zufrieden, sie hatten die Verbindung zur Jugend verloren. Daher wandten sie sich den Universitäten zu, um dort neue Anhänger zu gewinnen. Die Gespräche aber brachten von Anbeginn keine große Übereinstimmung. Zwar waren viele der jungen Leute sehr gläubige Muslims, aber sie konnten nicht verstehen, weshalb die Muslimbrüder in ihrem neuen Programm die wirtschaftliche Öffnung des Landes begrüßt hatten, sie, die Jungen, waren ganz anderer Ansicht. Sie erlebten die neue ökonomische Entwicklung als Schädigungsprozeß für das ägyptische Volk. Die aktuelle Haltung der Muslimbrüder bewerteten die Studenten als Bankrott und Kapitulation. Eine wachsende Konfrontation entstand zwischen beiden Seiten, wobei sich die studentische Seite dabei immer radikaler erwies. Das zeigte sich vor allem darin, daß man erste konkrete Schritte für eine konspirative Arbeit unternahm. Sie verwarfen strikt die kleinste Organisationseinheit der Muslimbrüder von acht Personen, die sich alle kannten. Im Fall der Verhaftung eines von ihnen, wären die anderen aufgeflogen. Deshalb entstand nun die kleinste Gruppe aus drei Personen, die sich nicht mit Namen kennen, da jeder von ihnen eine Nummer trägt. Nach oben, in die 11köpfige Leitung, gab es direkte Verbindungen, um eine schnelle Aktion jeweils zu ermöglichen. Als Grundbedingung für die Mitgliedschaft legte man fest, daß jeder neue Mitkämpfer ein aufrichtiger, fest entschlossener Muslim sein muß. Man erforschte deshalb seinen Lebenswandel und das religiöse Wissen, um bei dem neuen Kandidaten sicher zu gehen.

1977 bildete sich auf diese Weise aus der Studentenschaft und in harten Auseinandersetzungen mit den Muslimbrüdern die „Islamische Gemeinschaft" heraus, die wichtigste der heutigen Terrororganisationen. Der Prozeß verlief nicht gradlinig. Die neue Terrorgruppe berücksichtigte auch die Erfahrungen und Fehler, die andere kleine Terrorverbindungen und -zirkel vor ihnen gemacht hatten. So gründete fast zur gleichen Zeit 1977 ein junger Mann namens Mustafa Jasri in Kairo eine bewaffnete Gruppe, die Terroranschläge vorbereitete, aber schon 1979 aufflog, als alle Mitglieder in das Gefängnis kamen. Nicht anders erging es einer weiteren kleinen Terrorgruppe. Hundert Leute gehörten ihr an, darunter Salih Sirrija; sie überfiel ein Gebäude der Militärtechnik, um sich für den Kampf gegen das Regime zu bewaffnen. 1979 erfolgte die Verhaftung der Mitglieder, nur ein gewisser Muhammad Abd as-Salam Faraj konnte der Verfolgung entgehen und schloß sich der „Islamischen Gemeinschaft" an. Die Warnungen aus den Vorgängen waren klar; man mußte viel mehr terroristische Professionalität im Planen und Vorgehen entwickeln. Dazu gehörte aber auch eine gewisse Selbstverständigung, verpflichtende Programmatik und eindeutige Zielsetzung für die neue Qualität der Aktionen. Der erwähnte Muhammad Abd as-Salam Faraj leistete die Arbeit, indem er das erste Geheimpapier der Organisation unter dem Titel „Die verborgene Gottesvorschrift" verfaßte. Der Text, der mir vorliegt und schwerpunktmäßig mit anderen Dokumenten im folgenden Abschnitt behandelt wird, hat fast den Charakter einer inneren Verfassung und Arbeitsrichtlinie für die Gruppe gewonnen, weil er in knapper Form theologische Grundpositionen mit praktischen Anweisungen für den Heiligen Krieg verbindet. Letzterer erscheint darin als Instrument der Veränderung und Machtergreifung. Dabei war nur noch nicht ganz klar, ob man in Ägypten den Umsturz durch eine Militäraktion oder eine Volkserhebung, immer an der Spitze die Terrororganisation, erstrebt. Diese Unentschiedenheit sollte sehr viel später zu einer organisatorischen Teilung der Gruppe führen. Das wichtigste Instrument zum Testen der revolutionären Stimmung in der Bevölkerung sollten Massendemonstrationen und breite Streikaktionen bilden. Die Geheimorganisation nutzte zielgerichtet das Camp-David Abkommen zwischen Israel und Ägypten 1978, um dagegen große Demonstrationen zu organisieren und geriet damit immer direkter in Konfrontation mit dem Staat. In Oberägypten, vor allem in den Städten Asjut und al-Minia, setzten gewaltige Demonstrationen ein, die Sicherheit erschoß dabei am ersten Tag den Terroristen Ahmad Nuh, am Folgetag bereits weitere 13 Demonstranten. Daraus entwickelten sich Unruhen, die ihren blutigen Höhepunkt am 18. und 19. 1. 1977 fanden. Auch zu Verhaftungen kam es, unter den Gefangenen war Muhammad Shauqi Islambuli, Bruder des späteren Sadat-Mörders. Die Terroristen erkannten in aller Klarheit, daß die konkrete Gewaltbereitschaft dieses Staates von jetzt ab nur mit gesteigertem Terror zu brechen ist. Die Konfrontation mit dem Staat vertiefte sich auch dadurch, daß die Terroristen die gesellschaftliche und soziale Entwicklung Ägyptens unter Sadat immer grundsätzlicher kritisierten. Die wirtschaftliche Öffnung des Landes hatte teilweise zu chaotischen Verlusten ethischer und traditioneller Werte in manchen Familien geführt. Ein westliches Verbraucherverhalten, gefördert auch durch die Konsumansprüche reicher Geldgeber aus dem arabischen Golfgebiet, griff um sich, zweifelhafte Vergnügungsstätten machten auf und hielten besonders die Reichen aus Abu Zabi, Saudi-Arabien und Bahrain bei Stimmung und Laune. Das Volk nannte die Neureichen abschätzig „fette Katzen", die oft ihren Wohlstand protzig der Öffentlichkeit präsentierten und teuere Hochzeitsfeste mit Pariser Chic und viel Schmuck veranstalteten. Eine offensichtliche Unmoral, die hier, vom Staat gefördert, sich ausbreitete, machte den Terroristen unmißverständlich klar, daß dagegen nur mit entschiedener Gewalt vorzugehen ist. Innere und äußere Faktoren kamen in der Weise zusammen, daß die Extremisten beschlossen, zielgerichtet loszuschlagen. Aus ihrer Sicht war Sadats Regime durch krassen Unglauben bestimmt, er selbst erschien als Götze, der die Bürger zur falschen Religion verleitet und mit den Juden verbündet ist. Diese Radikalität erschreckte die Muslimbrüder, soweit sie überhaupt etwas davon erfuhren. Aber die neue Organisation der „Islamischen Gemeinschaft" hatte sich bereits in dem erwähnten Grunddokument entschieden von den Muslimbrüdern, ihrer Lehre und praktischen Handlungsweise abgekehrt. Vor allem waren die neuen Extremisten Feinde der Demokratie und lehnten daher den Parlamentarismus entschieden ab, verurteilten deshalb auch die Haltung der Muslimbrüder, sich an dem zweifelhaften Spiel der Parteien um die Sitze im Parlament zu beteiligen.

Die Terroristen schufen in der Zeit zwei weitere Geheimdokumente, die ausgehend von dem vorhergehenden die Strategie zum Umsturz der Macht noch klarer umrissen. Das kleinere hat den Titel „Ausdauernder Widerstand" und trägt den wichtigen neuen Gedanken vor, besondere Ereignisse auf Staatsebene und plötzliche Geschehnisse in der Innenpolitik für die islamische Revolution zu nutzen; also nicht erst auf die natürliche Zuspitzung der Widersprüche hinzuarbeiten. Das war ein spezifisches taktisches Moment, das den Spielraum der Umsturzaktion erweiterte, aber in gefährlicher Weise die Reife der eigenen Kräfte außer acht ließ. Die Bedrohlichkeit der Terroristen erhöhte sich dadurch, da sie durch das voluntaristische Element noch leichter zum brutalen Angriff verleitet werden konnten. Das andere interne Papier, „Entwicklungsetappen der islamischen Bewegung", umriß ausführlich die notwendigen Maßnahmen, die die Eroberung der Macht begleiten müssen. Da geht es recht detailliert um die Unterbrechung von Kommunikationsverbindungen des Feindes, die Unterbindung des Nachschubs und die Vereitelung der Entsendung zusätzlicher Armee-Einheiten. Sie hatten sich inzwischen eine relativ feste Strukturform gegeben, um nicht enttarnt zu werden, keine Spitzel des Staates eindringen zu lassen und eine möglichst effektive Arbeit zu leisten. Die unterste und kleinste Gruppe der Terroristen umfaßte vier Personen. Neue Mitglieder mußten eine Phase der Prüfung und Beobachtung überstehen, um schließlich akzeptiert zu werden. Die diffizilen Tests und Nachforschungen über die neuen Kandidaten organisierte die zentrale Ebene, die auch über eine streng geheime Verbindung zu Verbündeten im Geheimdienst des Landes verfügte und sich damit wichtiges Material zur Beurteilung von Personen erschloß. Majlis ash-Shura, Beratungskreis, nannten sie das Gremium, das diese Arbeit leistete. Es war eine Idee von kollektiver Meinungsbildung darin verwirklicht, obwohl auch hier strenge Verantwortlichkeiten bestanden. Der Mann, der im Geheimdienst arbeitete, hieß Abbud Zamr, in der Terrororganisation war er für den Militärflügel verantwortlich. Er verfügte über umfassende Kenntnisse aus seiner Armeezeit als Oberleutnant. Während des Oktoberkrieges 1973 zwischen Ägypten und Israel realisierte er erfolgreich Spezialaufträge hinter den feindlichen Linien und bekam danach einen wichtigen Posten im Militärgeheimdienst seines Landes und stieg bis zum Major auf. Wie kam die Zusammenarbeit mit den Terroristen zustande? In seiner Arbeit leitete er auch eine Gruppe von Ägyptern, die in Israel für die ägyptische Seite spionierten. Nach dem Abschluß des Camp-David Abkommens traten die obersten Vorgesetzten an Abbud Zamr heran und schlugen vor, die geheimen Informationen über die Spione in Israel den dortigen Geheimdiensten als Zeichen des guten Willens auszuhändigen und damit die eigenen Leute der anderen Seite auszuliefern. Abbud Zamr verweigerte den ihm erteilten Befehl und mußte bedrohliche Strafen und Verfolgungen erwarten, was ihn zur sofortigen Flucht und zum schnellen Abtauchen mit einer neuen Identität veranlaßte. In dieser Lage traf er sich mit seinem Vetter Tariq Zamr, einem weithin bekannten frommen Mann, der zu der Terrorgruppe gehörte, und nach einer gewissen Zeit ein Gespräch mit dem Shura-Mitglied Muhammad Abd as-Salam Faraj vermitteln konnte, woraus sich eine feste Zusammenarbeit entwickelte. Abbud Zamr verstärkte den bereits vorhandenen Militärflügel ganz bedeutend, indem er eine feste Disziplin einführte, eine noch stärkere Geheimhaltung und auf eine effektive Nutzung der Waffen drang. Der Militärflügel nahm überhaupt keine neuen Mitglieder auf, sondern nur langjährig bewährte und für den Zweck geeignete Kandidaten, vor allem ehemalige Armeeangehörige oder Afghanistan-Kämpfer waren gern gesehen. Über die Verbindung zu aktiven Soldaten, die mit der „Islamischen Gemeinschaft" noch Kontakte hatten, besonders ein Panzerfahrer und ein Scharfschütze waren wichtig, verschaffte man sich ganz intern Waffen, Munition und weitere Ausrüstungen. Ein Übungsgelände entstand, als Sportklub getarnt, wo man Kampfsportarten zum Angriff und zur Selbstverteidigung trainierte. Schießübungen absolvierten sie auf ehemaligen Militärgeländen außerhalb der Stadt. Gegliedert waren die Kämpfer nach militärischen Gesichtspunkten in Gruppen zu sechs bis acht Personen, jede sollte unabhängig voneinander auf sich gestellt operieren können. Nur diese Leute kannten sich untereinander. Die Effektivität der Militärverbände steigerte sich beachtlich, da Abbud Zamr seine reichen Erfahrungen aus der Partisanenarbeit, dem Einsatz von Fallschirmen, von Aufklärungstrupps, Militärtopographie und der Leistung von Scharfschützen einbrachte. Er legte Prinzipien der Geheimhaltung fest. Kein Mitglied darf mehr wissen als das, was ihn betrifft, er hat nicht seine Gefährten zu befragen und keinem über die Organisation zu berichten, sei er noch so nah verwandt. Die Mitglieder bekamen Kampfnamen, und der schriftliche Austausch innerhalb der Organisation wurde chiffriert. Diese Vorschriften sind weitgehend noch heute gültig. Die Verbesserung der Schlagkraft auf vielen Gebieten ist bis in die Gegenwart spürbar.

Unter den Bedingungen machten sie sich an die konkrete Planung der Ermordung Sadats. Rund drei Jahre brauchte man dafür, solche Fristen müssen wir auch heute teilweise berücksichtigen bei der Vorbereitung von terroristischen Anschlägen. Die Extremisten sammelten konkrete Informationen über regelmäßige Fahrten des Präsidenten, vor allem zum Rundfunk und Fernsehen sowie den Ministerien für Verteidigung und Inneres, zum Sitz der Sicherheit, dem Chef der republikanischen Garde und der Kriminalpolizei. Der Plan für die Ermordung war beinahe ausgearbeitet, da passierten einige alarmierende Dinge. Es fiel ihnen auf, daß man verstärkte Aktivitäten der Sicherheit gegen die Organisation registrierte. Dazu kam, daß die Polizei das Mitglied Nabil al-Maghribi erwischte, als er entgegen den bei den Terroristen bestehenden Weisungen bei einem Waffenhändler Maschinenpistolen kaufen wollte. Nun war zu befürchten, daß die gesamten Planungen der Terroristen und ihre bis in den Geheimdienst reichende Verbindungen auffliegen würden, deshalb orientierte die Organisation auf eine schnelle Aktion, die zum Abbruch der eingeleiteten Untersuchungen des Staates führen würde und ganz neue Bedingungen für die Terroristen schaffen sollte, und befürwortete den Plan, das Attentat durch den Offizier Chalid al-Islambuli realisieren zu lassen. Vorher aber wandte man sich noch an den Scheich Umar Abdarrahman, der an der Azhar-Universität Professor für Koranexegese war. Er, 1938 geboren, hatte sich schon gegen den früheren Staatspräsidenten Gamal Abd Nasser ausgesprochen und bei dessen Tod 1970 die Menschen von der Kanzel aus verwarnt, für den Verstorbenen zu beten. Dafür bekam er neun Monate Gefängnis. Nun wandten sich die Terroristen wegen des Plans an ihn, Sadat zu ermorden. Ohne Umschweife erklärte er es für erlaubt, den Präsidenten zu töten, weil er ein ungläubiger Herrscher sei. Mit dieser theologischen Unterstützung plante die Gruppe um den Artillerie-Offizier al-Islambuli die Realisierung ihres Mordauftrags.

Das Jahr 1981 hatte für die ägyptische Führung unter Präsident Sadat beinahe friedlich begonnen. Die bösen Hungeraufstände in Kairo vor vier Jahren waren vergessen, die gewählten Studentenvertretungen an den Universitäten hatte man im letzten Jahr durch einen Präsidialerlaß aufgelöst, weil sich bestimmte islamische Gruppen scheinbar durchgesetzt hatten. Den Sicherheitsorganen waren bei den Wahlen in den Camps gewisse Kräfte aufgefallen, die Zeiten für Gebete forderten, Ausstellungen islamischer Literatur organisierten, für die Studenten billige Raubkopien teurer Fachliteratur fabrizierten, gegen unislamische Veranstaltungen wie Tanz- und Musikabende vorgingen, in der Anatomie-Ausbildung die Nutzung menschlicher Körpermodelle sowie entsprechende Tafeln strikt ablehnten und christliche Studenten schikanierten. Das alles geschah öffentlich und blieb deshalb der Sicherheit nicht verborgen. Sie maß eigentlich den Ereignissen keine wesentliche Bedeutung bei. Die Führung des Landes vertrat die Ansicht, daß bei den Muslimbrüdern der Gegenwart, sehr alten Herren inzwischen, die sich gern in kleinen Kaffeestuben nahe der Azhar-Moschee zu treffen pflegten, nur noch der schwache Schatten einstiger Gefahr übrig war. Das war die offizielle Doktrin. Doch kollidierte die Sichtweise der Regierenden, die gern verharmloste, objektiv mit der Radikalisierung, die in der Zeitschrift „ad-Da`wa" (Predigt), Hauptorgan der Muslimbrüder, zu beobachten war. Das Blatt hatte seit 1979, als Sadat den Friedensvertrag mit Israel abschloß, gegen die Vereinbarung entschieden Stellung genommen. Das erschien der Regierung jedoch nicht weiter beachtenswert. Jetzt aber, im Jahr 1981, griff das Blatt unvermutet schroff die Regierung wegen ihrer verfehlten Wirtschaftspolitik an, die das freie Unternehmertum fördert, aber die Mehrheit der Menschen in die Armut treibt. Man forderte ein stärkeres Eingreifen des Staates zugunsten der wirtschaftlich Schwachen. Das erinnerte an die Politik des einstigen Staatspräsidenten Nasser, der 1970 verstarb und bei Sadat aus vielen Gründen verhaßt war. Auch gegen die Unterwerfung Ägyptens unter die amerikanische Politik richteten sich die Autoren entschieden. Speichelleckerei und Kriechertum kreidete man dem Präsidenten an und bezeichnete seine Behauptung von einer angeblich kommunistischen Bedrohung in Ägypten schlicht als dumme Faselei, als trübsinnige Anbiederung an die Amerikaner. Das war dem Präsidenten zu viel, er verbot im September 1981 die Zeitschrift und ließ ihren Chefredakteur, den Theologen Tilmisani, verhaften, auch andere Personen aus dem Umkreis des Blattes kamen ins Gefängnis. Insgesamt 1536 Personen. Man sperrte auch, um die angeblich kluge Balance in dem Fall zu wahren, einige christliche Würdenträger ein, den koptisch-christlichen Bischof setzte er ab. Die Muslims sollten erkennen, daß der Präsident nicht nur auf ihrer Seite Schuldige sah. Damit glaubte man, die innenpolitische Situation im Griff zu haben. Sadat war nicht bewußt, wie sehr die kritischen Zeitungsschreiber die Frustration in weiten Teilen der Mittelschichten reflektierten, die keinen Nutzen aus der neuen Freiheit im Außenhandel ziehen konnten, aber auch spezifische Gedanken radikalisierter Terroristen klangen in den veröffentlichten Artikeln an.

Am 6. 10. 1981 setzte Sadat die jährliche Militärparade an, um seine eigene Militäroperation gegen Israel, die nun gerade acht Jahre zurücklag, feierlich zu begehen. Der Einsatz scharfer Munition war strikt untersagt. Bekanntlich schaffte es eine Gruppe von vier Personen, sich in die Parade einzuschmuggeln und tötete vor den Kameras der Weltpresse Präsident Sadat. Seine Sicherheitskräfte hatten auf allen Ebenen versagt, und damit den Überfall möglich gemacht. Die Angreifer hatten es vermocht, drei für die Parade vorgesehene Soldaten kurz vorher in den Urlaub zu schicken. Ihre Plätze nahmen drei Terroristen ein, der vierte Mann war ihr Anführer, der 24jährige Artillerie-Offizier Leutnant Chalid al-Islambuli. Auch schafften sie es ohne Schwierigkeiten, scharfe Munition für ihre Schußwaffen durch die laschen Kontrollen zu lancieren. Für die Sicherheitskräfte, inzwischen hatte Mubarak als Stellvertreter ordnungsgemäß die Macht übernommen, kam es aber noch schlimmer. Trotz einer sofort über die weiteren Ereignisse verhängten Nachrichtensperre, die durch den am 6. 10. 1981 verkündeten Ausnahmezustand leicht möglich war, konnte man die folgenden Fakten erfahren. Unmittelbar nach dem Mord griffen Terroristen in Kairo an verschiedenen Punkten an. Sie bemühten sich, den Rundfunk und das Fernsehen in ihre Hände zu bekommen, um den Beginn der islamischen Revolution zu verkünden. Doch scheiterte das Vorhaben. Inzwischen warfen andere Gruppen Handgranaten in das Zentrum der Zentralen Sicherheitskräfte im Stadtteil al-Giza, bei den Pyramiden gelegen. Auch ein anderer Punkt der Sicherheit in Kairo ging in Flammen auf. Das Haus des Innenministers kam unter Feuer. Um das Einfliegen von weiteren Armeeverbänden zu verhindern, besetzten Terroristen den Internationalen Flughafen von Kairo. In Oberägypten hatten sie noch größere Erfolge, das lag auch daran, daß hier die dreifache Mitgliederstärke im Vergleich zu Kairo existierte. Die Terroristen griffen in Asjut an, um das Zentrum der Sicherheit in ihre Hände zu bekommen. Bei ihrem überraschenden Überfall töteten sie 115 Offiziere und einfache Polizeiangehörige. Ihnen gelang es tatsächlich, das örtliche, verhaßte Sicherheitszentrum am 8. 10. 1981 für 24 Stunden zu erobern und zu verteidigen, sie konnten Unterlagen kopieren und vernichten, im großen Stil die geheime Arbeitsweise der Staatsorgane aufdecken. Über eine bis dahin unbekannte Funkverbindung übermittelten sie wichtige Fakten an ihre Verbündeten außerhalb des Objekts. Die Polizei konnte schließlich den Gebäudekomplex unter schweren Verlusten zurückerobern.

Der Schock bei den Sicherheitskräften war unbeschreiblich groß, entsprechend gewaltig war ihre Brutalität bei den Verfolgungen. Die Organisation hinter dem Mord am Präsidenten und dem umfassenden Angriffsplan war nicht bekannt. Man rettete sich, die Methode ist bis heute in Ägypten gebräuchlich, indem man Massenverhaftungen realisierte. Insgesamt kamen binnen kurzer Zeit 50 000 Verdächtige in die Gefängnisse. Man ging bereits damals nach dem fadenscheinigen Verfahren vor, daß der jeweilige Gefangene selbst seine Unschuld beweisen muß. Eigene Untersuchungen stellte man angesichts der Vielzahl der potentiellen Verdachtspersonen weitgehend zurück. Der Presse teilten die Verantwortlichen mit, daß man 1200 Personen inhaftiert habe. Am 9. 10. 1981 konnten die Sicherheitskräfte nur die aktiven Angreifer festnahmen, die sie bei der Rückeroberung des örtlichen Zentrums in Asjut inhaftierten, dazu kamen die vier, die bei der Ermordung Sadats gefaßt wurden. Eigentlich waren es nur drei. Denn der vierte, Husain Abbas, konnte in dem Chaos und Durcheinander unmittelbar nach dem Mord unerkannt verschwinden. Eine erneute schwere Schlappe für die Sicherheitsorgane. Um ihn zu bekommen, wandten sie folgende List an. Polizeioffiziere begaben sich in das Krankenhaus al-Mu`adi, im Süden Kairos, wo der Mörder al-Islambuli auf Grund der Verletzungen untergebracht war, die er bei dem Anschlag erhalten hatte. Scheinheilig fragten sie ihn nach dem Namen und der Anschrift des vierten, weil er bei der Aktion getötet worden sei und man den Leichnam der Familie übergeben will. Al-Islambuli nannte ihnen die gewünschten Details, so daß sie auch den vierten festnehmen konnten. Mit diesen Personen hatten die Organe den ersten Faden in der Hand, um sich weitere Informationen zu beschaffen. 39 Tage brauchten sie, um über den Aufbau und die Führung einige Details zu erfahren. Viel war es nicht. Deshalb ging man dazu über, wahllos alle Personen zu verhaften, die sich als besonders fromme Gläubige organisiert hatten. Da gab es welche, die sich dem intensiven Koranstudium widmeten, andere befaßten sich mit der großen alten Geschichte des Islam, sie alle landeten im Gefängnis und mußten sich verbrecherische rohe Verhörmethoden gefallen lassen. Egal welcher geistigen Richtung sie angehörten, alle traf die gleiche miserable Behandlung. Man kann sich leicht vorstellen, daß das Regime angesichts der Brutalitäten bei allen Betroffenen jegliches Ansehen verlor. Die Ergebnisse der Verhöre waren absolut unbefriedigend, trotzdem kamen die Gefangenen nicht sofort frei. Das wenige Material, das die Behörden durch die Festnahme der kleinen Gruppe von Haupttätern in die Hände bekamen, reichte schon aus, die Fachleute zum Erstaunen zu veranlassen.

Mit welchen Mitteln hatten sie die Informationen erhalten? Vor allem durch zielgerichtete Folter. Man verband den Opfern vorher die Augen, damit sie später die Täter nicht wieder erkennen konnten. Die Vorbereitung für die Folter bestand im Aufhängen, dabei band man die Handgelenke mit den Knien oder den Knöcheln des Betroffenen zusammen, um ihn dann auf eine Stange zu hängen oder über einen geöffneten Türflügel, er war wehrlos. Schläge erfolgten auf die Fußsohlen, die Füße und den Kopf, wobei man Kabel, Stöcke und Peitschen benutzte. Zigaretten drückte man am Körper der Betroffenen aus. Bei den gefährlichen Elektroschocks gebrauchte man Stromkabel, die am Mund, den Brustwarzen oder den Genitalien angesetzt wurden. Auch trieb man Stöcke und andere Gegenstände in den After des Gefangenen. Man ließ die Inhaftierten lange auf einer Stelle stehen, ohne ihnen Essen, Trinken und Schlaf zu gönnen. Anderen Betroffenen riß man den Bart aus. Dazu kam noch die psychologische Folter, wozu die Drohung mit dem sexuellen Mißbrauch an erster Stelle stand, kündigte man an, die Ehefrau des Verhafteten herbeizuholen, um sie in seiner Gegenwart zu vergewaltigen. Gefangene zwang man, die Schreie von anderen Folteropfern anzuhören, um sie einzuschüchtern. Dann gab es auch die Drohung, den Verhafteten zu töten oder ewig einzusperren.

Diese furchtbaren Formen der Folter hat „amnesty international" in den frühen achtziger Jahren bei ihren genauen Nachforschungen in Ägypten vorgefunden. Die Unmenschlichkeit war in ihrer Massivität und Brutalität erschreckend. Erst die Untersuchungen von „amnesty international" haben einige der gefolterten Gefangenen ermutigt, bei dem Generalstaatsanwalt des Landes gegen ihre Folterer Klage zu erheben. Denn in der ägyptischen Verfassung heißt es im Artikel 42 beschönigend, daß es verboten ist, Gefangenen physischen oder moralischen Schaden zuzufügen. Nach sehr schwierigen und langwierigen Befragungen und Verhören, Jahre dauerte das, da allein rund 400 Aussagen zu überprüfen waren, kam es dazu, daß 1986 gegen 44 Offiziere der Polizei, Sicherheit und des Gefängnisdienstes Anklage erhoben wurde. Doch der Prozeß verlief im Sand. An den verbrecherischen Mißständen, die der Staat deckt, hat sich seither nichts geändert. Ägyptische Menschenrechtsgruppen haben seit den neunziger Jahren, oft unter Lebensgefahr, diese Aufklärungen und Untersuchungen fortgeführt und werden in der weiteren Darstellung berücksichtigt. Die Folter geschah im allgemeinen nicht in den Gefängnissen, vielmehr waren und sind die Geheimpolizeizentren in Lazughli, in der Gabir b. Hajjan Straße in dem Kairoer Diplomatenviertel Doqqi, in dem Zentrum für Anti-Terrorkampf in Tura und dem Polizei-Ausbildungsinstitut in Tura dafür bekannt. Solche Vorfälle gab es jedoch auch in dem Tura Empfangsgefängnis, wo alle Häftlinge zuerst eingeliefert werden. Ägypten besitzt grundsätzlich vier Arten von Gefängnissen: die Besserungsanstalten, allgemeine und zentrale Gefängnisse sowie Spezial-Haftanstalten. Letztere waren und sind für die politischen Gefangenen. Die Gefolterten finden darin keine medizinische Versorgung, oft existiert überhaupt keine ärztliche Aufsicht. Wenn Ärzte da sind, trauen sie sich meist nicht, die

Betroffenen zu behandeln, weil sie dann selbst Repressalien fürchten. Zwar ist durch das Gesetz die Staatsanwaltschaft verpflichtet, unangemeldet und einigermaßen regelmäßig Gefängnisse aufzusuchen und sich mit vielen Gefangenen zu unterhalten, um ihre Klagen und Bitten entgegenzunehmen, doch in Wirklichkeit sind die Gefangenen ihrem traurigen Schicksal überlassen. Die meisten Extremisten steckte man in die berüchtigten Gefängnisse Tura und Abu Za`bal. Hinter der Sonne, so sagt man in Ägypten, liegen sie. Früher kamen die politischen Häftlinge in namenlose Straflager mitten in der Wüste, jetzt besitzen die Gefängnisse Namen, liegen aber auch in den trostlosen heißen Gegenden, wo häufig die Insassen für die Verwandten unerreichbar sind. Diese beiden Gefängnisse gelten auf Anweisung des Innenministers als „geschlossene", damit ist jeder Besuch von Familienangehörigen oder eines Anwalts von vornherein verboten. Laut Verfassung ist das widerrechtlich, aber der Ausnahmezustand macht es möglich.

In dem Hauptprozeß gegen die Attentäter Sadats gab es 24 Angeklagte. Von den im Zentrum von Asjut Inhaftierten und den vier Mördern bekamen fünf in einem Schnellverfahren die Todesstrafe und wurden kurz danach hingerichtet. Der Haupttäter al-Islambuli hatte in der Gerichtsverhandlung seine absolute Freude darüber geäußert, den Ungläubigen getötet zu haben. In wichtigen Sicherheitsfällen hat das ägyptische Recht in der Gestalt des Ausnahmerechts, des Präsidialerlasses Nr. 1 von 1981 und durch Gesetz 103 von 1983 die Möglichkeit des Schnellverfahrens geschaffen, gegen das man keine Berufung einlegen konnte, jedoch vom Staatspräsidenten bestätigt werden muß. Gegen weitere ca. 1000 Personen begannen gesonderte Untersuchungen, die zermürbende Jahre dauerten. Die Polizei meldete nur 300 Häftlinge, die falsche Zahl kam auch in die deutschen Medien. Nicht alle diese Personen waren Mitglieder der Organisation, viele Verdächtige waren darunter, die aber nichts begangen hatten. Die „Islamische Gemeinschaft" war nicht zerschlagen, der Militärflügel war noch weitgehend in Takt, obwohl manche Waffenverstecke von den Staatsorganen ausgehoben wurden. Erstaunt waren die Entdecker über Hunderte von Maschinenpistolen und andere leichtere und schwerere Waffen. Auch der zivile Flügel bestand fort, wenn auch mit einigen Einschränkungen. Er tauchte unter und versuchte sich zu regenerieren, indem er neue Mitglieder warb und die bisherigen Grunddokumente einer sachlichen Prüfung unterzog im Hinblick auf neue Aufgaben des Kampfes. 1983 verhaftete die Sicherheit 16 junge Leute, denen man die Zugehörigkeit zu einer verbotenen paramilitärischen Organisation vorwarf. Als ihr Fall am 10. 1. 1985 zur Verhandlung kam, weigerte sich das Zivilgericht die unter der Folter gewonnenen Geständnisse anzuerkennen und ließ die Betroffenen frei. Das war eines der seltenen Beispiele, wo couragierte Menschlichkeit zu beobachten war.

Die verhafteten Terroristen befaßten sich ebenfalls mit dem Geschehenen. In ihren Reihen war es bald nicht mehr friedlich, mit Fäusten und Knüppeln ging man aufeinander los, unbemerkt von der Gefängnisleitung. Vor allem über den Ablauf der Ermordung Sadats kam es zum Streit. Er kreiste um die Frage, ob die Entscheidung zum Mord durch die Führung nicht von Anbeginn das anvisierte Ziel der Machtergreifung verfehlt hatte, daß man also unbedacht und mit ungenügenden Kräften in das Abenteuer geschlittert war. Die Vertreter aus Oberägypten verwiesen auf die zahlenmäßige Schwäche der Organisation in Kairo, dagegen argumentierten die obersten Vertreter der Zentralleitung, daß die Beschleunigung des Mordplans vor allem den Zweck hatte, der Entdeckung durch die Staatsorgane zuvorzukommen und noch Maßnahmen einzuleiten, um wichtige Teile der Organisation in Sicherheit zu bringen. Natürlich war das nicht die Machteroberung, aber ein Schritt in die Richtung. Der Plan zur Übernahme der Macht im Staat sah vor, in einer ersten Phase bedeutende Gebäude wie das Verteidigungs- und Innenministerium, den Rundfunk und die Zentrale der Sicherheit zu besetzen. Parallel dazu sind wichtige Vertreter des Staates zu ermorden, vor allem der Innenminister, der Chef der Zentralen Sicherheit, der Verteidigungs- und Außenminister, auch Kommunistenführer sind umzubringen, damit sie sich nicht an die Spitze von Volksbewegungen stellen können. Das Kommunikationsnetz der Regierenden ist in Kairo und Gizeh zu unterbrechen. Die Verlautbarungen der Terrorgruppe über das Radio sollen Massenbewegungen auslösen, Kerntruppe dabei soll eine von den Terroristen ausgebildete Miliz sein, die auch stark genug sein muß, die zu erwartende Konfrontation mit Elementen der zentralen Sicherheit zu bestehen. Die Volksmassen auf den Straßen sollen auch die Einmischung von außen verhindern. Dieser Geheimplan stand im Gefängnis nicht zur Diskussion, war auch nur sehr wenigen bekannt. Mit gewissen Abänderungen ist er bis heute gültig. Der Streit in den Gefängnissen entwickelte sich auch um die Frage, wer Nachfolger für den hingerichteten Muhammad Abd as-Salam Faraj werden sollte. Er hatte in der bisherigen Führung eine hochgeachtete Stellung inne. Als nun der Flügel der Oberägypter den Azhar Scheich Umar Abdarrahman vorschlug, lehnte das die Führung der Organisation strikt ab. Da die Terroristen in zwei Gefängnissen saßen, mußte der Austausch teilweise schriftlich erfolgen. Weil sich keiner um sie kümmerte, ließ sich das regeln. Die Führung der Gruppe faßte ihre Ablehnung des Scheichs in einem Pamphlet von 64 handschriftlichen Seiten zusammen, es besaß mehr den Charakter eines theologischen Traktats, denn darin waren zur Stützung der eigenen Ansicht ca. 60 Verweise auf den Koran, die mündlich überlieferte Tradition des Propheten Muhammad und auf Rechtsgutachten berühmter islamischer Gelehrter enthalten. Vor allem einen zitierten sie ausführlich, den spanischen Theologen Ibn Hazm, der einige Zeit als Minister in Cordoba wirkte und 1064 auf seinem Landgut bei Niebla verstarb. In seiner großen Geschichte der Religionen und Sekten geht er auch auf die erforderlichen Qualitäten des Anführers, er sagt dazu Imam, ein und betont, daß er nicht blind, taub, verstümmelt und bucklig sein darf. Das zitieren die Autoren des Dokuments und beweisen ganz nebenbei, welch relativ umfassende Belesenheit in der modernen und alten arabischen Literatur sie besaßen, denn Bücher, um etwas nachzuschlagen, gab es im Gefängnis nicht. Das Werk trug den Titel „Erklärung der Unsinnigkeit einer Herrschaft des Blinden", letzterer war der Azhar-Scheich. Ein weiterer Konfliktpunkt betraf die Frage, wie soll man mit den vielen Menschen des eigenen Landes umgehen, die keine richtige islamische Bildung besitzen und nur formell sich dem Islam unterworfen haben, ohne seine wichtigsten Glaubenszüge zu akzeptieren. Das konnte aus Unwissenheit oder auf Grund der Abkehr von der Religion geschehen und war eine spezifische Frage der Vorbereitung auf die Machtergreifung. Denn die Bevölkerung wollte man ja für die Ziele des Umsturzes gewinnen, sollte man aber vorher eine Glaubensprüfung abhalten? Das würde das angestrebte Bündnis mit den Massen nicht erleichtern. Die Gruppe um die alten Führungskräfte plädierte deshalb für eine Vergebung der Unwissenheit. Aus ihrer Sicht war es höchstens eine rechtliche Frage. Deshalb können die Glaubensunterschiede bestehen, auch kann man auf der Basis mit allen Gruppen der Gesellschaft zusammenarbeiten. Die Opponenten der anderen Richtung, der der Azhar Scheich Umar Abdarrahman angehörte, sahen die Angelegenheit prinzipieller und erklärten das Ganze zu einer Glaubensfrage mit beachtlichem Gewicht. Daher könne man nur mit demjenigen zusammenarbeiten, der wegen seiner Mängel in Glaubensfragen um Vergebung bittet, wer nicht darum ersucht, ist ein Problemfall. Das zeigte sich gleich in dem weiteren Dialog. Denn aus ihrer Position leitete die alte Führung ab, daß daher der existierende Staat und seine Apparate, seine Menschen und Einrichtungen, als ungläubig zerstört werden müssen, ihnen kann die Unwissenheit nicht vergeben werden. Man dachte dabei vor allem an die verhaßten Angehörigen der Sicherheit. Die Gegenseite jedoch war nicht dafür, die belasteten Leute und die Institutionen als ungläubig gleichzusetzen, letztere seien von der Beseitigung auszunehmen.

Der nächste Schwerpunkt der Auseinandersetzung betraf die geheime Arbeitsweise der Organisation. Von genereller Bedeutung war die Haltung der Führung, daß die Geheimhaltung zu den entscheidenden und fortdauernden Grundlagen der Arbeit gehört. Zur Unterstützung des Standpunktes verfaßte sie ein Dokument mit dem Titel „Die Geheimhaltung in der islamischen Aktion" und ließ es intern kursieren. Vor allem betonte man darin, daß gerade die militärische Vorbereitung von Anschlägen, die Ausbildung und Bewaffnung, streng vor dem Staat geheim gehalten werden müssen. Die Gegner aber erklärten kategorisch, daß die Geheimarbeit eine unerlaubte Neuerung ist und forderten die massenverbundene Arbeit in den Moscheen, die offen sein muß und daher viel mehr Menschen ansprechen und neue Mitglieder werben kann. Auch die Notwendigkeit des Militärflügels stellte man in Frage. Das waren schon ernste Probleme der weiteren Aktion und Strategie. Unter den schwierigen Bedingungen der Gefängnisse ergab sich auf Grund der Diskussionen in folgenschwerer Weise die Teilung der Terrororganisation „Islamische Gemeinschaft", denn von ihr spalteten sich die Elemente ab, die radikal, geheim und militärisch arbeiten wollten. Das war die Geburtsstunde der heute noch existierenden „Bewegung islamischer Heiliger Krieg". Das Klima der Unterredungen war zwar bei manchen Details sehr gespannt, doch trat man sich nicht als Feind gegenüber, offensichtlich spielten unterschiedliche Erfahrungen und spezifische Vorstellungen von der Zukunft in die Kontroverse hinein. Die Gespräche müssen aber für andere Insassen nicht bloß interessant gewesen sein, denn als ein besonderer Effekt der Diskussionen ergab sich, daß eine große Anzahl neuer Mitglieder beiden Organisationen beitrat. Eine ganz neue Generation tauchte daher in den Terrororganisationen auf und verarbeitete Kenntnisse, die sie im Gefängnis sammeln konnte. Die bisherigen Kämpfer taten auch noch ein übriges, indem sie noch in den Gefängnissen für die gerade gewonnen Mitglieder ein Papier erarbeiteten, das eine Art Leitfaden für die weitere Arbeit darstellte. Es trug den Titel „Die Stärke der islamischen Aktion" und basierte teilweise auf Überlegungen, die man vor 1981 gesammelt hatte. In dem Sinn war es ein Kompendium bisheriger Kampferfahrungen. Vor allem tritt man darin gegen demokratische Körperschaften auf und verdammt die parlamentarischen Tätigkeiten. Das waren gleichzeitig Seitenhiebe gegen die in Freiheit lebenden Muslimbrüder, die sich auf die parlamentarische Arbeit vorbereiteten und deshalb mit anderen Parteien Gespräche und Verhandlungen führten.

Inzwischen, wir sind im Jahr 1984, kamen die Untersuchungen der Behörden zu gewissen ersten Ergebnissen. Federführend war offiziell das Kriminalgericht, doch hatten die Überprüfungen in den Händen des Staatsanwalts der Sicherheit gelegen, der sich mit den rund 1000 Gefangenen befaßte. Man ging offenbar dabei so vor, daß schubweise die Einzelfälle zur Behandlung kamen. In dem erwähnten Jahr hatte man bei einer Gruppe von 302 Personen die Verhöre abgeschlossen, die Beratungen der Sicherheitsorgane darüber umfaßten 147 Sitzungen. Als Ergebnis der langwierigen Nachforschungen kamen 191 von den 302 Personen frei. Unter ihnen befand sich auch der blinde Scheich Umar Abdarrahman. Zu den Freigelassenen gehörte auch Dr. Aiman az-Zawahiri und einige seiner Leute. Sie bildeten die neue Terrorgruppe „Bewegung islamischer Heiliger Krieg“ und waren nicht nur für die strikte Geheimhaltung aller ihrer internen Maßnahmen, Überlegungen, Ressourcen und Ziele, auch traten sie für die militärische Zerschlagung des Regimes ein. Die neue Terrorgruppe hatte beschlossen, daß jeder, der frei kommt, in das pakistanische Peschawar reisen soll, um die Afghanen gegen die sowjetischen Besatzer zu unterstützen. Dorthin reiste auch über Saudi-Arabien Dr. az-Zawahiri, wo er mit dem saudi-arabischen Millionär Usama b. Ladin zusamentraf, woraus sich bis heute eine umfassende Kooperation entwickelte. Nach dem Einsatz in Afghanistan lebt er vor allem in London und im Nahen Osten, von wo er zusammen mit anderen seine Terrorgruppe leitet. 1984 kam ebenso `Isam Muhammad Abdulatif frei, man hatte ihn im November 1981 verhaftet, als er noch ein Jugendlicher war. Darauf nahmen die Verfolgungsbehörden keine Rücksicht, auch er hatte die Folter zu ertragen. Die Anhänger der „Islamischen Gemeinschaft“, die frei kamen, traten gemäß der im Gefängnis erarbeiteten

Grundsätze für die offene Arbeit in den Moscheen ein. Zu diesen Vertretern gehörte Ala` Muhji ad-Din, den seine Gefährten zu ihrem offiziellen Sprecher wählten, er war damals gerade 20 Jahre alt. Die Sicherheitsorgane hatten es nicht eilig, mit dem größeren Rest fertig zu werden. Urteile gab es nicht. Man hatte alle Gefangenen auf der Basis des Artikels drei des Ausnahmegesetzes festgenommen. Darin heißt es schlicht, daß der Innenminister berechtigt ist, verdächtige Personen oder solche, die die öffentliche Ordnung oder Sicherheit gefährden, festzunehmen. Das Bittere dieses Artikels besteht auch darin, daß nicht zwischen gewaltsamen und friedlichem Verhalten unterschieden wird. Deshalb konnten bereits bloße politische Ansichten zur Verhaftung führen. Nur rund 5% der Verhafteten kamen vor ein Gericht. Die Sicherheit hat später beschlossen, für die große Anzahl der noch verbliebenen Häftlinge eine Art von Gehirnwäsche zu organisieren. Man schuf deshalb in den Gefängnissen „Meinungs-Klubs", die Anwesenheit dabei war nicht freiwillig, vielmehr machte man den Gefangenen unmißverständlich klar, daß nur durch die Beteiligung an den Veranstaltungen die Aussicht ihrer Freilassung bestand. Was passierte in den Klubs? Die Sicherheit holte berühmte und weniger angesehene Theologen, auch gemäßigte Muslimbrüder, die den Gefangenen den Gebrauch von Gewalt ausreden sollten. Deren Meinungen dazu wurden immer gleichzeitig von dabei sitzenden Sicherheitsleuten genau protokolliert. Ein offener und freier Meinungsaustausch war das nicht. Sogar der gegenwärtige Anführer der Muslimbrüder, der Theologe Tilmisani, uns schon bekannt als Herausgeber der von Sadat verbotenen Zeitschrift „ad-Da`wa", kam in die Gefängnisse, um den Inhaftierten die Ideologie der Gewalt als falschen Weg zu erläutern. Der Graben zwischen den Terroristen und den Muslimbrüdern, die sich hier zum willfährigen Werkzeug der Sicherheit machen ließen, vertiefte sich dadurch noch mehr.

Als die erste Gruppe der Gefangenen 1984 freigelassen wurde, entwickelte sich in der Öffentlichkeit des Landes eine hitzige Debatte über eine Islamisierung der Rechtssprechung. Im Mai des

Jahres fanden Parlamentswahlen statt. 3000 Kandidaten kämpften um den Einzug in das 448 Plätze umfassende Hohe Haus. Im Wahlkampf kam es teilweise zu ernsten Konflikten, so wurde in Luxor ein Kandidat der Sozialistischen Partei erschossen; 16 weitere Personen wurden in anderen Zusammenhängen verletzt. In der Wahl hatten Muslimbrüder, die sich in die Listen der Wafd-Partei, ursprünglich 1919 entstanden, erlebte sie ein politisches Wiedererstehen 1978, aufnehmen ließen, 8 Sitze in dem Hohen Haus gewonnen. Die regierende NDP bekam 391 Sitze. 20 Mio. wahlberechtigte Bürger beteiligten sich nicht an der Abstimmung. Der Präsident hat das Recht, 10 weitere Parlamentssitze zu vergeben und gestand vier der Sozialistischen Arbeiterpartei und die restlichen einem Parteienbündnis zu, das jedoch aus Protest gegen die im Land praktizierte 8%-Hürde ablehnte. Die kleine Gruppe der Muslimbrüder erhob nun die Forderung, die alte islamische Rechtssprechung in dem heutigen Staat durchzusetzen und besonders im Personenstandsrecht stärker islamische Grundsätze zu beachten. Eine Welle der Entrüstung ging durch die ägyptische Öffentlichkeit. Das Parlament führte Anhörungen zu dem Gegenstand durch, der gefragteste Fachmann war der Theologe Tilmisani, der Chef der Muslimbrüder. Zwar lehnte das Parlament schließlich die sofortige und vollständige Übernahme des islamischen Rechts ab, stimmte aber zu, eine Klausel im Personenstandsrecht rückgängig zu machen, die einst Sadat ohne Zustimmung des Parlaments eingefügt hatte. Unter dem Einfluß seiner Frau Jihan hatte er rechtlich fixieren lassen, daß der Ehemann erst seine Frau um Zustimmung bitten muß, wenn er eine weitere Frau, nach islamischen Recht können es vier sein, heiraten will. Die Passage wurde nun gestrichen. Der politische Islam war in diesem Jahr lebendig wie noch nie. Auch die offiziellen Medien berücksichtigten das. Fernsehen und Rundfunk weiteten die Stundenzahl der Religionssendungen aus. Selbst die Haftentlassenen erhielten einen beinahe euphorischen Empfang in der Bevölkerung, in ihren Augen stellte die Ermordung Sadats kein Verbrechen dar. Das hing auch damit zusammen, daß die willkürlichen Verhaftungen, die Sadat kurz vor seinem Tod vornehmen ließ, nicht vergessen waren. Der berühmte Islamgelehrte al-Mahlawi hatte nach seiner Freilassung unter Mubarak die eigenen Impressionen aus der Gefängniszeit veröffentlicht, wo er wie ein Hund behandelt worden war. Zu den damals Inhaftierten hatte auch Hasanain Haikal, der wohl angesehendste Journalist des Landes, gehört, den Mubarak nach seiner Entlassung demonstrativ in seinem Palast empfing. Er war langjähriger Chefredakteur der halbamtlichen Tageszeitung „al-Ahram" und ehemaliger Informationsminister. Solche Tatsachen prägten für viele Menschen das Bild des Sadat-Regimes. Aber auch die Kritik an den aktuellen Verhältnissen artikulierte sich zunehmend. Dazu gehörte ein führender Kopf der Muslimbrüder, Muhammad Sa`id Ramadan, der es jedoch vorzog, seine Ausführungen in einem Kulturverein im fernen Abu Zabi vorzutragen. Am 3. 3. 1985 stellte er dort seine Ideen vor, die sich vor allem gegen den Westen als das die islamische Welt bedrohende Element richteten, da er Zweifel an den islamischen Werten sät, die Spaltung der islamischen Gemeinschaft betreibt, den Islam als mit Schwachpunkten durchsetzt darstellt und den Materialismus verbreitet. Dagegen, so der Vortragende, kann nur die Rückbesinnung auf die traditionellen Werte der Religion den Muslims Sicherheit bieten, dabei habe man die Jugend besonders zu fördern und auf den rechten Weg zu leiten. Das waren Worte, die sich auch gegen die Verhältnisse in Ägypten richteten und nicht sehr weit weg von den extremistischen Ansichten lagen. Offensichtlich gefielen dem Redner die sich verstärkenden Kontakte Ägyptens nach Westeuropa und den USA sehr wenig.

Im Januar 1984 verhandelte ein US-General in Kairo über die weitere militärische Zusammenarbeit. Am 6. 2. brach Präsident Mubarak zu einem offiziellen Besuch nach Frankreich und den USA auf. Im Juli begann auf der Basis langfristiger Verträge mit Paris die Lizenzproduktion des Kriegsflugzeugs Mirag 2000. Damit hoffte man das Ansehen der Militärindustrie wieder zu verbessern, nachdem in dem Monat zuvor nördlich von Kairo, bei

Shubra, eine Waffenfabrik explodiert war. Neben zwei Toten gab es weitere 150 Verletzte. Eine traurige Bilanz. Wenige Julitage danach, am 31. 7. 1984, unterzeichneten der USA-Botschafter in Kairo und der ägyptische Planungsminister ein Abkommen, das die Lieferung amerikanischer Produktionsmaschinen im Wert von 300 Mio. Dollar vorsah.

Im Jahr 1985 steigerten Extremistengruppen ihre Aktivitäten in vielfacher Weise, wobei ein anti-westlicher Akzent, aber auch ein beachtlicher Masseneinfluß erkennbar wurden. Teile der Geistlichkeit unterstützten direkt diese Aktivitäten und potenzierten damit die krisenhafte Entwicklung. Ein erster Höhepunkt war bereits im Januar der Konflikt um die alljährlich in Kairo abgehaltene Buchmesse. Gegen die Beteiligung Israels daran organisierten die Extremisten seit dem 23. 1. Massendemonstrationen, die teilweise auf das Messegelände vorstießen und die Fahne Israels provokativ vernichteten. Einige Tage danach brachten die geheimen Organisatoren bereits 10 000 Bürger auf die Straßen, die sich den Protesten anschlossen. Am 1. 2. gab es schon die dritte Großdemonstration. Die Lage blieb gespannt. Präsident Mubarak trat trotzdem am 8. 3. über Paris seine USA-Reise an, wobei sich intern die schwierige Lage Ägyptens erwies, denn, laut amerikanischen Zeitungsberichten, hatte Mubarak in den Gesprächen mit USA-Präsident Reagan um eine Aufstockung der jährlichen Hilfe auf 870 Mio. Dollar gebeten, was jedoch unter Hinweis auf die eigenen Wirtschaftsprobleme keine Zustimmung fand. So blieb es bei den 300 Mio. Dollar für Ägypten. Kaum war Mubarak zurück, kam es im Mai erneut zu Massendemonstrationen gegen Israelis, die in der Kairoer Synagoge den Jahrestag der Gründung ihres Staates feiern wollten. Nur mit großem Polizeieinsatz konnte man die Situation stabilisieren. Die Extremisten steigerten zunehmend ihre Aktionen. Am 23. 5. entdeckte die Sicherheit noch in letzter Minute ein mit Sprengstoff beladenes Auto vor der amerikanischen Botschaft in Kairo, damit hatte sich die Gewaltandrohung bedeutend gesteigert. Für das Regime komplizierte sich die Lage durch wachsende militante Proteste der Geistlichkeit, die mit den Terroristen verbündet war. Ausgangspunkt war im Juni die Nur-Moschee in Kairo, wo der Scheich Hafs Salama, ein älterer Mann bereits, die Gläubigen zum Widerstand gegen die Staatsgewalt aufrief. Als die Polizei eintraf, kam es zur Straßenschlacht mit 17 Verhaftungen und drei Verletzten. Unter den Inhaftierten war der Scheich, die Moschee wurde geschlossen. Mit einem klügeren Agieren von seiten der Staatsmacht hätte man eine weitere Eskalation vielleicht verhindert, so aber weitete sich der Protest gegen die Regierung aus. Die Terroristen fanden überall Verbündete. Streikaufrufe der Gewerkschaften, angesichts des Ausnahmezustands eine problematische Angelegenheit, wurden bekannt, Innenminister Rushdi warnte deshalb auch vor ungesetzlichen Aktionen. Die Geistlichkeit aber forderte die Gläubigen auf, nach dem Freitagsgottesdienst jeweils Protest-Demonstrationen durchzuführen. Die Sicherheit konnte dagegen nichts unternehmen, verhaftete aber einige angebliche Spione und Saboteure, um den Eindruck zu erwecken, als steckten ausländische Kräfte hinter den allgemeinen Protesten. Intern jedoch befahl man für den Kairoer Flugplatz und andere wichtige Einrichtungen die Alarmstufe. Zur Stabilisierung der inneren Lage sollten sicherlich auch die gemeinsamen Militärmanöver seit dem 4. 8. mit den USA in der westlichen Sahara beitragen. Mubarak war nun bestrebt, gegen die radikalen Muslims jene Geistlichkeit zu fördern, die sich staatstragend einbinden ließ. Deshalb begrüßte er am 11. 8. eine Islamische Konferenz und am 1. 11. die 4. Konferenz islamischer Vertreter, die er aufforderte, den Islam wieder zu seiner einstigen Größe zu führen. Sein Auftreten zeugte aber nicht von einem klaren Konzept zur Bewältigung der Krise, die immer ernstere Züge aufwies, denn am 20. 8. erschossen drei Unbekannte einen israelischen Diplomaten auf offener Straße. Vier Tage danach kam es 160 km nördlich von Kairo zu einem offenen Feuerwechsel zwischen Terroristen und der Sicherheit; die Bevölkerung unterstützte die Extremisten durch Demonstrationen und zündete die örtliche Polizeistation an. Die Spannung war auch in

Kairo bemerkbar, wo Polizeiautos beschossen wurden. Die Sicherheit reagierte konfus und wenig effektiv. Mubarak reiste im September in die USA, um sich zu beraten. Doch begrüßten ihn bei seiner Rückkehr in Kairo Massendemonstrationen, die auch die Universitäten erfaßten, gegen Amerika und Israel, wobei sich die Polizei auf selektive Verhaftungen beschränkte. Das Jahr schloß mit einem Verfall des ägyptischen Pfundes, so daß auch die Wirtschaft in die Krise geriet.

Im neuen Jahr, 1986, dauerten die Demonstrationen und Proteste fort, beschränkten sich im Januar jedoch vor allem auf die Universitäten des Landes, wobei drei von ihnen in Kairo den Schwerpunkt bildeten. Auch hier waren die Extremisten die Organisatoren. Geschickt nutzten sie die Stunde und erhoben sogar die politische Forderung, den Ausnahmezustand endlich aufzuheben, damit sprachen sie vielen Bürgern aus dem Herzen. Am 17. 1. besuchte der US-Generalstabschef Crowe Kairo und sicherte 2,3 Milliarden Militärhilfe zu. Damit sollte das Land eine weitere Stabilisierung erfahren, doch trug Mubarak nicht dazu bei, da er immer schroffere Töne gegen die parlamentarische Opposition vortrug, indem er ihr ganz pauschal Demokratiefeindlichkeit, Unvermögen und Interesse an einer Schwächung des Landes vorwarf, sie sei eine Gefahr für das Volk. Damit riß er in unverantwortlicher Weise politische Gräben auf und vergiftete die Atmosphäre. Seine Worte waren kaum verklungen, da begannen seit dem 25. 2. Einheiten der Bereitschaftspolizei des Landes zu meutern, da ihre Bezahlung, Ausrüstung und Stellung im Staat absolut unbefriedigend war. Sie hatten bisher drei Jahre gedient und sollten nun ein Jahr länger die Uniform tragen. Das Ereignis erschütterte beinahe den Staat, ein Ausgehverbot ab 16.00 Uhr wurde verhängt, alle Schulen und Universitäten blieben geschlossen, der Flugplatz von Kairo war außer Betrieb. Da sich das Zentrum der Meuterei in der Gegend von Gizeh konzentrierte, 2000 Mann von ca. 300 000 hatten die Aktion durchgeführt, hatte die Armee bald die Lage im Griff. Bei den Auseinandersetzungen gab es 107 Tote und ca. 300 Verwundete.

Sicherlich boten die Vorgänge sehr anschauliches Material für die Terroristen, weil sie Schwachpunkte des Staates bloßlegten. Sie versuchten, den Staat in kleineren Aktionen zu provozieren, um die Reaktion zu testen. So besetzten ihre Anhänger am 30. 4. mit friedlichen Mitteln eine Moschee in Aswan. Als die Polizei erschien, antwortete man mit Steinwürfen. Infolgedessen wurden 60 Personen verhaftet. Das war eine gefährliche Überreaktion, 26 von ihnen mußten sie bis in die ersten Maitage wieder laufenlassen, da man ihnen eigentlich nichts vorwerfen konnte. Man wies den Verfolgungsbehörden nach, daß der Zweck der Besetzung ursprünglich eine religiöse Veranstaltung war. Auf das höchste sind die Sicherheitsorgane Ägyptens alarmiert, wenn Theater oder Kinos Opfer von Anschlägen sind. Da solche Einrichtungen nach Ansicht der Terroristen reines Teufelswerk sind, erkennt die Polizei sofort deren Handschrift. Deshalb leiteten sie Anfang Juli eine Großoperation ein, um die Täter, die zwei Theater angegriffen hatten, dingfest machen zu können. 37 Personen nahmen sie fest, doch war keiner der eigentlichen Angreifer dabei.

Mit Interesse konnten die Extremisten im Juli die sich vertiefenden Wirtschaftsprobleme beobachten, denn die Regierung versuchte in Frankreich, Großbritannien und Deutschland dafür zu werben, daß der IWF dem Land zwei Milliarden zur Verfügung stellt, davon sollten ca. eine Milliarde in die Landwirtschaft fließen, die andere war für die Schuldenrückzahlung gedacht. Auf dem 4. Kongreß seiner Partei, der regierenden NDP, konnte Mubarak am 20. 7. erklären, daß ihm die USA und die westeuropäischen Staaten entsprechende Finanzhilfe zugesagt haben. Vor allem waren Hilfe für die Schuldenbewältigung und bessere Kreditbedingungen zu erlangen. Diese ernsten Schwierigkeiten verbanden sich mit wachsenden Drohungen der Terroristen. Mitte September gab die USA-Botschaft in Kairo eine Warnung an die amerikanischen Bürger in Ägypten heraus, bei allen Aktivitäten größte Vorsicht und Aufmerksamkeit walten zu lassen, offenbar lagen konkrete Hinweise auf terroristische Anschläge vor. Vor den Botschaften verstärkte die Sicherheit ihre Kontrolle, nachdem man in Hotels versteckte Sprengstoffpakete gefunden hatte und sich Drohungen gegen die USA-Präsenz häuften. Dazu kam politische Kritik an den Verhältnissen. Denn im Juli 1986 traten die Eisenbahner des Landes in einen Streik, um ihre Arbeitsbedingungen zu verbessern. Die Sicherheit verhaftete 37 Eisenbahner und Gewerkschaftsführer und wollte mit einem Schnellverfahren gegen sie ein eindeutiges Exempel statuieren, doch das Oberste Sicherheitsgericht kassierte die Beschuldigungen und Vorwürfe, der Staatspräsident empfahl deshalb eine erneute Gerichtsverhandlung, die für die Betroffenen glimpflich ausging.

Oppositionspolitiker der Sozialistischen Partei der Arbeit, die bei den letzten Wahlen an der 8%-Klausel gescheitert waren, wandten sich an das Oberste Verfassungsgericht und klagten gegen das Wahlgesetz. Sie hätten Recht bekommen, das zeichnete sich schon ab, wenn nicht Mubarak vorher das Parlament schnell aufgelöst hätte, das noch als letzte Amtshandlung ein neues Wahlgesetz beschloß. Die Muslimbrüder waren in ihrer Allianz mit der bürgerlichen Wafd-Partei nicht glücklich geworden, trat diese doch für harmonische Beziehungen zwischen Muslims und christlichen Kopten ein. Mubarak hatte bei der Auflösung des Parlaments den Parteien bewußt die kurze Frist von 60 Tagen gegeben, ihren Wahlkampf zu organisieren. Das war ein Schachzug, die Schwierigkeiten unter den Oppositionskräften zu verstärken. Nun mußten diese Parteien schnell ihre Entscheidungen treffen, um die noch bestehende 8%-Hürde zu überwinden. Am radikalsten ging die Sozialistische Arbeiterpartei (SAP) vor, indem sie das Bündnis mit den Muslimbrüdern nicht nur herstellte, sondern ihnen die gleiche Stimmenzahl versprach wie die ihre, auch nutzte man die umfassende Zusammenarbeit mit den Muslimbrüdern, um in der Massenpropaganda mit islamischen Losungen eine Vielzahl von Wählern anzusprechen. Der Hauptslogan lautete: Der Islam ist die Lösung. Diese Formel hatten die Terroristen erdacht und an vielen Häuserwänden verewigt. Bei der SAP waren also keine Berührungsängste zu beobachten, darüber hinaus verstand sie den Slogan als Appell für eine bessere Moral im Staat. Für die SAP war das beinahe bedingungslose Bündnis mit den Muslims ein gewagter Akt, auch die Hast, in den 60 Tagen die Vereinbarung zu schmieden, erbrachte große Probleme, so daß erst 14 Tage vor dem neuen Wahltermin im Jahr 1987 die Allianz mit den Muslimbrüdern bekannt wurde, auch viele Mitglieder der SAP wußten nichts davon. Selbst im Exekutivkomitee der Partei waren nicht alle informiert und warfen der Führung vor, die Partei an die Muslims zu verkaufen. Daraus erwuchsen Spaltungstendenzen.

Die Terroristen waren absolut nicht mit dem Vorgehen auf der parlamentarischen Ebene einverstanden, daran änderte sich auch nichts, als die Muslimbrüder zwei aus dem Umfeld der Extremisten auf ihre Kandidatenliste setzten. Die beiden kamen wahrhaftig in das Parlament und zählten dort zu den 38 Muslimbrüdern, die durch ihr Zusammengehen mit der SAP das Ziel erreicht hatten. Die regierende Partei des Präsidenten kam auf 309 Sitze und damit auf 69,6% der Stimmen. Die Terroristen aber begannen mit Aktionen sehr verschiedener Art. In dem Elendsviertel Imbaba, im Nordwesten Kairos gelegen, zündeten sie einen Video-Laden an, Fernsehen wird aus prinzipiellen moralischen Gründen abgelehnt. In gleicher Weise machten sie das bei einem Geschäft, das Alkoholika verkaufte. Die Sicherheitskräfte waren sofort auf das höchste alarmiert, doch faßten sie die falschen Bürger. Denn die vier Personen, die man festnahm, legten unter der Folter zwar Geständnisse ab, aber das Gericht erkannte diese Aussagen nicht an und bemängelte auch, daß man ihnen einen Rechtsanwalt verweigert hatte. Deshalb ordnete der Richter die Freilassung an. Das Ministerium des Inneren jedoch hob das Urteil auf, so daß die vier Unschuldigen weiter im Gefängnis blieben. Das Verfahren ist relativ häufig zu beobachten, daß das erwähnte Ministerium oder die Oberste Staatsanwaltschaft der Sicherheit Urteile zur Freilassung einfach kassiert und damit die Personen eigentlich unberechtigt festhält. Die Staatsführung begreift offenbar nicht, daß damit der Rechtssprechung im Land ein sehr schlechter Dienst erwiesen wird, denn von einer Unabhängigkeit des Gerichts kann unter den Bedingungen nicht immer die Rede sein. Die Terroristen hatten mit den Brandanschlägen auf die Geschäfte nachdrücklich auf sich aufmerksam gemacht. Nun planten sie einen größeren Schlag. In dem Jahr führten sie einen Mordanschlag auf den früheren Innenminister Hasan Abu Pascha durch, das Attentat scheiterte, da es offenbar nicht ausreichend vorbereitet war. Die Täter konnten entkommen, doch verhaftete die Sicherheit beinahe ziellos alle Personen, die vielleicht in Frage kommen konnten. Darunter befanden sich Jasir Muhammad Abdul Jawad und sieben weitere seiner Kollegen. Sie alle waren Rechtsanwälte, die ab und zu auch politische Gefangene, als solche faßte man strafrechtlich die Terroristen, verteidigt hatten. Nun landeten auch sie als potentielle Mitwisser im Gefängnis. Man folterte sie wie die anderen Gefangenen, als der erwähnte Jawad schließlich durchsetzte, daß man einen Rechtsanwalt rief, war immer ein Vertreter der Sicherheit anwesend. Er und seine Kollegen bekamen Einzelhaft. Nicht verwunderlich war es angesichts solcher bösen Erfahrungen, daß sich die Mehrheit der Rechtsanwälte, sie sind in Ägypten in einer Gewerkschaft organisiert, mehr oder weniger auf die Seite der Extremisten stellt und alles tut, um der Sache des Islam voranzuhelfen. Auch Journalisten kamen bei der Gelegenheit in das Gefängnis, um ihnen Informationen abzupressen. Der wohl wichtigste war Dr. Muhammad Muru. Man verhaftete ihn am 26. 6. 1987. Gefoltert wurde er in dem Tura Empfangsgefängnis und dem Ausbildungsinstitut der Polizei in Tura, vor allem mit Elektroschocks und Schlägen. Ein Gericht, das er anrief, verlangte am 2. 8. 1987 seine Freilassung. Das Urteil hob das Innenministerium auf und verwies den Fall an ein anderes. Dieses zweite Gericht ordnete am 21. 8. 1987 ebenfalls seine unverzügliche Freilassung an, aber er blieb in Haft. Der erneute Haftentlassungsantrag des Journalisten führte zu weiteren vier Urteilen vor Gerichten zu seinen Gunsten, doch änderte das nichts an der Fortdauer seiner Inhaftierung. Das letzte Urteil stammte vom

2. 12. 1987 und bestätigte die vorherigen Entscheidungen anderer Gerichte. Plötzlich wurde er am 19. 12. 1987 aus dem Gefängnis entlassen, als sei nichts geschehen. So erging es zur gleichen Zeit anderen Journalisten wie Dr. Salih Dasuqi, der am 7. 6. 1987 verhaftet worden war. Die Sicherheit glaubte, Journalisten und Rechtsanwälte als nützliche Quellen für den Anti-Terrorkampf nutzen zu können. Doch sie als Verbrecher zu behandeln und das volle Unrecht auf sie anzuwenden, wird nicht das politische Klima im Staat verbessern. Auf diese sehr bedenklichen Tendenzen bei den Verhaftungen ist auch deshalb hinzuweisen, weil sie bis heute andauern.

Einer der diese innenpolitischen Vorgänge sehr genau beobachtete und analysierte war und ist Najib Mahfuz, Nobelpreisträger für Literatur 1988, der sich wöchentlich am Donnerstag in einer Kolumne der wichtigen Tageszeitung „al-Ahram“ zu Wort meldete. Er, der 1911 in Kairo geboren ist, hat in seinen sehr zahlreichen Romanen, deren Mehrheit verfilmt wurde, das lebendige Bild seiner Zeit künstlerisch vollendet gestaltet und genießt bereits zu Lebzeiten das Ansehen eines Klassikers. Damit ist er eine der herausragendsten Persönlichkeiten des heutigen Ägyptens, was die Terroristen nicht davon abhielt, am 14. 10. 1994 auf ihn ein Attentat auszuüben. Seine Artikel, die er in der Tageszeitung unter der ständigen Überschrift „In Klarheit“ veröffentlichte, umfassen den Zeitraum vom 23. 1. 1986 bis zum 27. 10. 1994, wenige Tage also nach dem Mordanschlag. In ihnen führt er eine geistvolle Auseinandersetzung mit der Zeit, ihrer ambivalenten Kultur, den Unwägbarkeiten der täglichen Politik und den Sorgen der Menschen. Uns interessieren vor allem seine Ansichten zur Entwicklung des Terrors in seinem Land. In dem Zeitabschnitt von 1987 nimmt er den gescheiterten Mordanschlag auf den ehemaligen Innenminister am 31. 9. 1987 zum Anlaß, seinen ersten Artikel speziell zu der Problematik zu schreiben. Dabei macht er auf einen ernsten Tatbestand in Verbindung mit dem religiösen Terror aufmerksam. Denn er hebt hervor, daß wir diese Erscheinung nicht nur aus den wirtschaftlichen oder allgemeinen krisenhaften Vorgängen unserer Zeit ableiten können, nein, wir müssen auch die alte Geschichte dafür einbeziehen. In der frühen arabisch-islamischen Geschichte gab es immer zwei Strömungen, so seine These. Eine gemäßigte, die für ein Allah wohlgefälliges Leben voll Ergebenheit und Weltflucht eintrat, und eine extremistische, die den Staat und die Gesellschaft verketzerte, das Schwert zückte, um die Machtverhältnisse von Grund auf in allen Teilen des Lebens umzukehren. Er sieht diese Erscheinung nicht nur in der alten Zeit wirken. Damals waren es extrem-schiitische Bewegungen, in der Gegenwart sind es die Wahhabiten Saudi-Arabiens, der Senussi-Orden von Libyen und die Muslimbrüder. Diese Überlegung des großen Schriftstellers macht auf die quietistisch-friedliche und die kämpferisch-extremistische Tendenz im Islam aufmerksam, doch sind die von ihm benannten extrem-schiitischen Gruppen relativ selten in der Lage gewesen, einen Umsturz der Verhältnisse zu ihren Gunsten zu erkämpfen. Einer der wenigen dauernden Erfolge in der Vergangenheit war die Fatimidenherrschaft in Ägypten von 969-1171, die Gründung der Stadt Kairo und die Azhar-Moschee sind Resultate dieser Epoche. Nach Ansicht des Schriftstellers war und ist der islamische Terror ein Aufstand gegen Mißstände, die Gesellschaft soll gereinigt werden und die Verhältnisse neu geordnet. Heute sieht der Verfasser jedoch die Lage sehr anders. Denn sozial, politisch und sicherheitsmäßig können die Ursachen des Terrors überwunden werden. Sozial durch die radikale Beseitigung aller Mißstände in der Verwaltung und im täglichen Leben. Politisch sollten die Menschen mehr Rechte erhalten, die Bevormundung der Presse muß aufhören. Unter diesen Bedingungen, so die Überzeugung des Autors, wird auch kein Terror existieren. Das waren klare und kühne Worte, die auf ernste Mißstände verwiesen. Kritisch registriert er den Verlust von Aufrichtigkeit und Vertrauen in der Gesellschaft, die verständnisvolle Nähe zu dem anderen verschwindet, so lautet seine warnende Stimme, die auf Defizite in dem gesellschaftlichen Umfeld verweist. Eine offene und freie Diskussion mahnt er im Staat an, um die Demokratie zu stärken, dabei sollte zuerst die Regierung die Menschen von ihrer Ernsthaftigkeit überzeugen und einen ehrlichen Dialog beginnen. Damit verwies er auf bedrohliche Mankos im Staat, die den Frust der Jugend erzeugen können und die Radikalität fördern. Welchen Islam aber vertrat er selber zu dieser Zeit? Für ihn war der Islam vor allem eine geistige Kraft, die sich in Kultur, Zivilisation und Wissen erweist. Den Menschen und die Freiheit heiligt der Islam, die Gleichheit zwischen den Menschen sichert er und pflegt die religiöse Harmonie in der Gesellschaft. Diese Charakterisierung des Islam mag als eine theoretische Position erscheinen, fern von jeder Realität. Doch war er sich der Tatsache selbst bewußt, daß er von einem Ideal sprach?

Nach seiner Überzeugung darf es in einer wahrhaft islamischen Gesellschaft keine Faulheit, Arroganz, Nachlässigkeit, Unterdrückung, Bestechung, Ausbeutung und Sonderrechte geben. Hier berührte sich sein Denken, das ist der politische Islam, mit dem religiösen Argumentieren der Terroristen und Extremisten, die wie er für ein islamisches Ideal und die darauf basierende Umgestaltung der Gesellschaft eintreten. Diese Übereinstimmung muß auf dem ersten Blick verwundern, läßt sich aber mit der Hoffnung erklären, das irdische Sein durch eine göttliche Ordnung zu verbessern und einem Ideal anzunähern. Der Schriftsteller unterschied sich jedoch fundamental in dem Gebrauch der Mittel für die Erreichung dieser besseren Welt, denn während die Extremisten vor allem die Gewalt als Instrument zur Umgestaltung ansehen, orientierte Najib Mahfuz eindeutig und ausschließlich auf die richtige religiöse Erziehung. Damit setzte er sich aber gleichzeitig mit den bestehenden Mängeln auf dem Gebiet direkt auseinander. Denn für ihn bedeutete religiöse Erziehung die Heranbildung eines Menschen im religiösen Geist, diese sollte aber nicht in leeren religiösen Formeln bestehen. Vielmehr soll aus seiner Sicht die Heiligkeit des Menschen und seine Freiheit im Mittelpunkt der Lehre stehen, ebenso die Gleichheit der Menschen ohne Berücksichtigung von Farbe und Geschlecht.

Denken und Wissen sind zur Pflicht zu erheben, um daraus die richtigen Handlungen abzuleiten. Diese Form der religiösen Erziehung, darüber war sich der Schriftsteller sicher im klaren, gab es noch nicht in der ägyptischen Realität.

Die freigelassenen Terroristen zogen einzeln oder in kleinen Gruppen, um nicht aufzufallen, nach Oberägypten. 380 km sind es von Kairo bis in das südliche Asjut und 495 km nach Suhaj. Die Unterkunft und die Anlaufpunkte in ihrer Zielregion waren örtliche Moscheen, deren Anzahl immer weiter wächst. 1962 gab es in Ägypten noch ca. 3000 Moscheen, die von der Regierung gepflegt wurden, dazu kamen 14 000 kleine Wohngebietsmoscheen. Diese Zahlen haben sich bis heute auf insgesamt 40 000 erhöht und steigen immer weiter an. Die Extremisten nutzen jedoch nicht jede Moschee, sondern unterscheiden drei Typen. Die erste Kategorie umfaßt Gebäude, die aus weltlichen Gründen errichtet wurden, vor allem um das Ansehen des Stifters zu verewigen. Solche Stätten lehnen sie ab, weil sie nicht aus dem reinen Glauben heraus entstanden sind. Die zweite betrifft die unbekannten Bauwerke, von denen man nicht den Gründer kennt und auch nicht seine Absicht. Die dritte Form ist die richtige, denn sie hat bei den Extremisten den Beinamen „Moscheen der Gottesfurcht", gemeint sind damit die vielen kleinen in den engen Wohnvierteln der Städte oder auf dem Land. Von hier aus betreiben sie nicht nur ihre Propaganda, dort führen sie auch erste Gespräche mit Menschen durch, die Mitglied werden wollen, und leisten Bildungsarbeit, indem sie Kurse zur Erläuterung des Koran und der theologischen Literatur anbieten. Ebenfalls nutzt man Moscheen, um Geheimtreffen von Leitungskräften durchzuführen, die auch der Analyse der politischen und wirtschaftliche Lage des Landes dienen. Warum begaben sie sich nach Oberägypten? Hier konnten sie beinah ungestört von staatlicher Observation sich sammeln und konsolidieren, doch waren die materiellen Verhältnisse in der Region keineswegs einfach. Die Regierung hat diesen Landesteil in vielen Bereichen sträflich vernachlässigt. Asjut ist eine wichtige Stadt Oberägyptens und hat 197 000 Einwohner, 1960 waren es noch 122 000. In ihr haben noch immer 26 815 Gebäude keinen Wasseranschluß und in 19 210 gibt es keinen elektrischen Strom. 143 240 beträgt die Gesamtzahl der Häuser in der Stadt, 19 139 davon sind vor 1940 errichtet, das ist der höchste Altbauanteil des Landes. Neue Einrichtungen wie Jugendzentren sind auffällig wenig vorhanden, während in anderen Bezirken des Landes die Zahlen seit 1987 allmählich anstiegen, stagnierten sie in der Region bei einer Zahl um 125. Wirtschaftlich ist keine eigentliche Schwerindustrie vertreten, wie überhaupt nur Handwerk die Stadt beherrscht. Baumwoll-Spinnereien, Holz- und Elfenbeinschnitzereien finden wir hier, dazu kommt noch die Töpferei. Neue Investitionen werden zu 49,7% in Kairo realisiert, aber nur 1,7% in Oberägypten. Die Möglichkeit, einen Arbeitsplatz zu finden, sind begrenzt, denn auch in der Landwirtschaft, die Stadt liegt am Westufer des Nil und hat seit 1902 eine Wasserableitung, die verbesserte Anbaumöglichkeiten schafft, herrscht die Zahl der kleinen Landflächen unter einem Feddan mit 82% absolut vor, die gerade noch eine Familie ernähren kann (ein Feddan = 4200,8 m^2). Ca. drei Feddan stellt die größte Fläche in der Gegend dar und ist nur in den Händen von 8331 Familien zu finden. Das sind alles keine prosperierenden Verhältnisse, Armut herrscht vor, davon sind 82,4% der Landbewohner und 74,4% in Städten wie Asjut betroffen. In der Nasser-Zeit war auch in Asjut eine Universität entstanden, der Zugang war kostenlos und sollte jungen Generationen neue Arbeitsmöglichkeiten erschließen, vor allem im Staatsdienst. Das sieht jedoch heute anders aus. Durchschnittlich verlassen jetzt jährlich 8000 Studenten mit ordnungsgemäßen Abschluß diese Universität und finden schwer eine Arbeit im gesamtnationalen Rahmen, in Oberägypten ist es absolut unmöglich. Wenn man sich nach dem Anteil der Arbeitslosen in der Region bei offiziellen Stellen erkundigt, erfährt man, daß es 12,1% der Landbevölkerung und 9,9% in den Städten sind, doch besagen vertrauliche Quellen, daß allein im Bezirk Asjut 24% der Menschen arbeitslos sind. Bei der Berechnung muß man, wenn reale Zahlen erwünscht sind, Beschäftigte ab dem sechsten Lebensjahr rechnen. Kleine Kinder sind nämlich schon auf Arbeitssuche, um ihre Familie im Rahmen des Möglichen zu unterstützen.

Auch in vielen Köpfen fanden die Extremisten in der Stadt und auf dem Land rückständige Verhältnisse vor, denn in dieser Gegend Oberägyptens haben sich in verhängnisvoller Weise Formen des Stammesdenkens erhalten und belasten die gesellschaftlichen Bedingungen in einem sehr hohen Maß. Während sich die arabischen Stämme um Kairo und Alexandria schon lange untereinander vermischt und damit in gewisser Weise neutralisiert haben, blieben sie lange Zeit in Oberägypten konserviert. Heute noch ist fast jeder stolz, zum Stamm der Ashraf, Hawara oder Arab zu gehören, obwohl keine autochtone Stammesstruktur mehr zu finden ist, haben sich doch einige reiche Familie aus diesen alten Formen erhalten und bestimmen weitgehend die politische Lage. Ein Rest alter Tradition war und ist das Festhalten an der Blutrache, daraus wird auch ersichtlich, daß sich der Staat mit seiner Gesetzlichkeit hier nicht durchgesetzt hat und sich überhaupt nicht darum kümmert, was in dem Punkt passiert. Höchstens in offiziellen Statistiken taucht dieser betrübliche Tatbestand auf, weil die Zahl der Getöteten in der Region immer höher liegt als in anderen Landesteilen. Das Brauchtum fordert, daß ein Mörder vom anderen Stamm oder der anderen Familie umgebracht wird. Er kann den Versuch machen, um Verzeihung zu bitten, indem er persönlich sein Leichentuch in das Haus der gegnerischen Familie trägt und sich deren Urteil unterwirft. Damit läßt sich sicher nicht jeder dieser Konflikte bereinigen, doch ist damit zumindest ein Mittel gegeben, die Spannungen abzubauen. Die Extremisten wiesen zwar in gewissen Momenten gegenüber Bewohnern der Region mit Stolz darauf hin, daß sie es waren, die Sadat umgebracht hatten, doch sonst bemühten sie sich weitgehend darum, verdeckt zu arbeiten und nicht aufzufallen. Aus islamischer Überzeugung wandten sie sich zuerst gegen die Ungesetzlichkeit der Blutrache, indem sie eine bewaffnete Miliz schufen, die für die Sicherheit garantierte. Das hätte eigentlich die Polizei leisten müssen, doch hatte sie bisher die Dinge laufen lassen. Weiterhin riefen sie einen Rat für „Islamische Versöhnung" ins Leben, der die Fälle von Blutrache friedlich lösen sollte. Um auch die dortigen Menschen in den Schutz ihrer Gemeinschaft einzubeziehen, schufen die Terroristen zwischen einzelnen Dörfern Sicherheitspartnerschaften, damit das Gefühl des toleranten Zusammenlebens an Boden gewinnt. Die Männer, die das alles organisierten, waren im Alter von 20-24 Jahren. Ihr Anführer war von 1984 bis 1988 Usama Rushdi, ebenfalls 24 Jahre, der anschließend nach Afghanistan reiste.

Sozial entwickelten sie ein Programm, um den Armen vor allem auf dem Land Hilfe zu leisten. Zur Verbesserung der Arbeitssituation bauten sie eine Art landwirtschaftliche Genossenschaft auf. Ihnen lag daran, sich selbst tragende Prozesse auszulösen. Das alles aber war verbunden mit Belehrungen über den wahren Islam. Nicht nur theologische Betrachtungen waren das, vielmehr auch konkret praktische. So waren sie gegen Arbeitsplätze, wo Frauen und Männer gemeinsam wirkten, weil das, nach ihrer Überzeugung, sexuelle Probleme bringt. Für die betroffene Bevölkerung war es ein großes Erlebnis, daß sich jemand um sie kümmerte, ihre Sorgen ernst nahm und ihnen eine Perspektive erschloß. Erst nach einer ganzen Zeit bemerkte die Polizei, daß sich die Sicherheitslage in der Region stark beruhigt hatte. Sie kam aber nicht dahinter, wer wirklich die Organisatoren waren, sondern erblickte in ihnen tatkräftige junge Männer mit guten Ideen. So ereignete es sich, daß es zwischen beiden Seiten zu geheimen Vereinbarungen über manche Dörfer kam, die es zu beruhigen galt. Generell aber kümmerte sich die Sicherheit nicht um die Situation in dem Zeitraum 1984 bis 1987. Unmittelbar danach veränderte sich die Lage. Das war gleichzeitig eine der Pausen der Gewaltanwendung der Terroristen, die immer wieder zu beobachten sind. Vor allem schritt auch niemand ein, als die Terroristen bei ihrem Bemühen um Ruhe und islamische Toleranz nicht davon abließen, moralisches Fehlverhalten zu verurteilen und dabei auch notfalls gewaltsam durchgriffen. Intern hatte man sich in der Zeit ein kurzes Papier erarbeitet, das den Titel trug „Das Verständnis von Mord im Islam". Die Ermordung von Feinden des Islam befürwortete man darin nicht nur, man erklärte es für erforderlich, die Staatsspitze zu beseitigen, um das System zu schwächen, die Sicherheit als unfähig zu entlarven und die Erde von Tyrannen und Götzen zu befreien. Aber auch jene Menschen sollten sterben, die weltliches und dummes Gedankengut säen sowie Zweifel an der Religion Allahs verbreiten. Man sollte sie beseitigen, um die Ausbreitung der wahrhaften Lehre nicht behindern zu lassen. Das waren gefährliche Gedanken. Bald sollte sich zeigen, daß man bereit war, diese theoretischen Überlegungen auch in die Tat umzusetzen.

Viele der jungen Männer schrieben sich an der Universität Asjut ein und kamen mit jungen Leuten zusammen, die sie für ihre Sache zu gewinnen suchten. Zuerst machten sie sich beliebt, indem sie Vorlesungen kopierten und kostenlos verteilten, auch organisierten sie Klubveranstaltungen, wo sie selbst sich zurückhielten und lieber populäre Leute sprechen ließen. Sie luden Studenten ein zu fröhlichen Runden. Man gab sogar eine Art Flugschrift unter dem Titel „Wer sind wir und was wollen wir?" heraus. Darin klangen die Vorstellungen der Extremisten nur vage an, vielmehr standen im Vordergrund die Ansichten über eine Islamisierung der Gesellschaft. Schnell hatten sie sich einen großen Einfluß innerhalb der Studentenschaft aufgebaut. So ganz friedlich, wie es schien, waren sie nicht. Jeder hatte ein festes Messer und eine Schlagkette bei sich. Mitte der achtziger Jahre begab sich eine kleine Gruppe von Terroristen aus Oberägypten nach Kairo. Der Schritt war mit der Führung der „Islamischen Gemeinschaft" wohl abgestimmt, doch bestand in Kairo selbst keine Möglichkeit der Kontaktaufnahmen, weil die Sicherheitsorgane die in aller Offenheit arbeitende Leitung nicht nur unter ständiger Beobachtung hielt, sondern einen Teil verhaftet hatte.

Diese Kräfte, die jetzt langsam erkennen mußten, daß ein offenes Eintreten für einen islamischen Staat unter den ägyptischen Verhältnissen schwer realisierbar war, waren selbst gescheitert, unter den Studenten der vier Universitäten Anhänger zu gewinnen. Dort herrschte eine Tradition des demokratischen Kampfgeistes aus der Nasser-Zeit und die Professoren waren meistens linksorientiert oder Liberale. Selbst, wo es eine kleine Gruppe von Islamisten gab, war nicht der Durchbruch geschafft worden. Die neuen Leute aus Oberägypten begaben sich in das Armenviertel Kairos Imbaba und orientierten auf die Universität Ain Shams, um hier perspektivisch den Versuch zu unternehmen, Fuß zu fassen. In den verbliebenen Führungskreisen der „Islamischen Gemeinschaft" kam es im Jahr 1987 zu dem Beschluß, einen geheimen militärischen Flügel aufzubauen. Um den Schritt zügig zu realisieren, griff man auf die in verschiedenen Landesteilen tätigen Sicherheitsgruppen der Organisation zurück. Diese waren bisher halbmilitärisch und hatten den Schutz von Veranstaltungen der Terroristen zu garantieren wie Demonstrationen, die Wochentreffen der örtliche Führung oder islamische Kulturdiskussionen. Der Militärflügel war auch dafür verantwortlich, daß über die Terroranschläge Informationen an die Öffentlichkeit gelangten. Das war ein entscheidender Schritt, die weitere Arbeit unter verdeckten Bedingungen zu leisten. So begann die Revision der einstigen Entscheidung damals im Gefängnis, offen die Massen für den Kampf für einen islamischen Staat gewinnen zu wollen. Die Sicherheit hatte eine solche Tätigkeit nicht zugelassen.

In Oberägypten verschärften die Terroristen an der Universität Asjut ihre Maßnahmen gegen unislamische Verhaltensweisen. Dazu gehörte die Unterbindung von Tanz- und Musikveranstaltungen. Bei einem solchen Disco-Abend 1988 kam es zur Konfrontation zwischen Befürwortern und islamischen Gegnern, letztere griffen mit Messern an, auch ein Schuß soll gefallen sein. Die Polizei kam sofort und eröffnete ohne Vorwarnung das Feuer, zwei Studenten wurden dabei schwer verletzt und 69 Personen verhaftet. Jetzt kam man langsam dahinter, daß sich an der Universität Islamisten auf breiter Front durchgesetzt hatten. Man behielt das im Auge, konnte sich jedoch noch kein klares Bild davon machen, welcher Art diese religiösen Eiferer waren. Denn an der Universität gab es unter den Studenten auch Muslimbrüder, ein dortiger Professor hatte sie angeworben. Mit ihnen gerieten die Terroristen in einen neuen Konflikt, der aber von jungen Muslimbrüdern ausging, da sie sich an der Universität als „Islamische Gemeinschaft" bezeichnen wollten. Eine Veranstaltung zur Gründung einer solchen Gruppe verhinderten die Extremisten, die in dem Vorhaben eine grobe Provokation erblickten, mit Gewalt. Sie warfen der anderen Seite vor, das kämpferische Erbe der „Islamischen Gemeinschaft" annektieren zu wollen. Alle Behauptungen der Gegenseite, es handele sich um eine individualistische Angelegenheit, lehnten die Terroristen ab. Ihre Opfer, die sie gebracht hatten wie al-Islambuli und Sha`ban Rashid, die in Verbindung mit dem Mord an Sadat hingerichtet worden waren, wollten sie nicht beflecken lassen. Im August 1988 weitete sich der Konflikt auf die Moscheen in Asjut aus. Als drei Anhänger der örtlichen Terroristen in einer Moschee des Ortes weilten, wurden sie von Muslimbrüdern überfallen und krankenhausreif geschlagen. Darauf stürmten die Terroristen eine Moschee der Muslimbrüder und griffen die darin Anwesenden mit Messern, Eisenstangen und Beilen an, anschließend zerstörten sie die ganze Moschee. In einer Flugschrift machten die Extremisten unmißverständlich klar, daß die Muslimbrüder etwas ganz anderes sind als die „Islamische Gemeinschaft" und es grundsätzliche Unterschiede im Denken und Handeln gibt. Dabei wirft man den Gegnern vor, das gegenwärtige Regime in Ägypten als islamisch zu bezeichnen, auch die Beteiligung der Muslimbrüder an der Parlamentswahl 1987 verurteilte man entschieden. Diese prinzipielle Auseinandersetzung zeigte den unerbittlichen Gegensatz zwischen beiden islamischen Strömungen. Die Extremisten waren aber in der Lage, ihren Einfluß von der Universität aus auf die Dörfer des Gebiets und andere

Städte auszudehnen, während die Muslimbrüder auf einige Moscheen Asjuts beschränkt blieben. Damit hatten sie sich einen Ausgangspunkt dafür geschaffen, daß sich ihre Stellung in Oberägypten immer mehr stabilisierte, obwohl auch hier die Sicherheitslage nicht einfacher wurde. Das erweist sich auch daran, daß von den Terroristen im Jahr 1988 16 Demonstrationen für Anliegen der Bevölkerung durchgeführt wurden, dazu kamen aber auch fünf Angriffsoperationen gegen die Polizei. In dem Folgejahr gab es 14 Zusammenstöße mit der Polizei, worauf 8000 Personen verhaftet wurden. Einige der Angriffe hatten den Gebäuden der Staatsanwaltschaft, einem Distriktzentrum der Sicherheit und einer Polizeistation gegolten. 1990 setzten sich diese Aktionen fort, wobei die Polizei sechs der Terroristen verhaftete, letztere ihrerseits ermordeten einen Polizeispitzel, einen jungen Polizeioffizier und einen Wachtbeamten, auch einen Autobus voller Polizeioffiziere bewarfen sie mit Handgranten. Da jedoch die Bevölkerung weitgehend auf der Seite der Extremisten steht, weil sie allein Anstrengungen realisieren zur Verbesserung ihres Lebens, sind sie in dem Umfeld schwer anzugreifen und zu schwächen. Die Taktik, in der Bevölkerung gleichsam unterzutauchen, deutet auf Einflüsse maoistischer Schriften über den Befreiungskampf in den Kreisen der „Islamischen Gemeinschaft". Wie stark die Position der Terroristen bereits war, geht aus internen Quellen der Polizei hervor. Denn im März 1990 brachen nördlich von Asjut spontane Konflikte zwischen Muslims und Christen aus, die Terroristen hatten sofort quasi polizeiliche Aufgaben übernommen, indem sie die Vorfälle aufklärten, die Verursacher festnahmen und der Polizei zur Weiterleitung an die Staatsanwaltschaft übergaben. Ein ähnlicher Vorfall ereignete sich im Juni des gleichen Jahres in Dairut, als sich die Terroristen mit der Sicherheit einigten, keine Musikgruppe in den Ort hereinzulassen, es sollte eine christliche Hochzeit stattfinden, um nicht die Spannungen zwischen den beiden Religionsgruppen wieder eskalieren zu lassen.

1988 unternahmen Terroristen, die noch immer ohne Gerichtsverfahren festgehalten wurden, einen Ausbruchsversuch aus dem Gefängnis von Tura. Das Vorhaben scheiterte. Prominente Vertreter der „Bewegung heiliger Islamischer Krieg" wie `Isam al-Qamri und Muhammad al-Aswani wurden dabei erschossen. Dagegen gelang einigen Extremisten Ende 1989 die Flucht aus dem gleichen Gefängnis, unter ihnen war Tal`at Fuad Qasim, der heute mit anderen die „Islamische Gemeinschaft" vom Ausland aus leitet. Diese Aktionen der Extremisten führten bei den Sicherheitsorganen des Landes zu wachsender Nervosität. Erstmalig versuchte die „Islamische Gemeinschaft" 1989 mit einer Autobombe ein Attentat, es galt einem ehemaligen Innenminister, doch scheiterte das Vorhaben. Die Täter konnten unbemerkt entkommen. Am 3. 9. 1990 erschossen Sicherheitskräfte Ala` Muhji ad-Din, den offiziellen Sprecher der „Islamischen Gemeinschaft", als er zu Fuß unterwegs auf der Straße zu den Pyramiden war. Jetzt war der Terrororganisation endgültig klar, daß alle Mittel gegen den Staat angewandt werden mußten. Noch im Oktober des gleichen Jahres ermordeten Angehörige der Gruppe den Parlamentspräsidenten Rif`at al-Mahjub. Weitere 50 Menschen fielen in dem Jahr der Auseinandersetzung zwischen Polizei und Terroristen zum Opfer. Der Schriftsteller Najib Mahfuz veröffentlichte am 10. 5. 1990 einen Artikel, in dem er die neue Situation reflektierte, die sich durch die Anschläge der Terroristen ergeben hatten. Er trug den Titel „Die Überprüfung". Darin macht er darauf aufmerksam, daß die Extremisten geheime Propaganda betreiben und nur über sehr begrenzte Informationsmöglichkeiten verfügen, doch sind sie in aller Munde. Dagegen hat es den offiziellen Medien wie Radio und Fernsehen die Sprache verschlagen. Auch von den großen Moscheen wie der Azhar und ihren Gelehrten hörte er nichts zu der Problematik. Doch sollte man angesichts des Terrors überprüfen, ob die religiöse Erziehung effektiv dagegen arbeitet. Dafür müßten die besten Leute gewonnen werden. Auch sollte die Religionslehre berücksichtigen, daß wir im Zeitalter der freien Information und einer umfassenden Kultur leben. Wichtige Gedanken waren, die Religion des Islam der modernen Welt anzunähern und damit ihrer Entstellung durch die Terroristen entgegenzuwirken.

Die Terroristen arbeiteten auf zwei Ebenen. Einerseits betrieben sie offene Propaganda in bestimmten Moscheen, um neue Mitglieder zu werben und Sympathisanten zu motivieren, dazu kam Sozialarbeit in Gestalt von Hilfe für die Armen. Dabei mußten letztere den islamischen Moralkodex streng beachten. Damit sollte der politische und geistige Masseneinfluß gesichert und jede staatliche Position untergraben werden. Andererseits baute man rasch die erforderliche Stärke auf, um den Staat anzugreifen, damit er zusammenbricht. Eine entsprechend schlagfeste Theorie wurde den Anhängern vermittelt, die lautet: Das gegenwärtige Regime ist durch blanken Unglauben geprägt, weil es nicht auf den islamischen Gesetzen basiert. Deshalb ist die Arbeit an seiner Beseitigung der erste Schritt für die Schaffung eines islamischen Staates. Nur die „Islamische Gemeinschaft" kann diese Aufgabe realisieren. Wenn der Staat zusammengebrochen ist, sollen die Kämpfer des Militärflügels eine geschulte Miliz bilden, um die neue Ordnung nach innen und außen effektiv zu verteidigen. Auch gewisse Angriffe auf die koptischen Christen gehören dazu, womit man unter den muslimischen Bevölkerungsschichten ein gesteigertes islamisches Überlegenheitsgefühl schaffen will. Für die Terroristen aus Oberägypten war das Elendsviertel Imbaba und die Universität Ain Shams die wichtigsten Schwerpunkte in Kairo. Sie brachten ihre Erfahrungen aus der anderen Region mit.

Die Elendssiedlung Imbaba gehört zu einem Gürtel von Vorstädten, die sich um die Stadt ziehen und zu einem Anlaufpunkt der Landbevölkerung geworden sind, die auf der Suche nach Arbeit sich dort niederlassen. Vor allem Landarbeiter sind es, aber auch gescheiterte Kleinbauern. In diesen Stadtgebieten sind 75% der Bewohner ländlicher Herkunft, 40% von ihnen sind arbeitslos. 57% betreiben etwas Handwerk, das kaum jemand ernähren kann. Unausprechliche Lebensverhältnisse herrschen hier, während diese Menschen das übrige Kairo nachts in Licht erstrahlt sehen, leben sie oft ohne Strom und unter unerträglichen hygienischen Bedingungen, ohne Rechtssicherheit. War es verwunderlich, daß ihnen ebenfalls aus den Kreisen den Terroristen wichtige Unterstützung erwuchs, da die Entwurzelten erstmalig in ihrem Leben von den Extremisten politische und soziale Hilfe erhielten. Die Elendssiedlung Imbaba bewohnen ca. 600 000 Menschen, von der männlichen Bevölkerung sind 42% Analphabeten, bei den Frauen sind es 57%, bei Kindern über 10 Jahren beläuft sich die Zahl auf 49%. 71% der Familien schicken ihre Kinder wegen der damit verbundenen Kosten nicht in die Schule, obwohl im Land Schulpflicht existiert.

Auch wird jede Hand benötigt, um die Familie zu unterstützen, außerdem ist die Überzeugung dort verbreitet, daß die Schulbildung nichts nützt, weil man danach sowieso keinen Arbeitsplatz bekommt. Deshalb haben 21% der Jungendlichen unter 14 Jahre eine Tätigkeit als Ungelernte, 35% von ihnen betreiben ein Handwerk. Der Wegfall der Schulbildung, der hier unter dem Druck der Armut geschieht, wird diesen Menschen immer eine Randexistenz zuweisen, wo sie ihre Lebensenergien verbrauchen. Nur 25% der Kinder haben Zeit und Gelegenheit, Fußball zu spielen, 5% von ihnen haben mal ein Jugendzentrum in einer anderen Gegend Kairos besucht, in ihrem Viertel gibt es keines. In dem Wohngebiet finden wir kein Krankenhaus und kein Gesundheitszentrum, das ist mit eine der Ursachen für eine Kindersterblichkeitsrate von 75%. Weitere Gründe liegen darin, daß 32% der dortigen Gebäude über keine hygienische Abwasserentsorgung verfügen, 24% derselben sind nicht an das Frischwasser angeschlossen.

Was veranlaßt nun die Terroristen, sich hier eines ihrer Zentren in Kairo aufzubauen? Sicher könnte man sagen, daß es ein leichtes sei, unter diesen Menschen begeisterte Gefolgsleute zu finden, wenn man ihnen Versprechungen macht auf ein besseres Leben. Doch liegen die Probleme etwas tiefer und besitzen damit eine gewisse politische Brisanz. Diese Terroristen sind religiös gebildete Menschen und beziehen Anregungen für ihr Handeln aus der Frühzeit des Islam, doch das tun alle islamischen Fundamentalisten, die hier die angeblich goldene Zeit finden. Die Extremisten, und auch viele Linke in der gesamten islamischen Welt orientieren sich in dem frühen Islam auf die soziale Komponente der Gemeinde um den Propheten Muhammad. Schon in seinem Koran hat er festgelegt, wie man Waisen und Bettler unterstützt. Der Besitz wurde aus seiner Sicht immer mehr eine vorübergehende Eigentumsverwaltung, deshalb führte er die Almosenabgabe ein als religiöse Pflicht für alle Gläubigen, gleichzeitig bestimmte er unmißverständlich, wer die Mittel bekommen sollte: die Armen, Bedürftigen, die Gefangenen, die Schuldner und die Reisenden. Einen ehemaligen Sklaven erhob er zum ersten Gebetsrufer des Islam, er war einer seiner frühesten Gefährten. Wo sich die Gelegenheit bot, ließ er Land verteilen an die Ärmsten seiner Gemeinde, um sie sozial besser zu stellen und um den Frieden im Innern zu sichern. Er war entschieden gegen die Meinung, daß die Reichen bessere Muslims sind. Im Gegenteil. 500 Jahre eher sollen die armen Muslims das Paradies betreten, ehe die Reichen zugelassen werden. Doch auch auf Erden sollten die Armen besser leben. Einen der kostbaren Trinkwasserbrunnen der Stadt Medina ließ er erwerben, um ihn allen Bewohnern zur Verfügung zu stellen. Muhammad konnte nicht verhindern, daß einige Mitglieder seiner Gemeinde reich wurden. Er gehörte nicht dazu. Seine materielle Hinterlassenschaft war nach seinem Tod (632) so gering, daß einer der wohlhabenden Prophetengefährten seine kostbaren Palmengärten verkaufte, damit die Witwen versorgt waren. Die hier nur kurz skizzierte Entwicklung setzt sich nach Muhammad dahingehend noch einige Zeit fort, daß zahlreiche seiner Gefährten, die zu den ärmeren Gläubigen gehörten, daran festhielten, daß die neue Religion des Islam vom Kern her für die Besserstellung der Bedürftigen ist. Sie mußten jedoch auch wahrnehmen, daß sich Kreise des neuen Staates gewaltig bereicherten, wogegen die weniger Bemittelten in vielfältiger Weise protestierten. Aber auch noch Kalif Umar (reg. 634-644), einer der vier sogenannten

Rechtgeleiteten, Beherrscher eines Weltreiches inzwischen, beschlagnahmte mehrfach übermäßige Ländereien der Neureichen. In seinen persönlichen Bedürfnissen war er anspruchslos und mußte sich bisweilen für seine Verspätung auf der Kanzel beim Freitagsgebet wegen notwendiger Flickerei an seinem Gewand entschuldigen. Diese wenigen hier dargestellten Fakten sind keine alte Geschichte, sondern schärfen heutigen Muslims die Sicht auf die gegenwärtigen Momente ihrer Zeit.

In der Vorbereitung der islamischen Revolution 1979 im Iran haben diese Gedanken und Sichtweisen eine ganz entscheidende Rolle gespielt. Vor allem in den Schriften Ali Schariatis, der 1977 in seinem Londoner Exil verstarb und heute als Theoretiker der islamischen Revolution gilt, finden wir in vielfältiger Weise die Aktualisierung der Frühgeschichte des Islam. Solche Überlegungen beschäftigen sicher auch die Terroristen Ägyptens, wenn sie sich das Elendsviertel Imbaba als Arbeitsbasis aussuchten. Sie wollten hier, sozial von unten her, eine Umgestaltung durchsetzen, basierend auf ihren religiösen Prinzipien. Ihr Ausgangspunkt waren die Moscheen des Gebietes. Bald ertönten von Lautsprechern auf ihren Dächern die Sprüche: Kugel für die Kugel – eine Geschichte, ein Toter für einen Toten, unsere Toten sind im Himmel – ihre Toten in der Hölle. Damit signalisierten sie den politischen Umsturz in der Enge und Not dieses Stadtquartiers. Sehr früh rief man eine Sicherungsgruppe ins Leben, die halbmilitärisch die offiziellen Auftritte der Terroristen gegen mögliche Angriffe der Polizei schützte. Gleichzeitig aber setzten sie mit den Einheiten eine bisher nie gekannte Ordnung im Viertel durch, die auf den Grundsätzen der Terroristen basierte. Auch politisch konnten sie mit ihrem Bild vom ungläubigen Staat ein Vakuum füllen, da die allermeisten Bewohner nichts von dem heutigen Ägypten erwarteten. Die Extremisten organisierten als ersten konkreten Schritt Diskussionsrunden mit Jugendlichen aus Imbaba. Dabei ging es eigentlich nicht um Probleme des Lebens, sondern nur um die Übermittlung der theoretischen Überlegungen der Terroristen. Die erste Gruppe der jungen Männer zog bald weitere Kreise aus ihren Reihen hinzu, so daß die Runde der Diskutanten immer größer wurde, die mit leidenschaftlicher Zustimmung auf die Vorstellungen der Vortragenden reagierte. Die Führung war jedoch bei den Gesprächen nicht nur darum bestrebt, neue Anhänger zu finden, vielmehr war man bemüht, geeignete junge Männer zu finden, denen man perspektivisch ihre Leitungsaufgaben übertragen könnte, wenn die Sicherheit in das Wohngebiet vorstößt und sie, die Leitung der Terroristen, untertauchen muß. Erneut strebte man also danach, einen Prozeß einzuleiten und diesen zu stabilisieren, so daß er später selbständig funktioniert. Nach relativ kurzer Zeit waren die Terroristen damit zu einer wichtigen Kraft geworden. Fünf Moscheen des Viertels waren die Kommondozentralen, in jeder von ihnen war eines der zugereisten Mitglieder der Leiter. Unabhängig davon teilte man Imbaba in 10 Teilgebiete, jedes leitete ein Vertreter der Organisation und war der zentralen Führung in Imbaba direkt verantwortlich. Damit wollte man eine möglichst effektive Behandlung der örtlichen Probleme sichern. Die 10 Vertreter führten die Arbeit mit den Jugendlichen fort. Mit geeigneten Kandidaten gab es Einzelgespräche, auch prüfte man durch Nachfragen, ob bei ihnen die richtige islamische Haltung vorhanden ist. Sie mußten mindestens 18 Jahre alt sein. Auf diese Weise kamen zahlreiche neue Mitglieder in die Organisation. Die normalen Bewohner informierte man damit, daß vor den fünf Moscheen Tonband-Kassetten verteilt wurden, auf denen Glaubensgrundsätze, islamische Gesänge oder die Hauptvorstellungen der Terroristen zu hören waren. Die beiden ersten Formen verteilte die Organisation auch vor Moscheen in anderen Stadtgebieten, obwohl bei den Gesängen recht bedenkliche Texte dabei waren, die von einem baldigen Sieg des Islam kündeten. Die Bänder der Extremisten waren persönliche Tondokumente von Gefährten, die bereits ermordet worden waren, auch von Führungskadern, die im Ausland lebten oder im Gefängnis saßen. Jeden Dienstag fanden Leitungssitzungen in den fünf Moscheen statt, dabei wandte man sich immer konkreter den sozialen und wirtschaftlichen Problemen des Viertels zu. Doch ganz einfach verlief die Übernahme dieser Aufgaben nicht, denn der Militärflügel forderte, daß die Hinwendung zur sozialen Arbeit nicht die Angriffskraft schwächen darf. Dahinter stand die Befürchtung, daß zu viele eigene Leute mit den mannigfaltigen Dingen des gesellschaftlichen Umfeldes befaßt sein könnten und damit die Personaldecke für die eigentlichen Aufgaben dünner werden würde. Die Führung der Organisation aber machte unmißverständlich klar, daß man sich den tatsächlichen Schwierigkeiten der Menschen zuwenden muß, um glaubhaft das Konzept eines gerechten islamischen Staates für die Zukunft propagieren zu können. Gleichzeitig aber erkannte man an, daß die neue Aktion nicht auf Kosten der militärischen Stärke gehen darf. Deshalb setzt man soweit wie möglich neu gewonnene Anhänger in Verwaltungspositionen ein, um sie rasch in die speziellen Aufgaben des Kommunalen einzuführen. Das entsprach bereits der grundsätzlichen Linie, die ja auf eine maximale Selbständigkeit der eingeleiteten Prozesse orientierte.

Die Kernfragen des täglichen Lebens der Menschen des Viertels lernte die Führung auch auf Massenversammlungen kennen, die man wöchentlich auf der größten Straße Imbabas und vor einer zentralen Moschee abhielt. Als Termin wählte man die Zeit zwischen dem Gebet zum Sonnenuntergang und dem Nachtgebet. Das waren die letzten beiden der vom Prophet vorgeschriebenen fünf täglichen Gebete, die Zeitspanne zwischen ihnen beträgt ca. anderthalb Stunden. Hier traten gewisse Anzeichen einer basisdemokratischen Haltung zu Tage, weil in den öffentlichen Foren dieser Art manche Entscheidung zustande kam. Natürlich zeigte sich bei solchen Gelegenheiten die fundamentale Kritik an dem gegenwärtigen Staat in Ägypten ganz ausgiebig. Die Führung der Terroristen ihrerseits nutzte die Öffentlichkeit, um die wachsende Stärke ihrer Organisation demonstrativ zu beweisen, auch die Geschlossenheit der eigenen Reihen war nicht zu verkennen. Der Staat hatte bisher von diesen speziellen Aktivitäten nicht Notiz genommen, damit war ersichtlich, daß die „Islamische Gemeinschaft" die einzige Kraft in Ägypten war, die öffentliche politische Massenveranstaltungen ohne irgendwelche Genehmigung von staatlichen Stellen realisierte, wie das Gesetz unter den Verhältnissen des Ausnahmezustand eigentlich eindeutig formuliert. Die eigene Sicherungstruppe war natürlich auch bei den Volkstreffen anwesend und trug gelbe Armbinden, um bei der Aufgabenerfüllung legitimiert und erkennbar zu sein.

Die Extremisten gründeten ab 1988 in Imbaba wie auch schon in den anderen Gebieten, wo sie die Herrschaft ausübten, Sozialkommissionen, um bei der Lösung gesellschaftlicher Fragen voranzukommen. Aus den Erfahrungen war ihnen bekannt, daß die Sicherheit auf die Tätigkeit dieser Körperschaften am negativsten zu reagieren pflegt, weil man dort sehr genau weiß, daß die Organisation damit ihre Basis im Volk bedeutend ausbaut. Zuerst bemühten sie sich um die Erfassung der vom Alter her schulpflichtigen Waisenkinder, aus den zehn Verwaltungszentren verlangte man umgehend die genauen Angaben über Alter, Wohnsitz und Anzahl. Zu jedem Schuljahresbeginn stattete man diese Kinder mit Schulgeld, Ranzen, Schulkleidung, Heften, Stiften, Schuhen und weiteren Kleidungsstücken aus. Damit setzte man neue Maßstäbe, denn der Wert der Bildung rückte damit nachdrücklich in das Bewußtsein der Menschen, was der Staat aus vielen Gründen verabsäumte hatte, erreichte das Wirken der Terroristen in einigen wesentlichen Teilen. Später gingen sie auch dazu über, das Schulgeld für andere bedürftige Kinder zu zahlen. Ebenso gründeten sie Kurse, in denen Erwachsene Lesen und Schreiben lernen konnten. An hohen religiösen Feiertagen wie dem Opferfest im muslimischen Pilgermonat, wo in den Familien gewöhnlich ein Hammel geschlachtet wird, vereinbarten Verantwortliche der Organisation mit den in Imbaba befindlichen Fleischgeschäften, daß wesentliche Mengen den Armen zugestellt wurden, um auch ihnen die Möglichkeit zu schaffen, den Feiertag in angemessener Weise zu begehen. Mit örtlichen Gemüsegeschäften und Tuchhändlern trafen sie ebenfalls solche Abmachungen. Die Form der Umverteilung betrachten die Extremisten als einen Ausdruck der gesellschaftlichen Solidarität und der gemeinschaftlichen Verantwortlichkeit, sie streben also eine gewisse Harmonisierung der Verhältnisse an, bieten damit ein beachtliches Gegenmodell zu dem existierenden Staat, der sich um solche Komplexe des sozialen Ausgleichs überhaupt nicht kümmert. Sie gingen auch schwierige Fragen an wie die Grundprobleme des Gesundheitswesens und der Verkehrsverbindungen. Zu dem ersteren Komplex schufen sie als Teile existierender Moscheen Islamkliniken, wo Ärzte, die zu ihrer Organisation gehörten, die Kranken kostenlos behandelten und auch die Medizin ohne jede Bezahlung abgaben. Noch ein weiteres Projekt schoben die Extremisten an, indem sie einen Sozialfond ins Leben riefen, die Geldsummen dafür spendeten Händler, die Mitglieder in der Organisation waren. Damit gründete man nach sachlicher Prüfung der jeweiligen Voraussetzungen kleine Wirtschaftsunternehmen, um konkret Arbeitsplätze zu schaffen und gleichzeitig billige Bedarfsgüter für die Menschen des Viertels und anderer Stadtteile auf den Markt zu bringen. So entstanden Textilbetriebe, die von Jugendlichen eingesammelte gebrauchte Kleidung verarbeiteten. Wäschereien baute man auf, die aus dem Projekt auch Nutzen ziehen konnten. Die gereinigten bearbeiteten Kleidungsstücke kamen für wenig Geld auf den Markt und fanden sicheren Absatz. Auch weitere Kleinunternehmen wie Imkereien, Molkerei und Hühnerzucht entstanden auf diese Weise. Damit bildete sich modellhaft eine Wirtschaftsform, die in effektiver Weise funktionierte, da die Kredite aus dem Sozialfond langfristig und ganz ohne Zinsen waren, da diese ja im Islam verboten sind. Dafür mußten die Unternehmer die Summen leasingartig abzahlen.

Um ein weiteres schwieriges Feld bemühten sich ebenfalls die Terroristen, um die familienrechtlichen Fragen der Menschen des Viertels. Auch damit übernahmen sie staatliche Aufgaben der Gerichte des Landes. „Schlichtungskommissionen" kümmerten sich um streitende Nachbarn, aufsässige Ehemänner und schwererziehbare Kinder, die Entscheidungen, darauf legten die Extemisten hohen Wert, basierten auf islamischen Rechtsauffassungen, weltliches Zivilrecht lehnten sie strikt ab. Das bedeutete aber keine Rückkehr zum Mittelalter. Im Gegenteil. Nach dem altislamischen Recht kann der Ehemann jederzeit seine Frau durch das Aussprechen einer bestimmten Formel mit sofortiger Wirkung verstoßen und ist damit augenblicklich und unwiderruflich geschieden. Die Extremisten griffen in Fällen, in denen sich solche Katastrophe anbahnte, mit ihren „Schlichtungskommissionen" ein und drangen, gestützt auf islamische Regeln, darauf, daß vom Ehemann keine übereilte Scheidung ausgesprochen wird, vielmehr die Ehe möglichst wieder in normale Bahnen übergeht. Unzufriedenen Jugendlichen machte man den Wert einer intakten Familie von Vater und Mutter klar, und so schuf man allgemein und langsam eine neue Atmosphäre im Viertel.

Doch waren auch die Extremisten bemüht, islamische Moralvorstellungen dort durchzusetzen, wo sie noch fehlten. Musik und Theater waren strikt verboten, damit aber begingen die Extremisten wahrscheinlich einen schweren Fehler. Denn in Ägypten gibt es seit 1914 eine ganz originäre Form von musikalischer Volkskomödie, deren Gründer Najib Rihani (gest. 1949) war. Er schuf die Figur des bis heute lebendigen Herrn Kish-Kish, eines Dorfbürgermeisters, eines Mannes voller Güte, Arglosigkeit und Lebensfreude, der sich nach Kairo und Paris verirrt und dort trotz seiner menschlichen Qualitäten die lustigsten Mißverständnisse erlebt und von einem Abenteuer in das andere fällt. Das ganze war mit Musik verbunden und wurde über Nacht so populär, daß es eine Tradition begründete, die bis heute lebendig ist. Das Ansehen, das der Schöpfer des Genres erworben hatte, zeigte sich bei seinem Tod. Der damals regierende König Faruq ordnete aus diesem Anlaß Staatstrauer an, eine Straße im Norden Kairos am Ezbekija Garten ist nach ihm benannt und eine Kommission wurde eingesetzt, die die Werke Rihanis zu sammeln hatte. Der Rundfunk sendete monatlich eines seiner Stücke, inzwischen hat sich das Fernsehen der Stoffe angenommen, die immer weiterentwickelt wurden. Kein großer Feiertag vergeht, ohne daß solch eine lebendige Musikkomödie über den Bildschirm läuft. Andere arabische Staaten kaufen mit Vorliebe diese Programme, weil sie selbst nichts auf diesem Gebiet besitzen und das ägyptische Modell als unerreichbar gilt. Viele Künstler haben zur Lebendigkeit der Stoffe und Melodien beigetragen, die zuweilen fast zu Schlagern geworden sind. Selbstverständlich spielen Frauen in den Stücken eine völlig gleichberechtigte künstlerische Rolle und haben immer wieder große Berühmheit erlangt. Diesen wichtigen Teil der ägyptischen Volkskunst einfach wegzustreichen, wird den Extremisten nicht gelingen. Zwar hatten schon zu Rihanis Zeiten manche Kritiker gefragt, ob das Ganze als Kunst gelten kann, doch Fundamentalisten wagten es bisher nicht, dagegen Front zu machen. Man wird zwar verhindern können, daß Musikgruppen nach Imbaba kommen, aber die Vorliebe der Menschen für das leichte und lustige Genre läßt sich nicht unterdrücken. Auch das Fernsehen fiel bisweilen unter das Verbot und zielte sicher besonders auf die Musikkomödien. Streng gläubige Muslims, die solche Kulturerscheinungen ablehnen, können nicht die Negation verallgemeinern, ohne unglaubwürdig zu erscheinen. Video-Geschäfte und vor allem Video-Klubs waren ebenfalls unerlaubt. Wenn solche Einrichtungen noch bestanden, verbrannte die Sicherungsgruppe kurzer Hand die Lokalitäten. Das Bedenkliche daran war die Tatsache, daß die Extremisten selbst bei ihrer Propaganda-Arbeit vor Moscheen auch Videos für teuere 20 ägyptische Pfund verkauften, auf denen wichtige Vertreter ihrer Organisation Grundaussagen formulierten. Warum konnte man deshalb prinzipiell gegen Videos sein? Natürlich fürchteten die Terroristen, daß sich mit den Bildkassetten auch gefährliche Unmoral einschleichen kann. Eine weitere Maßnahme gegen die Unmoral praktizierten die Terroristen in Imbaba, indem sie unverschleierten Frauen Körperstrafen androhten, um sie wieder auf den Pfad der Tugend zurückzuführen. Auch dabei werden die Extremisten sicher scheitern, wenn sie in Ägypten, vor allem aber in Kairo, die

Frauen wieder verschleiern und aus dem öffentlichen Leben verbannen wollen.

Ägypten ist das arabisch-islamische Land mit den meisten Fortschritten in der Frauenemanzipation, die teilweise hart umkämpft waren, aber nicht rückgängig gemacht werden konnten. Den Startpunkt setzte bereits 1899 der ägyptische Richter und Publizist Qasim Amin (gest. 1908) mit dem epochemachenden kleinen Buch „Die Befreiung der Frau". Amin, kurdischer Herkunft und französisch erzogen, forderte unmißverständlich eine neue Stellung der ägyptischen Frau, denn so schrieb er, die Aufgabe der Frauen ist es, die Moral der Nation zu formen, doch fehlt gegenwärtig die entsprechende Bildung. Deshalb postulierte er, daß Lesen und Schreiben, Naturwissenschaften, Ethik, Geschichte, Geographie, Hygiene, Physiologie, Sport, Kunst und auch Religion nicht nur Notwendigkeiten für die Frau sind, ihren Haushalt richtig zu führen, sondern selbst ihren Lebensunterhalt zu verdienen und auch ihre Aufgaben im Staat zu erfüllen. Vor allem kam es dem Autor darauf an, den Frauen den Rücken zu stärken, ihre Rechte durchzusetzen und sich maximal zu bilden, um nicht von der Gnade der männlichen Tyrannei abhängig zu sein. Er war entschieden der Ansicht, daß der Vormarsch von Wissen unter den Frauen die Verschleierung beseitigen und ihre Einschließung zu Hause beenden wird. Das waren neue Gedanken und entschieden formulierte Überlegungen, die Amin noch mit seinem zweiten Buch präzisierte „Die neue Frau" (1901). Hier weist er nach, daß die Freiheit der Frau die Basis aller anderen Freiheiten der Gesellschaft ist. Das bedeutet, daß erst, wenn die Frau frei ist, auch der Staat in seinem Innern frei ist. Diese neuen Ideen verhallten nicht wirkungslos in Ägypten. Denn die 1882 geborene Huda Sha`rawi, Tochter von Sultan Pascha, einem der größten Landbesitzer in Ägypten und erster Präsident des ägyptischen Parlaments, und mit einem prominenten Führer der neu gegründeten Wafd-Partei verheiratet, gründete 1923 die erste Frauenorganisation der arabisch-islamischen Welt in Kairo. In dem gleichen Jahr nahm sie als Vertreterin Ägyptens an dem Internationalen Frauenkongreß in Rom teil, unmittelbar nach der Rückkehr legte sie in aller Öffentlichkeit den Schleier demonstrativ ab und signalisierte damit den Frauen des Landes, daß eine neue Ära begonnen hatte. Im September 1924 berichtete sie dem Internationalen Kongreß zur Bekämpfung des Mädchenhandels über die Aktivitäten Ägyptens auf dem Gebiet. Sie war sich aber bewußt, den Kampf um die Besserstellung der Frau auch politisch führen zu müssen. Deshalb focht sie mit allen Mitteln für die gesetzliche Sicherung des gleichen Rechts auf Bildung, auf das Verbot der Prostitution, die endgültige Abschaffung des Schleiers und die Anhebung des Heiratsalters für Frauen auf 16 Jahre und für Männer auf 18 Jahre. Denn Kinderheiraten waren besonders in reichen Familien an der Tagesordnung, das sollte nun verboten werden. In Petitionen an das Parlament forderte sie die Abschaffung der Polygamie, die Stärkung der Frauenrechte im Scheidungsfall und das Verbleiben der Kinder bei der Mutter nach erfolgter Scheidung. Nicht alles wurde beschlossen, aber wesentliche Verbesserungen durchgesetzt. So trat Ägypten 1932 dem Internationalen Abkommen gegen Frauen- und Kinderhandel bei. Am 16. 6. 1933 begann die erste junge Frau mit dem Studium der Rechtswissenschaft an der Kairoer Universität. Im Juli 1933 beseitigte ein Gesetz den rechtlosen Zustand auf dem Gebiet der Frauenarbeit in Industrie und Handel. Seit 1936 sammelt und veröffentlicht Ägypten Statistiken über Eheschließungen und -scheidungen, damit konnte man auch die Entwicklung auf diesem Gebiet beobachten. Selbst in den Kreisen der islamischen Geistlichkeit kam es zu gewissen neuen Überlegungen, davon zeugte im September 1937 ein Rechtsgutachten der Azhar-Moschee, das eine mehrheitliche Position gegen den Schleier der Frauen formulierte. Das war zwar noch kein Durchbruch, aber ein wichtiger Schritt zu einer flexibleren Position. Der neue Geist machte auch nicht vor den Mauern der Jurisprudenz halt, denn im November 1937 begann in der Rechtsfakultät an der Universität Kairo eine Debatte über das Stimmrecht der Frau, doch fand sich in dem dortigen Kreis nur eine Minderheit dafür. Im Oktober

1938 leitete Huda Sha`rawi den ersten Frauenkongreß des Orients, der in Kairo tagte. Sie verstarb 1947. Nach ihr wirkten u. a. die berühmte Frauenrechtlerin Doria Ṣhafiq (gest. 1975), Dichterin, Publizistin und politische Kämpferin, und in unseren Tagen Dr. Nawal Sa`dawi, die unerschrocken gegen Verwandtenehe, Mädchenverschneidung und Polygamie sowie für die geistige Befreiung der Frau eintritt, obwohl Teile der Geistlichkeit, wozu auch weibliche Vertreter gehören, viele Bücher gegen sie schreiben, um sie zu widerlegen und lächerlich zu machen. Das aber gelingt ihnen nicht. Was ist erreicht? Das Analphabetentum unter der Frauen ist nach Regierungsangaben auf derzeit 59,2% gefallen, die Unesco spricht von ca. 61%, die Unterschiede in der Bewertung hängen u. a. mit der Berücksichtigung des raschen Bevölkerungswachstums zusammen. Auch zwischen Land und Stadt bestehen Unterschiede, da ca. 76% der Frauen im dörflichen Milieu davon betroffen sind, aber nur 45% in den Städten des Landes. In der neunjährigen Grundschulzeit, die das Gesetz von 1981 vorschreibt, sind Mädchen zu 45% beteiligt, doch sind sie nur mit 9,2% an der Gesamtheit der Hochschüler vertreten. Die Sterblichkeitsrate von Frauen bei der Geburt, ein wichtiges Kriterium für die hygienischen Verhältnisse überhaupt, schwankt sehr und beträgt gegenwärtig von 100 000 Geburten 184 Todesfälle. Das ist noch sehr hoch und bedenklich, wenn man beispielweise vier solcher Todesfälle in Belgien und fünf in den USA zu verzeichnen hat. Die gefährliche Beschneidung der Mädchen betrifft immer noch 50% dieser Kinder, das sind ca. 13,5 Mio. Fälle, vor allem in ländlichen Gebieten. 22,6% aller Berufstätigen sind Frauen, wobei mit der zunehmenden Privatisierung von Betrieben die Zahl weiter zurückgehen wird. Die Zahl ist relativ gering, wenn man Thailand mit 47% und China mit 43% heranzieht.

Kleine Betriebe und Läden bevorzugen junge Frauen, weil die Besitzer weniger Lohn für sie zahlen müssen, bei der Verheiratung erfolgt meist die Entlassung. Immerhin sind 13% aller Stellen in der Forschung und Technologie mit Frauen besetzt. Zu

2% sind sie gegenwärtig im Parlament vertreten. Seit den sechziger Jahren gibt es Ministerinnen, zur Zeit stellen sie 10% des ganzen Kabinetts. 14% der Diplomaten des Landes sind weiblich, aber nur 9,9% aller Botschafter. Frauen und auch Mädchen sind mit 24,6% Mitglieder von Klubeinrichtungen, doch beteiligen sich nur 4,8% bis 8% direkt an Sportvereinen. Natürlich sieht die Lage auf dem Land auch in dem Punkt viel schlechter aus. An sozialen Veranstaltungen beteiligen sie sich mit 21% und mit 27% an kulturellen Aktivitäten. Bei einem Wettbewerb des Kulturministeriums, der für das erste Buch von neuen Talenten mehrerer Jahre hindurch ausgeschrieben wurde, beteiligten sich 10,6% Frauen. Bei einem ähnlichen Wettbewerb um das beste Theaterstück für Kinder waren es beachtliche 13,4%. Das sind alles Ansätze einer Bewegung, die unter schwierigen sozialen und traditionellen Problemen nach vorne weist und auch schon teilweise Beachtliches erreicht hat. Für die Fundamentalisten und Extremisten aller islamischen Richtungen ist das Gesicht der Frau ein Schamteil, der unbedingt bedeckt werden muß. Dabei ist der Schleier der Anfang der erneuten Einschließung und Entmündigung der Frau. Dann werden jene Tendenzen weiter wachsen, die wir in der ägyptischen Gesellschaft auch feststellen und die vor allem die Gewalt gegen Frauen betreffen. Hier versagt die offizielle Statistik, besonders mutige Soziologinnen des Landes haben sich der Aufhellung des Themas gewidmet, da die Gesellschaft Ägyptens noch weitgehend Gewalt gegen Frauen als Teil der Erziehung betrachtet und deshalb verharmlost. Die Verbrechen haben damit zu tun, daß nicht nur die Verhältnisse zwischen Mann und Frau gestört sind, sondern die Krise von der Überlegenheit des Mannes und der angeblichen Pflicht zur Folgsamkeit bei der Frau bestimmt ist. Der Schleier ist Zeichen ihrer Abhängigkeit und Unterwerfung. Bei den Verbrechen an Frauen steht an erster Stelle mit 37,4% der vorsätzliche Mord an ihnen, an zweiter steht mit 23,2% die Schändung. Das Totschlagen folgt mit 8,6%, und das absichtliche Verbrennen mit 6,9%. Vor allem sind Ehefrauen Opfer dieser Verbrechen, das erweist sich schon in der gerichtlichen Verfolgung solcher Fälle mit 76,8%. Dazu kommt noch der soziale Faktor, denn die härtesten Verbrechen an Frauen geschehen in armen Verhältnissen. Doch sind auch die besten städtischen Lagen davon betroffen. Das geht ebenfalls aus den Untersuchungen hervor, die dem Komplex des vorsätzlichen Mordes unterzogen wurden. Denn die Hauptmotive sind in allen Gesellschaftsschichten zu finden: die gekränkte Ehre, die Rache, der verweigerte Gehorsam, Beseitigung der ersten Frau für die zweite und wirtschaftliche Gründe. Nur 3,6% aller vor Gerichten des Landes Angeklagten sind Frauen. Das sind sehr wenig. In den meisten Fällen besteht ihr Verbrechen darin, daß sie effektive Abwehr gegen die auf sie ausgeübte männliche Gewalt geleistet haben. Das bedeutet, daß es sich überwiegend um Selbstverteidigung handelt. Bisweilen haben sie auch gegen bestehende soziale und traditionelle Grenzen, die für den Mann günstig, für die Frau jedoch abträglich sind, verstoßen. Diese Tatbestände belegen die schwere Not, die Frauen in den überkommenen, religiös bestimmten Verhältnissen erleiden.

Im Februar 1989 verließen die letzten russischen Soldaten Afghanistan, gegen sie hatten bisweilen auf seiten des Widerstandes 16 000 Araber gekämpft, die teilweise mit Hilfe der ägyptischen Regierung und der Gewerkschaft des Landes dorthin gelangt waren. Überwiegend waren es Angehörige der zwei wichtigsten Terrorgruppen, die nun alle Arten von Morden, die Techniken des Bombenlegens und die kaltblütige Menschenverachtung erlernt hatten. Sie durchliefen eine militärische Ausbildung von drei Monaten, gleichzeitig durchsetzt mit islamischen Belehrungen. Die beiden ägyptischen Terrorgruppen hatten auch diejenigen, die im Kampfgeschehen Afghanistans noch nicht zu ihnen gehörten, für ihre Sache geworben. Nachdem nun der direkte Konflikt auf dem afghanischen Boden beendet war, sollte die Rückführung der Kämpfer nach Ägypten erfolgen. Da es sich in vielen Fällen um steckbrieflich Gesuchte oder bereits hinlänglich Bekannte handelte, organisierten die Terroristen einen sicheren Weg, der in die Heimat führte. Aus Peschawar in Pakistan sandten die Extremisten einen gewissen Nabil Abd al-Fatah nach Libyen, um die Aktion konkret vorzubereiten. Dieser reiste aus Sicherheitsgründen nicht direkt in das Bestimmungsland, sondern landete mit dem Flugzeug im jementischen Sana. Dort erwartete ihn ein Mitglied der „Islamischen Gemeinschaft" und händigte ihm einen Reisepaß mit sudanesischem Einreisevisum aus. Im Sudan erhielt er ein bestelltes Auto und reiste damit nach Libyen ein, wo er aus Tarnungsgründen einen kleinen Betrieb leitete. Der von ihm erkundete sichere Weg führte durch die westliche Wüste, die zwischen Ägypten und Libyen liegt und auch einige Oasen umfaßt. Mit guten Führern gelangten die verabredeten Gruppen auf diese Weise unerkannt nach Ägypten. Einige kamen auf dem Luftweg über das saudi-arabische Jidda, von Ibn Ladin finanziert.

In Ägypten hatten sich die Verhältnisse auf dem politischen und sozialen Feld weiter zugespitzt, denn die gesellschaftlichen Probleme kulminierten in der Ausweglosigkeit der Jugend, worauf der Schriftsteller Najib Mahfuz bereits weitsichtig in seinem Artikel vom 11. 3. 1988 hinwies. Er sah unter der Jugend eine Tendenz, vielleicht die beherrschende, die nicht ihre Ziele verwirklichen kann, deren Bildung dürftig ist und Arbeitsmöglichkeiten absolut gering sind. Ihre Einnahmen, wenn sie welche haben, reichen nicht zur Erlangung der wichtigsten Dinge des Lebens wie einer Wohnung, der Heirat und zur Selbstverwirklichung. Sie leben in angstvoller Not und sind nicht am öffentlichen Leben beteiligt. In ihrem Herzen lehnen sie alles ab, träumen von der Flucht aus allen diesen Verhältnissen und werden immer mehr zu Extremisten. Angesichts der Entwicklung fordert der Schriftsteller von den staatstragenden Kräften höchste Anstrengungen, um solche Jugendliche zurückzuführen zu lebenswürdigen Aufgaben, Zielen und positiven Inhalten. Dieser Appell verhallte ungehört. Soziologen bestätigten den Autor mit erschreckenden Zahlen. Denn bei Befragungen erklärten 47% der Jugendlichen, vor allem waren es Studenten, ihre Bereitschaft, Gewalt gegen die Gesellschaft zu gebrauchen. Die absolute

Mehrheit mit 88% stellten einen direkten Zusammenhang her zwischen der von der Staatsführung propagierten wirtschaftlichen Öffnung und der Zunahme sozialer Konflikte. Sie machten auch mit 78% darauf aufmerksam, daß zwischen dem Verbraucherverhalten der Neureichen und der Ausweglosigkeit von Jugendlichen eine Spannung entsteht, die nur mit Gewalt abgebaut werden kann. 88% von ihnen stellten eine direkte Verbindung zwischen Arbeitslosigkeit und Gewalt her. Die Auswirkungen ihrer wachsenden gesellschaftliche Isolation formulierten 73% dahingehend, daß ihr Nationalgefühl in dem Maß abnimmt, wie der Staat sich nicht um die Universitätsabsolventen kümmert. Hier wuchs ein Potential heran, daß für die Terroristen zusätzliche Verstärkungen bedeutete. Ein gravierender Fehler der politischen Führung des Landes war es, sich nicht um diese ernsten Probleme zu kümmern. In Kairo schufen sich die Extremisten eine feste Position in der Ain Shams Universität, wo ständig die Möglichkeit bestand, zusätzliche Kräfte zu mobilisieren, Massenproteste zu arrangieren, Waffen zu verstecken und die Vervielfältigung von eigenen Verlautbarungen zu sichern. Darüber hinaus testete man hier aktuelle Argumente zur politisch-wirtschaftlichen Lage auf ihre Massenwirksamkeit. Sie hatten auch einiges gelernt, aus den einstigen offenen Konflikten an der Asjut-Universität in Oberägypten. Solche Erscheinungen gab es an der Ain Shams Universität kaum, zwar förderten sie die Islamisierung auf allen Ebenen, traten aber nicht offen gegen die Leitungsebenen auf, das brauchten sie auch nicht, weil sie die Fäden weitgehend in der Hand hatten. In dem Studienjahr 1989/90 waren an der Universität 82 689 Studenten eingeschrieben, weitaus weniger als im Jahr zuvor, 18 346 waren Absolventen. Hätte der Staat die warnenden Worte des Schriftstellers Najib Mahfuz und der Soziologen ernst genommen, wäre er nicht überrascht gewesen von dem Terrorpotential der neunziger Jahre. Was sich da unbemerkt anbahnte, war von gefährlicher Brisanz. Denn nach internen Informationen hatte sich die Alterstruktur der Extremisten weiter verjüngt, ingesamt 75% von ihnen sind unter 30 Jahren. Über dieser Altersgrenze liegen nur ca. 24%. Bei den Berufen dieser Leute hatte sich die Anzahl der Hochschulabsolventen, die ohne Arbeit waren oder aus der Not ein Handwerk ergriffen hatten, auf 53,3% erhöht und lag an der Spitze, 1982 waren es noch 51,8%. Man konnte angesichts der weiterhin vom Staat absolut vernachlässigten Absolventenproblematik durchaus Prognosen aufstellen, wie sich der Anteil ehemaliger Studenten an den Terroristen noch erhöhen wird. Vor allem war das erschreckende Resultat erkennbar, daß die 12 Universitäten zur Hauptquelle des Terrors geworden waren. Auch der Fakt hätte den Staat zum Nachdenken Veranlassung geben müssen.

Bei der geographischen Verteilung der Terroristen konnte man ebenfalls von einer gewachsenen Position in den städtischen Gebieten Kairos ausgehen, denn die frühere Stärke in Oberägypten, wo immer noch der Schwerpunkt lag, war nun beinahe in der Hauptstadt aufgeholt. Man schätzte die Potenz der in Kairo in Zellen organisierten Kräfte der Terroristen auf 31,7%, während er in Oberägypten bei 55,1% lag. 1982 war man noch von 21% der Extremisten in Kairo ausgegangen. Die virulente Kraft der Studenten hatte sich angesichts der umfassenden Spannungen im Staat in der internen Organisationsstruktur entscheidend niedergeschlagen. Die Extremisten hatten langfristig gearbeitet und auch einige der Universitätsabsolventen nach Afghanistan zur militärischen Ausbildung geschickt, diese jungen Leute waren also keine Anfänger auf dem Gebiet. Insgesamt gesehen, braute sich zu Beginn der neunziger Jahre eine sehr explosive Situation zusammen. Dazu gehörten auch die Anstrengungen der zweiten Hauptterrorgruppe, der „Bewegung islamischer Heiliger Krieg", die sich von der anderen abgespalten hatte, um in absolut geheimer Aktion dazu beizutragen, das Regime zu stürzen. Sie bemühte sich prinzipiell nicht um eine enge Beziehung zu den Volksmassen, sondern setzte dahingehend den Schwerpunkt, daß die Machtergreifung nur mit der Armee durchführbar ist. Deshalb arbeitete sie daran, in den bewaffneten Kräften des Landes Fuß zu fassen. Bei ihrer Entscheidung für den Weg waren die Extremisten unter Führung von Dr. Aiman az-Zawahiri davon ausgegangen, daß Ägypten ein Entwicklungsland ist und deshalb durch das Charakteristikum bestimmt ist, daß große politische Veränderungen nur durch das Eingreifen der Armee möglich sind. Diese stellt die einzig funktionierende Kraft dar. Dabei zog sie auch direkte Schlußfolgerungen aus der eigenen Landesgeschichte. Denn die Entwicklung der Juli-Revolution von 1952, in der die Monarchie beseitigt und eine Republik geschaffen wurde, ging ursprünglich von einer geheimen Zelle aus, die 1949 aus fünf Mitgliedern bestand. Anfang 1952 waren es bereits neun Offiziere, die sich intern Führungskomitee nannten. Von dem Kern, der sich allmählich erweiterte, wurde am 23. 7. 1952 die Revolution durchgeführt; drei Tage danach mußte der König abdanken und verließ das Land. Diese gewaltige Veränderung im Land führte eine Militärgruppe durch, sie nannte sich inzwischen Revolutionsrat, die am 27. 7. 1952 aus 14 Offizieren bestand. Nach der Machtübernahme erhöhte sich die Zahl der Mitglieder dieses Gremiums auf über hundert. Das sind die Erfahrungen Ägyptens, die von der „Bewegung islamischer Heiliger Krieg" genau studiert werden, sie sehen sich bestärkt, daß nur über das Militär die nachhaltigste Veränderung möglich ist, während die Volksmassen dagegen nur sehr schwer zu bewegen sind. Die Terroristen wissen natürlich, daß sich die Bedingungen für die Durchführung des Umsturzes nicht wiederholen. Doch waren sie auch 1952 nicht einfach, weil starke britische Einheiten noch im Land stationiert waren, vor allem in der Kanal-Zone, auf die sich der König zu stützen versuchte. Der britische Geheimdienst hatte in Kairo während des ganzen II. Weltkriegs seinen regionalen Schwerpunkt. Mister Simson, Sekretär in der britischen Botschaft, war der Geheimdienstchef zur Zeit der Revolution. Das würde heute alles anders aussehen. Vor allem betont die Terrorgruppe, daß erst die Militärerhebung den Massen die Ziele vorgeben kann, die sie bewegen und zu aktivem Handeln befähigen. So war es auch 1952. Die Massen gingen nicht für die nationale Unabhängigkeit sofort auf die Straße, erst als sich der Kampf um die Weiterführung der Revolution vertiefte, Fragen der sozialen Gerechtigkeit auftauchten, änderte sich die Haltung der Massen.

Deshalb befassen sich die Terroristen auch mit der ständigen Analyse der gesellschaftlichen Bedingungen. Vor allem sind sie sich im klaren darüber, daß die Mehrheit des Volkes begriffen hat, daß das gegenwärtige Regime nicht seine Interessen verwirklicht, weil es eine diktatorische Ordnung ist, die sich demokratisch verkleidet und das Land ausplündert. Aber es geht deshalb nicht auf die Straße. Das schwierige ist daran, daß sich das Bewußtsein ständig modifiziert und auch zielgerichtet von den Regierenden beeinflußt wird. Den Zweck haben die Wahlen, das Parteiwesen und die politischen Konflikte. Deshalb sind die Vorgänge ständig weiter zu analysieren, aber die Schwerpunktorientierung muß darauf gerichtet sein, daß man in den bewaffneten Kräften Positionen gewinnt. Dazu gehört die absolute Geheimhaltung aller Schritte, die Vermeidung jeglicher öffentlicher Verlautbarung. Daher realisiert die „Bewegung islamischer Heiliger Krieg" nur soweit Terrorangriffe, wie ihre Geheimhaltung nicht gefährdet wird. Deshalb unterschätzen oberflächliche Beobachter leicht ihre Gefährlichkeit. Denn für die Terrorgruppe zählt nicht die Quantität der Angriffe, sondern die Qualität bei der Durchsetzung ihres Ziels im Militär. Sie hat auch wenig Verständnis für die Taktik der „Islamischen Gemeinschaft", ständig den Konflikt mit dem Staat zu suchen. Das ist aus ihrer Sicht uneffektiv, verbraucht sinnlos zu viele Kräfte sowie Materialien und schadet der inneren Organisation. Diese kritische Meinung kam nicht öffentlich zum Ausdruck. Soweit ging der Konflikt nicht, auch fürchteten die Terroristen die Gefährdung ihrer Arbeit, wenn sie die Fragen publik machen würden. In internen Papieren, die um 1990 entstanden, wandten sie sich dagegen, Frauen mit Gewaltandrohung zum Tragen des Schleiers zu zwingen, ebenso stellten sie die Angriffe gegen christliche Kopten vom Nutzen her in Frage. Bewaffnete Auseinandersetzungen mit der Polizei fanden sie nicht effektiv, weil man damit immer die Aufmerksamkeit der Sicherheitsorgane wach hielt. Das war kein grundsätzlicher Streit mit der anderen Organisation, sondern aus politischen Überlegungen erwachsende Vorsicht. Warum sollte man Frauen und Kopten verärgern, wenn man sie für den Umschwung letztendlich braucht? Gegen die bestehende Ordnung ist der Schlag zu führen, daher ist nichts zu unternehmen, was die Geschlossenheit der Massen stört. Deshalb sollte man sich jetzt nicht mit Maßnahmen gegen das Trinken von Wein, gegen Videos und ähnliche Dinge abgeben, die zwar unter islamisch-rechtlichen Gesichtspunkten abzulehnen sind, aber die Schlacht richtet sich gegen das bestehende Staatssystem und nicht gegen die Verhaltensweisen von Menschen, denn letzteres sind doch nur Äußerlichkeiten. Auch verweisen die Extremisten der „Bewegung islamischer Heiliger Krieg" darauf, daß viele weltliche Dinge im Land nicht richtig sind, um die man sich aber jetzt nicht kümmern kann, mit nebensächlichen Fragen darf man sich nicht abgeben. Das bedeutete nicht, daß diese Organisation völlig unbeteiligt war an Terroranschlägen, sie verfügt über spezielle Kampfeinheiten, die den Namen „Angriffsspitzen" tragen und ca. 700 Mann umfassen sollen. Die werden aber nicht in der offenen Konfrontation mit der Sicherheit eingesetzt, sie sind vielmehr die operativ wirksamen Spezialisten. Sie konzentrieren sich auf die Zerstörung von wichtigen Militärobjekten durch Autobomben.

Ursprünglich hatten sie geplant, auch Soldaten und Offiziere, die Mitglieder in ihr sind, in die „Angriffsspitzen" aufzunehmen. Das erwies sich jedoch als unmöglich, weil der Dienst der Offiziere sie nicht zeitlich und örtlich beliebig einsetzbar machte und die zusätzlichen Fesseln, die ihre Tätigkeit charakterisieren, die Absicht noch mehr erschwerten. Darüber hinaus, das mußte man direkt befürchten, hätte die Einbeziehung der Militärperson dessen sofortige Enttarnung und akute Lebensgefahr bedeutet. Man einigte sich in der Führung der Terrororganisation, daß die Einbeziehung der Militärangehörigen nur bei Ausbruch der islamischen Revolution erfolgen soll. Doch, so war die überwiegende Ansicht, wird dem Augenblick eine Phase bürgerkriegsähnlicher

Auseinandersetzungen vorausgehen, in denen die Terrororganisationen ihre Führungsstärke unter Beweis stellen müssen und die Schwäche des bisherigen Regimes bloß zu legen ist. Die Konterrevolution liegt ebenfalls in der Etappe und ist mit harten Schlägen aufzureiben. Der staatliche Machtapparat zerfällt in der Situation in drei Kategorien, wobei nur eine von ihnen erbitterten Widerstand leistet, die Sicherheit nämlich, das zweite Drittel – die Polizei – wird sich neutral zu halten versuchen, und das letzte – die Bereitschaftspolizei – ist mit dem Umsturz einverstanden, beteiligt sich aber nicht daran. Die Massenproteste sind dann durch revolutionäre Aufrufe, Streiks und Demonstrationen zu entzünden. Diese Erwartungen und Überlegungen der Terroristen der „Bewegung islamischer Heiliger Krieg" erbrachten die Konsequenz, daß man sich in der Führung um bessere Geldquellen umsah sowie die Anstrengungen für eine moderne Ausrüstung forcierte. Diese Organisation hatte seit dem gemeinsam Kampf in Afghanistan die besten Beziehungen zu Usama b. Ladin. Doch scheint damals die Finanzierung durch ihn noch nicht so gut funktioniert zu haben, denn die Terroristen gingen gezielt dazu über, die verbesserte militärische Ausrüstung in Militärdepots in dem östlichen Landesteil zu rauben. Das tat man aber verdeckt, da man Militärs, die mit ihnen verbündet waren, für den Zweck wirksam werden ließ. Die Militärbehörden kamen nicht dahinter, wer der eigentliche Nutzer der Aktion war. Auf diese Weise bereiteten sich die Terroristen für die kommende Etappe vor, die, so glaubten sie überwiegend, wesentliche Fortschritte bei der Durchsetzung der islamischen Revolution bringt.

Die „Islamische Gemeinschaft" hatte ihre Maßnahmen auch intensiviert, um die Auseinandersetzung zu verschärfen. Fortschritte hatte sie bei der Qualifizierung ihrer Mitglieder gemacht. Sie verfügte jetzt nicht nur über militärische Fachleute, auch über Geheimdienstexperten, Spezialisten für das Sammeln von Informationen über bestimmte Personen und Gebäude, Experten für die Fälschung von Dokumenten aller Art und den Aufbau einer Datensammlung. 1991 griffen die Terroristen der „Islamischen Gemeinschaft" vor allem in Oberägypten an. Sie begannen mit Aktionen gegen die Polizei der Region. Zwischen Dezember 1991 bis Juni 1992 fielen 27 Beamte der Aktion zum Opfer. Im März 1992 kam es in dem Dorf Sinu, das im oberägyptischen Bezirk Dairut liegt, zu einem Massenmord an Christen, 14 Tote waren zu beklagen. Die Extremisten waren dadurch sofort mit der Polizei konfrontiert, was sich zu einer langfristigen Auseinandersetzung entwickelte. Wenige Wochen danach begannen andere Angehörige der Organisation in der Kleinstadt Isna, gelegen in dem Bezirk Qena, mit Aktionen gegen einige Bürger, vor allem richteten sich die Maßnahmen gegen eine Volkskunstgruppe, auch schüttete man in die Gesichter junger Frauen Chemikalien, weil sie sich nicht an die islamischen Kleidungsvorschriften wie den Schleier hielten. Dann zerstörten sie noch einige Einrichtungen des örtlichen Volksglaubens, der sich vor allem um Bäume und Steine rankte. Das ganze lief nicht friedlich ab, die Betroffenen wehrten sich, weil sie ihr angebliches Fehlverhalten nicht einsahen. Die Extremisten antworteten mit offener Gewalt und eröffneten das Feuer. Das Vorgehen rief wiederum die Polizei auf den Plan. Es kam zu Verhaftungen und zu brutalen Übergriffen der Sicherheit gegen die Festgenommenen. Einer von ihnen starb an den erlittenen Verletzungen auf offener Straße. Aus Rache gegen dieses Vorgehen brachten Terroristen der Gegend am 27. 4. 1992 einen Geheimdienstmitarbeiter um. Nun dauerte es nicht lange, bis die Sicherheit weiträumige Überprüfungen einleiten wollte, doch die Extremisten leisteten ihnen in Isna heftigen bewaffneten Widerstand, so daß der Angriff der Hüter des Staates stoppte. Wichtig an dem Vorgehen war die neue Taktik der Terroristen. Denn die militärische Konfrontation bestritten nur die Kräfte des Ortes Isna, die anderen in der Region angesiedelten Zellen beteiligten sich nicht daran und eröffneten in ihren Gebieten keine Operationen. Eine strenge Abgrenzung der Aufgaben und Pflichten herrschte, um nicht alle Anhänger grundlos in Gefahr zu bringen, gefangengenommen zu werden. Nur bei besonderer Veranlassung und auf Weisung der obersten Leitung konnte das Prinzip durchbrochen werden. Die kritische Haltung der Terroristen von der „Bewegung islamischer Heiliger Krieg" gegenüber solchen Aktivitäten kann man bestätigen, denn sie spitzten die Situation nur unnötig zu, kosteten Opfer und begeisterten nicht die Bevölkerung für die Sache der Terroristen. Solche Einsichten hatten jedoch die Verantwortlichen von der „Islamischen Gemeinschaft" nicht. Sie wollten den verhaßten Staat an allen Fronten angreifen. Deshalb mußte der Konflikt in Oberägypten weitergehen. Gleichzeitig aber ging man dazu über, in Kairo das Kampffeld für größere Operationen vorzubereiten.

Um aber zu zeigen, daß man wachsam und aktiv die Sache des Islam vertritt, ermordeten Terroristen der „Islamischen Gemeinschaft" am 6. 6. 1992 auf offener Straße den Publizisten Faraj Fuda. Man wollte damit alle jene kritischen Geister treffen, die es wagten, über den Islam in Ägypten eigene Gedanken zu entwickeln. Faraj Fuda war von Beruf ursprünglich Landwirtschaftsexperte, hatte aber erkannt, daß die Islamisierung seines Heimatlandes ein komplexes Problem ist. Er war nicht gegen den Islam, plädierte nur für eine sachlich-kritische Linie bei der Umsetzung islamischer Prinzipien in Ägypten. Eigentlich war er der Ansicht, daß sich seine Heimat überhaupt nicht in einen islamischen Staat umwandeln läßt. Damit hatte er wohl noch nicht die Extremisten auf sich aufmerksam gemacht, denn das konnte man als seine bloße Ansicht gelten lassen. Da er sich immer mehr mit dem Islam befaßte, und deshalb auch im „Spiegel" zu Wort kam, war Faraj Fuda auf Probleme der alten Geschichte gestoßen und schrieb ein Buch, aus dem er wichtige Teile publizierte, ehe es nach seinem Tod 1993 erschien. Das Thema war brisant und lautete „Die Zeitehe". Er wollte diese Eheform im alten Islam untersuchen. Was war die Zeitehe? Gegen Entlohnung der Frau schloß man die Ehe für eine bestimmte Zeit, eine Form der Prostitution also. Ganz klar ist die Tatsache, daß diese Eheform in vorislamischer Zeit in der Gegend von Mekka und Medina existierte. Im Koran gibt es (Sure 4 / Vers 28) eine Stelle, die sich vielleicht auf das Thema bezieht, doch von der islamischen

Orthodoxie seit der frühesten Zeit bestritten wird. Fuda hätte berücksichtigen müssen, daß der Konsens der islamischen mehrheitlichen Gemeinde in dem Punkt seit Jahrhunderten klar ist, daß der Prophet Muhammad keine Zeitehe kannte und deshalb auch keine Zeitehe eingegangen ist. So aber hat er ein Tabu berührt, wenn nicht sogar angegriffen. Auf 23 Seiten behandelt er allein diese Koranstelle, führt unwichtige Stimmen aus der Frühzeit an, die er aber nicht als solche bewertet, und stellt die für die Orthodoxie so bedeutungsvolle Frage, als wäre sie noch gar nicht richtig behandelt. Es war ein gewagter Schritt, den der Autor unternahm. Die Muslimbrüder, sonst weitgehend um Mäßigung bemüht, warfen ihm in Verlautbarungen vor, daß er ein Feind der islamischen Gelehrsamkeit ist. In ihrer Zeitschrift „al-i`tisam" (Die Bewahrung) beschrieben sie Faraj Fuda als Feind des Islam, der der Religion keine Ehrfurcht erweist, dessen Denken nicht rein ist und dessen Wort keine Würde kennt. Er hätte das als unverhohlene Drohung oder Warnung verstehen müssen. Es kam noch schlimmer. Zehn Tage vor dem Mord saß Scheich Muhammad al-Ghazzali, Angehöriger des Lehrkörpers der Azhar-Moschee, in einem Studienklub der Kairo-Universität und kündigte in nur leichtverstellten Worten den Mord an, indem er über Feinde des Islam sprach, die unser Herr bald beseitigen wird. Unmittelbar nach dem Verbrechen ereigneten sich zwei besondere Vorkommnisse, die auf ihre Weise die Erschütterung widerspiegelten, die in der Öffentlichkeit durch die Schandtat entstanden war. Plötzlich fand eine Sitzung des Klubs der Azhar-Gelehrten statt und widmete sich der rhetorischen Frage: Wer tötete Faraj Fuda? Das war nur eine sehr theoretische Problemstellung, denn sicher wußten einige Personen in der Runde recht genau, wer die Täter waren. Die Veranstaltung, die noch in eine Publikation einmündete, hatte eigentlich nur den Zweck, sich von dem Vorwurf reinzuwaschen, mit dem Mord irgend etwas direkt zu tun zu haben.

In einer gemeinsamen Erklärung sprachen sie sich für die Freiheit des Denkens aus und für den Meinungsstreit, der nicht in Gewalt auslaufen dürfe. Aber dann kamen doch unverblümt die alten Vorwürfe gegen den Toten zum Ausdruck. Seine Worte seien anormal gewesen und seine Gedanken gefährlich, die er in den Schriften darlegte. Deshalb, so gibt man zu, hat die Geistlichkeit auf die Bedrohlichkeit der Sache hingewiesen, das Schweigen darüber wäre nicht im Interesse des Islam gewesen. Ohne Bedauern konstatierte man auch, daß der Tote als Landwirtschaftsfachmann besser beraten gewesen wäre, wenn er über den Gegenstand seiner Spezialisierung Schriften verfaßt hätte. Man kreidete ihm besonders an, daß er in seinen Publikationen teilweise den ehrwürdigen Koran in unerlaubter Weise interpretierte und viele Aussprüche des Propheten verdreht habe. Erstaunlich dabei war auch die Tatsache, daß sich die versammelten Herren direkt mit den Terroristen solidarisierten, als sie dem Toten vorwarfen, seine Schriften gegen die Extremisten treffe auch sie, denn seine Angriffe gegen den Islam, gegen ehrwürdig überlieferte Glaubensgrundsätze und verehrte Gestalten der frühen Islamgeschichte berühren auch sie als Gelehrte. Damit solidarisierten sie sich indirekt mit den Kräften, die den Mord verübt hatten. Das beweisen auch ihre heftigen Angriffe, die sie gegen seine Vorstellungen von einem weltlichen Staat richteten, publiziert in anderen Schriften. Mit Schrecken registrierten sie seine entschiedene Absage an die religiöse Gesetzgebung, sie habe nichts in einem bürgerlich-verfassungsmäßigen Rahmen zu suchen. Deshalb war Fuda auch strikt für die Trennung von Staat und Religion, Religionsprogramme im staatlichen Rundfunk und Fernsehen lehnte er daher ab. Sicher war es im Interesse der Terroristen, daß die Gelehrten gegen solche Theorien strikte Einwände erhoben und sie als verwerflich bezeichneten. Unverkennbar kommt hier die breite Gemeinsamkeit des Denkens solcher Gelehrter und der Terroristen zum Ausdruck. Denn im Grundsatz, daß der Staat islamischer werden soll, sind sie sich nahe. Natürlich fehlte in der Runde auch der Scheich Muhammad al-Gazzali nicht. Er, der den Mord bereits vorher wußte, bemühte sich zuerst um etwas Mitleid für den Ermordeten, verfiel dann aber in seinen eigentlichen Tonfall, indem er Faraj Fuda vorwarf, daß er den Islam bekämpfte, um eine weltliche glaubenslose Welt zu errichten. Dabei entschlüpften ihm direkte Drohungen an die Adresse ähnlich Gesinnter, daß man sie so behandeln wird wie ihn, denn er war ein Extremist der besonderen Art, einer mit krankem Herzen. Das meinte der Gelehrte symbolisch. Vor allem aber nahm er dem Toten übel, daß der Islam für ihn keine Religion mehr war, sondern ein Moment der Landeskultur, reduziert auf islamische Bauwerke und dergleichen. Man merkte den Versammelten die große Erleichterung an, daß der ärgerliche Fall beseitigt war, so direkt sagte es keiner, aber die wortreiche Schilderung seiner angeblichen Missetaten konnte nur schlecht ihre Genugtuung verbergen, daß nun der Spuk vorbei war. Natürlich dachten sie an die weitere Perspektive und an die Gefahr ähnlicher Feinde des Islam. Deshalb publizierten sie ihre Diskussionen als warnendes Beispiel für die unabsehbare Zukunft. Während der Totenfeier für Faraj Fuda sagte einer der Anwesenden über dieses Buch der Azhar-Geistlichen, daß es das erste Mal ist, daß sich Ägypter über den Tod eines Menschen freuen und das noch in einem Buch festhalten.

Das zweite besondere Ereignis war, wie oben schon angedeutet, das Erscheinen des gefährlichen Buches von Faraj Fuda über die Zeitehe auf dem Markt. Im Januar 1993 kam es heraus. Der Herausgeber hatte sich nicht durch die Drohungen, Entstellungen und den Mord einschüchtern lassen. Im Gegenteil. Er stellte dem Text Faraj Fudas einige eigene Bemerkungen voraus, die deshalb so interessant sind, weil sie von dem Geist zeugen, der sich mutig und unverdrossen gegen Terroristen und ihre Verbündeten richtet. Er nannte seine Gegner mit klaren Worten die Terroristen des Teufels, die das Denken unterbinden wollen und jeden töten, der anderer Meinung ist. Ihre Vorstellungen sind nur durch Haß bestimmt, durch Feindschaft gegen den anderen und gegen das Leben. Natürlich wird von ihm auch richtig erkannt, daß der Angriff der Extremisten der Demokratie und den Menschenrechten gilt. Vor allem stellt er die besondere Prägung heraus, die Ägypten im Wesen bestimmt und sich gegen jede Form des Extremen wendet. Die Mischung ist es, alles was in der Geschichte politisch, kulturell und menschlich fruchtbar und ausgezeichnet war, macht die Persönlichkeit Ägyptens aus. Es ist deshalb pharaonisch, koptisch, arabisch, mediterran und menschlich, das kann nicht durch einen bewaffneten Islam ersetzt werden mit einer finsteren Ideologie, die feindlich dem eigenen Land gegenüber ist. Das sind Worte, die plastisch die Gefahr der kulturellen Verflachung und Einebnung durch den Extremismus verdeutlichen. Denn der geistige Terror geht mit dem bewaffneten Hand in Hand. Auch macht der Herausgeber auf den interessanten Fakt aufmerksam, daß der erwähnte Scheich al-Ghazzali einst zu der Sondereinheit der Muslimbrüder, einer militärisch organisierten Spezialtruppe, gehörte und daher das Töten frühzeitig gelernt hat.

In der Form erkennen wir auch hier die Frontlinie zwischen den aufgeklärten, weltoffenen Geistern des Landes, die mutig für ihre Sache streiten, und der islamischen Geistlichkeit mit ihren Hintermännern der verschiedenen Art. Mit diesen zwei Kulturen müssen wir heute in Ägypten rechnen, nicht immer so rein voneinander geschieden, doch als virulente Kräfte einer Auseinandersetzung mit ungewissem Ausgang. Überhaupt waren damals viele Dinge noch in einer Ambivalenz. Zum einen machten zahlreiche Bauchtanzlokale zu, weil sie die Angriffe von Extremisten fürchteten. Auch in besseren Stadtvierteln gab es plötzlich verschleierte Frauen. Das waren Hinweise auf eine breite Wirkung der Terroranschläge. Zwar hatte der Innenminister den Massenmord an Christen vom März 1992 als bedauerlichen Zwischenfall abgetan. Im Sommer des Jahres beschloß die Regierung jedoch verschärfte Terrorgesetze, Präsident Mubarak appellierte an das Gewissen der Menschen, für die gute Sache einzustehen. Was darunter zu verstehen ist, fragten sich die Menschen. Als im Oktober in Kairo und Umgebung die Erde bebte, viele der schlecht gebauten Häuser zusammenfielen, waren es islamische Gruppen, die zuerst vor Ort waren und kostenlos Decken, Lebensmittel und Medikamente verteilten. Von staatlichen Hilfsmaßnahmen merkten die Betroffenen so gut wie nichts.

Die Terroristen, vor allem in Oberägypten, töteten vom Juni 1992 bis zum Ende des Jahres 57 Polizeiangehörige. Insgesamt waren in dem Jahr 83 Tote durch Terrormaßnahmen zu beklagen. Vor allem auch die koptischen Christen in Oberägypten standen unter dem Druck der Extremisten, denn immer häufiger kam es zu Strafaktionen gegen sie. Die Menschen zu verstümmeln durch Knochenbrüche, ihre Schulen anzugreifen, so daß sie unter Polizeischutz gestellt werden mußten, und die Kirchen zu belagern, wohin sich viele flüchteten, das waren bevorzugte Methoden der Terroristen dort. Die Kopten sollten das Land umgehend verlassen. Die Führung der „Islamischen Gemeinschaft" gab gegen Mitte 1992 eine ihrer Erklärungen heraus, die den Titel trug „Über das gegenwärtige Verhältnis zwischen der islamischen Gemeinschaft und dem ägyptischen System". Darin stellte man die Behauptung auf, daß der Staat mit allen Mitteln der Gewalt versucht, die islamische Gemeinschaft zu vernichten. Dann kam man zur eigentlichen Frage und deutete an, daß die „Islamische Gemeinschaft" neue Maßnahmen ergreifen wird, die sich gegen die jüngsten Aktionen des Staates wenden. Die Auseinandersetzungen zwischen der Gemeinschaft und der Polizei hätten einen noch nie gekannten Grad von Schärfe erreicht. Das lag wesentlich daran, daß die Gemeinschaft, wie oben bereits belegt, Polizisten unter Feuer nahm, wo es ging. Die Erklärung wandte sich an die Öffentlichkeit und machte bekannt, daß der Innenminister des Landes die physische Auslöschung der Organisation angekündigt hat. Im Namen Allahs informierte man die Bürger, daß der Staat bei der Verfolgung der Terroristen ca. 50 ihrer Moscheen zerstört hat. Weiterhin seien in jüngster Zeit 27 führende Vertreter der Organisation getötet worden. Von den gefangenen Mitgliedern müssen ca. 80% Folter verschiedener Art ertragen. Die „Islamische Gemeinschaft" kündigte gesteigerte und neue Formen des Angriffs gegen den Staat an. Damit war eine Verschärfung der Konflikte vorauszusehen.

Der Staat suchte fieberhaft nach jenen Kämpfern, die aus Afghanistan zurückkamen, um sich den Terroristen anzuschließen. Im August 1992 fielen der Sicherheit einige dieser Leute in die Hände. Andere von ihnen standen im gleichen Jahr vor dem Militärgericht und wurden mit einer Ausnahme zum Tode verurteilt. Am 21. 10. 1992 schossen Unbekannte in dem oberägyptischen Dairut auf einen Touristenbus. Eine Britin wird getötet, zwei weitere werden verletzt. Was steckte dahinter? Die Terroristen hatten eigentlich ganz andere Ziele gehabt, sie wollten sich an der Sicherheit rächen, und waren deshalb gar nicht glücklich über das Ereignis. Jedenfalls erklärte die „Islamische Gemeinschaft" ganz entschieden, daß sie nicht für den Überfall verantwortlich sei. Damit sollte sich, so war ihre Ansicht, die Sache beruhigen. Doch die Angelegenheit verlief in eine andere Richtung. In Ägypten hatte sich der Tourismus zum devisenbringendsten Wirtschaftszweig entwickelt, als im Jahr 1988 1,9 Mio. Besucher in das Land kamen, war allen Politikern die Bedeutung dieses Geschäfts klar. Der Staat hielt sich strikt zurück bei dem Bau neuer Hotels, denn 1988 gab es nur 30 staatlich betriebene Hotels, 1992 waren es 37. Dagegen war die Privatwirtschaft groß eingestiegen, 1988 waren es 1295 und 1992 bereits 1383. Zum Teil waren auch reiche Ölmagnaten aus dem Golfgebiet daran beteiligt. Auf Grund der Bauleistungen und des verbesserten Angebots waren 1992 bereits 3,2 Mio. Touristen in das Land gekommen, den größten Anteil stellten die Europäer mit 48,5%, Amerikaner nur 7%. Nach den Schüssen auf den Reisebus in der Gegend von Dairut merkten zuerst die Hotelmanager der Privathotels die katastrophale Wirkung, denn die Absagen von Reiseunternehmen häuften sich. Der Anteil der Europäer sank 1993 auf 43,1% zurück, die Gesamtzahl der Touristen fiel auf 2,5 Mio. Bei den Übernachtungen war der Rückgang noch eindrucksvoller, denn von den 21 836 im Jahr 1992 waren in dem Folgejahr nur noch 15 089 übriggeblieben. Das Negativum schlug durch bis in die Gesamtbilanz aller mit dem Ausland gehandelten Waren und Dienstleistungen, deren Defizit erhöhte sich in dem Zeitraum von 1992 bis 1993 von 2,7 Milliarden auf 3,8 Milliarden Dollar.

Das war eine absolut verhängnisvolle Entwicklung für das Land. Als sich das Unglück, signalisiert durch die privaten Hoteliers, anbahnte, konnte der Gesamtschaden noch nicht erahnt werden, doch dämmerte es den Verantwortlichen im Staat, daß entscheidende Schritte zu tun waren. In aller Eile dachte man darüber nach, wie man die Situation retten konnte. Gut war es, daß Präsident Mubarak zufällig in der Zeit von Februar bis in den Herbst hinein, keinen Frontalangriff gegen die Terroristen angekündigt hatte, immer hatte er nur allgemeine Formulierungen gebraucht, wenig Genaues kam vor. Deshalb dachten die staatlichen Stellen, daß man vielleicht mit den Terroristen im geheimen eine Vereinbarung über einen Status vivendi treffen könnte, einen Vertrag, der die staatlichen Interessen sichern sollte. Nicht klar war man sich, wie weit man mit den erklärten Feinden gehen könnte. Es bildeten sich zwei Verhandlungsdelegationen. Auf der einen Seite standen islamische Gelehrte, die für die Terroristen agierten, auf der anderen arbeiteten einige Regierungsberater wie Ahmad Farraj, Informationsberater des Ministerpräsidenten. Allmählich schälte sich in den Vorrunden der Beratungen das Ziel des Staates heraus, die Einstellung der Gewalt durch die Terroristen zu erreichen. Beide Delegationen führten mehrere Gespräche mit dem Innenminister Abd al-Hakim Musa, wobei dessen Vorgehen mit dem Staatspräsidenten abgestimmt war. Langsam schienen sich die Standpunkte beider Seiten anzunähern, da brachten die Terroristen über ihre Vermittler neue Forderungen auf den Tisch. Zum einen verlangten sie jetzt, daß ihre verhafteten Führungskräfte freigelassen werden sollten. Zum anderen sollten ihre vom Innenministerium geschlossenen Moscheen wieder geöffnet werden. Soweit konnte der Staat noch zustimmen, dann aber kam eine Forderung, die nicht mehr akzeptabel war, weil die Folgen und Ausweitungen unabsehbar waren. Die Terroristen bestanden darauf, daß sie, wenn sie die Gewalt beendet haben, unbeschränkt öffentlich für ihre Ziele arbeiten können. Sie wußten sehr genau, daß die Forderung für den Staat unannehmbar war, da man auf beiden Seiten die schlechten Erfahrungen der Jahre 1985 bis 1990 gemacht hatte, wo sich die „Islamische Gemeinschaft" aus grundsätzlichen Überlegungen heraus auf die öffentliche Arbeit vor allem in den Moscheen beschränkt hatte. Sie hatte aber auch Konferenzen abgehalten, Verlautbarungen verteilt, Demonstrationen realisiert und Streiks organisiert. Doch waren manche der Demonstrationen, vor allem in Oberägypten, mit aggressiven Losungen gegen Christen verbunden, was nicht gerade den Frieden gefördert hatte. Das alles hatte die „Islamische Gemeinschaft" als rechtlich erlaubt betrachtet, sogar ihre Gewaltmaßnahmen vor allem gegen Frauen, die nicht den Schleier tragen wollten. Man konnte sich vorstellen, daß die staatliche Seite diesen Zustand nicht erneut haben wollte. Darüber hinaus waren Streiks sowieso auf Grund des Ausnahmezustands verboten. Die Vermittlungsbemühungen scheiterten an dieser letzten Forderung. Inzwischen weiß man, daß es die Auslandsführung der „Islamischen Gemeinschaft" war, die in den Verhandlungen durch den zusätzlichen Punkt den Abbruch der Gespräche bewirkte. Diese Leute im fernen Peschawar, es handelte sich um Muhammad Shauqi Islambuli, Tal`at Fuad Qasim und Abd al-Achir Hammad, stellten eine Art Gericht dar, das Terroranschläge festlegte, Personen zur Ermordung bestimmte und auch bei den erwähnten Verhandlungen verhängnisvoll mitwirkte. Denn die drei und ihre dortigen Ratgeber waren mehr oder weniger von der konkreten Wirklichkeit Ägyptens entfernt, waren oft auf schriftliche Berichte angewiesen, die veraltet waren, wenn sie eintrafen. So hatten sie eigentlich keine genaue Kenntnis von den Entwicklungsvorgängen in Ägypten, auch das tatsächliche innere Kräfteverhältnis entging ihnen. Deshalb hatte sich bei ihnen zu Beginn der geheimen Vermittlung der Gedanke, sogar die Überzeugung festgesetzt, daß der ägyptische Staat aus grundsätzlicher Schwäche heraus die Verhandlungen angebahnt hätte. Sie glaubten, daß er zu dem Schritt gezwungen war, weil er nicht anders konnte. Gleichzeitig überschätzten sie gewaltig die Stärke und Kraft ihrer „Islamischen Gemeinschaft" und glaubten, daß sie weitgehend durch ihren Kampf bereits das Geschehen im Land bestimmte.

Das waren alles Illusionen und Fehleinschätzungen gewaltiger Art, eine euphorische Stimmung muß die Männer befallen haben, als wäre bereits eine Situation eingetreten, die dem Sieg eine Chance eröffnen würde. In einem Punkt hatten sie die Lage richtig erkannt, daß nämlich die Anschläge auf ausländische Touristen den Staat empfindlich wirtschaftlich treffen. Auch dafür lagen ihnen sicher keine wirtschaftlichen Daten vor, die ihnen das genau besagen. Vielmehr waren sie durch die internationalen Meldungen auf die Tatsache verwiesen worden und konnten sie durch ihre eigene Erfahrung bestätigen. Ausgehend von den Angriffen auf die Wirtschaftskraft des Landes, kamen sie zu weiteren Maßnahmen, denn nach ihren Überlegungen muß auch die Investitionstätigkeit im Land reduziert werden, das könnte man durch Angriffe in Gestalt von Bombenanschlägen auf Banken in Ägypten erreichen. Beinahe hysterisch bestanden sie auf einer absoluten Steigerung aller Aktionen gegen den Staat, man wollte ihm so gewaltige Stöße versetzen, daß er endgültig zusammenfällt. Zwei Dinge veranlaßte die Führung selbst. Sie schickte aus dem sicheren Pakistan den Militär- und Geheimdienstexperten der Organisation Tal`at Jasin Hammam nach Ägypten, um die Angriffe und Anschläge noch effektiver, schneller und heftiger werden zu lassen. Darüber hinaus schleuste man auch eine ganze Schar von Angehörigen der Organisation mit ausgiebiger Afghanistanerfahrung ein. Auch die Gelder kamen, um eine bessere Bewaffnung zu erreichen. Financiers waren einerseits der Iran, aber auch Ibn Ladin. Damit entstanden langsam die Bedingungen, um auf einer erweiterten Basis die Schlacht zu führen. Durch gesteigerte Gewaltanwendung auf allen Ebenen sollte ein großes Chaos entstehen, aus dem dann heraus der Staat in seinem Grund erschüttert wird. Sicherlich gab es keinen konkreten Zeitplan dafür, doch herrschte bald die Meinung vor, daß man den Erfolg schaffen könnte.

Den Angriff auf die Touristen verurteilte der Schriftsteller Najib Mahfuz in seinem Artikel vom 10. 12. 1992 ganz entschieden. Er kritisiert darin auch den Geistlichen, der uns bereits bekannt ist. Dieser Gelehrte al-Ghazzali hatte anläßlich des Überfalls auf die Touristen ein islamisches Rechtsgutachten angefertigt, wonach gegen den Tourismus nichts einzuwenden sei, er sogar erlaubt ist. Damit stehen auch Leben und Eigentum des Touristen unter dem Schutz der Muslims. Das findet Najib Mahfuz zwar interessant, doch unzureichend. Denn er fügt entschieden hinzu, daß der ausländische Tourist aus freien Stücken Ägypten besucht, um sich einen aufrichtigen Wunsch zu erfüllen. Sein Besuch bei uns beweist seine Zuneigung zu unserem Land, dafür, so betont der Schriftsteller, müssen wir ihm dankbar sein. Daß die Touristen in unserem Land gewaltige Summen ausgeben, die für den weiteren Fortschritt ungeheuer nützlich sind, kann nur unsere Liebe für sie vergrößern. Dann geht er auf einige Vorbehalte ein, die offensichtlich von extremistischer Seite kamen, daß nämlich die Touristen mit ihrem Verhalten gegen die Traditionen des Landes verstoßen. Ihnen setzt er entschieden entgegen, daß auch wir Ägypter nicht frei von negativen Verhaltensweisen sind, denn finden wir nicht hier bei uns Wein und andere Alkoholika, ja sogar Betrunkene. Und da wollen wir die fremden Touristen kritisieren? Weiterhin sehen wir bei uns Glücksspiel, Unmoral und Bordelle, alles Erscheinungen, die gegen die islamische Lehre verstoßen. So macht er den Extremisten klar, daß sie sich erst mal um ihr eigenes Land kümmern müssen, ehe sie die Touristen kritisieren. Dann weist er auch noch darauf hin, daß es in Ägypten Negativa gibt, die in den Ländern, woher die Touristen kommen, weitgehend unbekannt sind. Das betrifft beispielsweise die Bestechung, Pflichtversäumnis und Nachlässigkeit, sie kennen auch nicht den Pfusch am Bau, der Hunderten bei dem jüngsten Erdbeben das Leben gekostet hat. Diese entschiedenen Worte setzt er jenen Meinungen einiger Theologen und Extremisten entgegen, doch fügt er noch zu dem Gelehrten al-Ghazzali mit seinem Rechtsgutachten über den Tourismus hinzu, daß zukünftig ein anderer Fachmann gewonnen werden müßte, der nämlich etwas zu unseren Schwächen aussagt und wie wir sie überwinden können.

Interessant war, daß er mit sicherem Blick die Handschrift der Terroristen erkannte, die am 21. 10. 1992 den Touristenbus beschossen hatten. Sie hatten sich noch nicht zu der Tat bekannt. Ihnen ruft er zu, daß ihr Verbrechen nichts mit Religion und mit dem Streit über Traditionen und Verhaltensweisen zu tun hat, ihnen geht es nur um politische Dinge, nämlich die Regierung zu stürzen, um selbst an die Macht zu kommen. Den Regierenden des Staates legt er nahe, mit demokratischen Mitteln die allgemeinen nationalen Interessen zu schützen. Damit hatte er unmißverständlich gegen die Geistlichen und Terroristen in einer für Ägypten lebenswichtigen Frage Position bezogen. Er entlarvte das Auftreten der Gelehrten als kleingeistige und wenig nützliche Aktion, die die wahren Probleme des eigenen Landes bewußt ausklammert, dafür aber bei den Touristen Gefahren für eigene Lebenstraditionen wittert. Auch das interne Zusammenspiel der Geistlichkeit mit den Extremisten war ihm offensichtlich. Während die einen für das brutale Verbrechen zuständig waren, bemühten sich die anderen darum, Vorbehalte gegen die Touristen zu lancieren, um den Mord zu einem Kulturkonflikt umzugestalten. Najib Mahfuz hatte sich damit wenig Freunde gemacht, das kümmerte ihn aber nicht. Auch der Staat wurde von ihm in die Pflicht genommen, denn die offizielle Lesart für die langsam immer stärker werdenden Angriffe der Terroristen war es, ausländische Kräfte dafür verantwortlich zu machen. Man deutete an, daß es der Sudan sein könnte, aber alle anderen Staaten, mit denen Ägypten ernstere Probleme hatte, erschienen auch in den vagen Formulierungen. Dem hält Najib Mahfuz am 17. 12. 1992 entgegen, daß der Extremismus einerseits etwas mit der Geschichte des Islam zu hat, wie er früher bereits ausgeführt hatte, nun aber macht er die Verantwortlichen aufmerksam, daß sich der Extremismus zum aktuellen Terror heranbilden konnte, hat konkret etwas mit der Wirtschaftskrise im Land zu tun, dort müssen wir suchen, nicht außerhalb unserer Grenzen. Was sehen wir in der Ökonomie des Landes? Da gibt es eine Fülle von Pleiten, Arbeitslosigkeit und Verzweiflung, Verdorbenheit, Hetzerei und Vertrauensmißbrauch bei Verantwortlichen. Die rechtlichen Mittel höhlt man aus, und die Rechtswege erweisen sich als unpraktikabel. Hier müßte die Heilung vom Terror einsetzen. Die Verhältnisse müßten rechtlicher und gerechter für Betroffene werden. Denn, so seine These, was hier im Gesellschaftlichen täglich an Terror geschieht, trägt zu dem bei, was die Terroristen treiben. Sei es, daß sie dadurch Zulauf gewinnen oder selbst daraus ihre Berechtigung ableiten. Dem Staat warf er auch vor, bei der Verfolgung der Täter immer weniger die Menschenrechte zu achten, so oft praktiziert man einfach nur Rache und Wut, damit sichert man nicht die Demokratie. Der Schriftsteller entwickelte sich aus dem distanzierten Betrachter der Dinge zu dem eingreifenden Verfechter von Offenheit, Gerechtigkeit und Demokratie.

Natürlich spielte auch die Sorge um sein Land eine große Rolle, denn er erlebte es, daß sich jeder Bürger mit der Erscheinung des Terrors befaßte, man konnte das Problem nicht umgehen, es setzte sich in den Köpfen fest, auch wenn man es negieren wollte. Im Dezember 1992 begannen Tausende von Polizisten und Sicherheitsleute mit der Durchsuchung des Elendsviertels Imbaba. Die Terroristen hatten ständig damit gerechnet, ihre eigene Anzahl möglichst klein gehalten und überwiegend Arme und Bedürftige in wichtige kommunale Ämter gesetzt, damit eine Fortdauer der eingeleiteten Maßnahmen möglich war. Empfangen wurden die Ordnungskräfte mit einem Hagel von Steinen, Flaschen und Molotowcocktails durch die Bewohner, auch brachte die Aktion eigentlich sehr wenig zu Tage. Die gesuchten Hauptakteure der „Islamischen Gemeinschaft" hatten rechtzeitig verschwinden können. Das einzige, was dem Angriff zum Opfer fiel, war die Druckerei der Terroristen. Hier erschien zur Verteilung in der ganzen Republik die Zeitschrift „Kalimat al-haqq" (Wort der Wahrheit), durch das Eingreifen der Sicherheit, die die

Druckerei zerstörte, endete die Publikation mit der siebenten Nummer. Als die Polizisten beinahe unverrichteter Sache wieder abgezogen, von Verwünschungen der Bewohner begleitet, stellte sich der bisherige Zustand wieder her, da die Extremisten ungehindert ihre Arbeit fortsetzen konnten. Zum Jahreswechsel hängten die Bewohner eine große Tafel vor den Eingang ihres Viertels, darauf standen die Namen von Sadat, dem ermordeten Parlamentspräsidenten Mahjub und den im Juni erschossenen Faraj Fuda, hinter den drei Namen hatte man mit fortlaufenden Püncktchen weitere Attentate angekündigt. Lange dauerte es nicht. Am 26. 2. 1993 explodierte in dem Kairoer Café „Wadi Nil" eine Zeitzünderbombe und tötete einen Schweden, einen Türken und einen Ägypter. Sie gehörten zu den 207 Todesopfern, die im Jahr 1993 in Verbindung mit dem Terrorismus zu beklagen waren. Die gewaltige Steigerung der Zahl machte deutlich, daß die scharfe Konfrontation zwischen der Staatsmacht und den Terroristen begonnen hatte. Richtig generalstabsmäßig begannen die Extremisten mit ihren Schlägen gegen die Polizei, Sicherheitsleute und Geheimdienstmitarbeiter in Oberägypten: Im März 1993 starteten sie in Aswan, in der Distriktstadt Minia im April 1994 und Suhaj folgte später. So konnten sie ihre Kräfte konzentriert einsetzen, die Gegner über das weitere Agieren desorientieren und in bestimmter Weise ein Überraschungsmoment nutzen. Erst am 23. 10. des Jahres brachte eine ägyptische Zeitung das Eingeständnis der Terroristen, für den Anschlag vom 21. 10. 1992 verantwortlich zu sein. In der Verlautbarung wandten sie sich übrigens auch an den Staat und erklärten sich bereit, die Angriffe auf Touristen einzustellen, wenn die Regierung ihre verhafteten Leitungsmitglieder freiläßt, die Folter an Gefangenen einstellt und die Arbeit in den Moscheen erlaubt. Das aber war alles zu spät und zu unaufrichtig. Denn am 8. 6. 1993 war ein Touristenbus auf der Fahrt zu den Pyramiden mit einem Sprengsatz beworfen worden. Der einheimische Fahrer starb sofort, unter den mehr als 20 Verletzten waren Briten und Syrer. Weitere Angriffsziele in Kairo waren Dienststellen und Banken.

Die Terroristen hatten sich verbesserte Technik zugelegt, sie nutzten jetzt den stoßunempfindlichen und deshalb leichter transportierbaren Supersprengstoff TNT, den sie mit Zeitzündern zur Explosion brachten. Vorher brachten sie eine kurze Erklärung heraus, die auch über BBC lief, darin kündigten sie Schritte gegen Investitionen einheimischer, arabischer und ausländischer Art an. Die entsprechenden Unternehmer forderte man auf, schleunigst ihre Tätigkeit in Ägypten einzustellen. Sogar an die Regierungen der Länder wandte man sich, die hier solche Projekte voranbringen, daß sie ihre Staatsbürger sofort abziehen. Das war natürlich ein Schritt, die Wirtschaft Ägyptens auch von der Seite der Auslandsinvestitionen schwer zu treffen. Diese Form braucht gerade Ägypten, nicht nur weil damit Arbeitsplätze entstehen, sondern auch entwickelte Technik und neue Verfahren in das Land kommen und damit die Modernisierung der Industrie voranschreitet. Sie ließen der Drohung auch die entsprechenden Taten folgen und konzentrierten sich dabei auf die beiden Städte Asjut und Kairo. Vor insgesamt zehn Banken explodierten Bomben und richteten teilweise fürchterliche Verwüstungen an, auch waren zahlreiche Opfer unter zufällig vorbeigehenden Passanten zu beklagen. Die Frage ist nun, ob sich die Auslandsinvestitionen verringerten und ob sich die entsprechenden Unternehmer durch die Aktion soweit verunsichern ließen, daß sie lieber den Rückzug aus dem ägyptischen Geschäftsleben planen. Aus heutiger Sicht muß man die Frage bejahen, wenn auch nicht allein die Bombendrohung diese Wirkung erbracht hat. Sicher war sie ein auslösendes Moment, dem sich andere zugesellten, so daß wir jetzt einen Rückgang der ausländischen privaten Direktinvestitionen um ein Drittel beobachten. Solche Erscheinung tritt nicht kurzfristig ein, obwohl die Ägypter von einem Etappenproblem sprechen, sondern ist Ergebnis einer längerer Verringerung. Denn auch Investzusagen von anderen Staaten gingen um 248 Mio. Dollar zurück. Das hat eine Ursache in der allgemein durch den Terrorismus gegeben Unsicherheit, aber ebenfalls sinken die Einnahmen Ägyptens aus dem Erdölgeschäft seit 1995 kontinuierlich und damit die Zahlungsmöglichkeiten. Die Schwierigkeiten des Landes zeigen sich auch in dem wachsenden internationalen Druck auf die Währung. Damit läßt sich konstatieren, daß die Bombenanschläge auf die Banken wesentlich dazu beigetragen haben, die Probleme für die ägyptische Wirtschaft tendenziell zu vergrößern. Das war damals noch nicht absehbar und wurde von der ägyptischen Seite heruntergespielt. Angesichts der Hoffnungen der Terroristen, wesentliche Erfolge bei der Schwächung des Staates zu erreichen, kam es auch zu gewissen Absprachen zwischen der „Islamischen Gemeinschaft" und der „Bewegung des islamischen Heiligen Krieges", damit zerschlugen sich gleichzeitig die Erwartungen der Regierungsseite, die von einer weiteren Spaltung beider Gruppen ausgegangen war.

Die „Bewegung" erklärte sich bereit, bei Wahrung ihrer eigenen Arbeitsmethoden die Kooperation zu intensivieren. Dabei spielte eine wesentliche Rolle, daß man baldige Fortschritte erhoffte. Die „Islamische Gemeinschaft" sprach noch von einer Voretappe, in der man sich befindet, das war also nicht die endgültige Konfrontation. Die Terroristen bemühten sich weiter, möglichst viele hochrangige Offiziere der Polizei zu erschießen, scheuten sich auch nicht, manchen Verantwortlichen von Polizei oder Sicherheit mitten in der Moschee während des Gebets zu töten. Dabei zeigte sich, welchen geringen Wert bei ihnen die Religion eigentlich besaß. Die Extremisten richteten auch Anschläge gegen hohe Vertreter des Staates. Ein Attentat auf den Ministerpräsidenten Dr. Atif Sidqi scheiterte jedoch, das gleiche traf zu auf den Anschlag gegen den Innenminister Hasan Alfi. In weiteren Aktionen töteten sie aber hohe Beamte zahlreicher Ministerien. Auch drei Mordanschläge auf Präsident Mubarak waren zu verzeichnen. Mitte des Jahres deponierten sie einen mit Sprengstoff beladenen PKW bei der Brücke in der Salem Salih Straße. Das Fahrzeug sollte bei dem Vorbeifahren der Wagenkolonne Mubaraks explodieren. Doch die Sicherheit entdeckte das Fahrzeug und erschoß einen der Organisatoren des Überfalls. Kurz danach unternahmen die Terroristen den zweiten Versuch.

Sie stellten ein Fahrzeug mit 600 kg Sprengstoff in der Nähe der Oktober-Brücke auf. Diesmal setzten sie einen ihrer Leute hinein, der bereit war, sein Leben zu opfern. Die Polizei sucht immer unbemannte und verlassene Autos. Doch die Autokolonne nahm einen anderen Weg. Den dritten Anschlag bereiteten sie auf dem Flugplatz der in der östlichen Wüste nahe bei der Grenze zu Libyen liegenden Ortschaft as-Salum vor. Das Flugzeug des Präsidenten sollte in die Luft gesprengt werden. Der Versuch jedoch scheiterte.

Konkret ergab sich 1993 bei der Zahl der 207 Todesopfer die Zusammensetzung, daß darunter 90 Angehörige der Polizei und Sicherheit waren, sechs Christen aus Oberägypten, drei ausländische Touristen, 39 Passanten und 69 Angehörige der Terrorgruppen. Die blutigen Auseinandersetzungen zeigten immer brutalere Züge. Denn auf beiden Seiten übte man jeweils Rache, ohne sich um rechtliche Belange zu kümmern. Der Staat setzte vor allem auf eine raschere Aburteilung, dazu gehörten die Todesurteile. Allein in dem Zeitraum zwischen Dezember 1992 und April 1994 wurden 50 Angehörige der Terrororganisationen hingerichtet. Wenn man die ganze Regierungszeit des früheren Präsidenten Nasser unter dem Aspekt betrachtet, gab es in dem Zeitraum von 1952 bis 1970 neun Todesurteile. Das beweist, wie sich die Lage gewandelt hat und wie hektisch der Staat bemüht war, die Abschreckung maximal aufrecht zu erhalten. Aber das Gegenteil erreichte er. Auch steigerte der Staat seine Bemühungen, mit Massenverhaftungen die Zahl der Täter zu reduzieren. In der Zeit bis Oktober 1993 kamen 48 000 Personen in die Gefängnisse, die wenigsten waren gesuchte Terroristen. Vor allem baute der Staat, das sollte sich in den weiteren Jahren nach stärker erweisen, immer mehr die Rechtlichkeit ab. Die Sicherheit förderte dadurch den Extremismus, daß sie immer offener alle rechtlichen Garantien im Umgang mit Gegnern, Verhafteten oder Sympathisanten beiseite schob und damit zerstörte. Folter, Verhaftung und Hinrichtung lagen auf der Linie, daß alles erlaubt war, aber das Recht der Verfassung oder anderer grundlegender Gesetze einfach nicht gilt. Erstaunliche Gegensätze ergaben sich zwischen Wirklichkeit und Rechtslage. Auch das Klima im Staat verschlechterte sich dadurch, daß die öffentlichen Freiheiten schrittweise eingeengt werden. Die Tendenz hält an. Leider werden dadurch politische und geistige Kräfte, die sich an dem Widerstand gegen den Terror beteiligen könnten, abgestoßen. Gleichzeitig aber redeten die staatlichen Vertreter, das hatte bereits Najib Mahfuz kritisiert, von der Terrorgewalt, daß sie im Verschwinden begriffen sei und nur eine bezahlte Minderheit noch Unruhe verbreite. Bezahlt hieß, daß sie vom Ausland geschickt wurden. Dann wieder sprach man von der eisernen Faust, die zuschlagen wird, um jede Abweichung von der Gesetzlichkeit zu unterbinden. Sieben Innenminister hatten seit den siebziger Jahren, als die „Islamische Gemeinschaft" entstand, bis 1993 von ihrer festen Absicht gesprochen, die bewaffneten islamischen Gruppen vernichtend zu schlagen. Sie hatten es aber nicht geschafft. In den achtziger Jahren hatten sie noch verlauten lassen, daß sie den Terror mit den Wurzeln ausrotten wollten und Gewalt gegen Gewalt angekündigt. Alle diese Formeln blieben gegenstandslos. Auf der anderen Seite war bei den Terroristen das Gefühl entstanden, daß man sich mit den Gewaltschlägen in einer wichtigen Phase befindet. So äußerte Tal`at Fuad Qasim von der „Islamischen Gemeinschaft" seine Überzeugung, daß sich der Kampf gegen das Regime in der Phase der Steigerung befindet, die zu dem Sturz der Macht führen wird. Trotz der Massenverhaftungen, der Todesurteile und Folter in den Gefängnissen hat der Staat keine entscheidenden Positionen regional oder politisch gewonnen. Die umfassende Konfrontation habe noch nicht begonnen. Er machte in dem Zusammenhang die interessante Bemerkung, daß seine Leute jetzt bereits in 18 von 24 Bezirken des Landes aktiv sind. Die Anschläge auf Touristen sollen weitergehen, um die Ökonomie des Landes, das sich in einer wirtschaftlichen und politischen Krise befindet, massiv anzugreifen. Man rechnet dann mit einem schnellen Kollaps.

Das waren Erwartungen, die nicht ganz den Tatsachen entsprachen, denn der Staat, vor allem sein Sicherheitsapparat, war durch die Morde an Polizisten schwer getroffen, doch stand er noch relativ stabil da. Die einheimische Gesamtproduktionsleistungen erhöhten sich von 35,6 Milliarden Dollar 1992 auf 42,2 Milliarden im Folgejahr, leider steigerte sich die Inflation von 9,7% auf 15% im gleichen Zeitraum. Deshalb war also nicht von einer akuten Wirtschaftskrise zu sprechen. Doch auch der Chef der zweiten Terrorgruppe, der „Bewegung islamischer Heiliger Krieg", Dr. Aiman az-Zawahiri, äußerte sich 1993 recht optimistisch. Die Aktionen in Oberägypten gegen Polizisten bewertete er als eine islamische Volkserhebung, alle Gegenmaßnahmen der Regierung scheiterten bisher. Das Unvermögen des Staates, seine Ordnung dort durchzusetzen, betrachtete er generell als ein gutes Zeichen für die Terroristen. Er glaubte, daß der Staat mit einem Schlag zusammenbrechen wird, daß es also keine allmähliche Krise gibt. Vor allem, so setzte er fort, muß in den Kreisen der Regierenden durch unsere Schläge ein Gefühl des ausweglosen Untergangs Platz greifen. Schwäche und Mutlosigkeit müssen in den Köpfen zum entscheidenden Faktor werden, damit ihre Handlungsspielräume enger werden. Alle diese Aussagen der Regierung und der Terroristen basierten auf Illusionen und falschen Prämissen, sie bedeuteten für die Zukunft des Landes eine weitere Eskalation der Gewalt. Im Juli erfolgte die Hinrichtung von sieben Terroristen, die wegen Anschlägen auf Touristenbusse verurteilt worden waren. Man erhenkte sie in den frühen Morgenstunden im Gefängnis des Appellationsgerichts. Angesichts dieser größten Hinrichtungsaktion seit Jahren rechnete man verstärkt mit weiteren Anschlägen. Mitte August passierte ein gescheiterter Anschlag auf den Innenminister, er wurde aber von Schüssen im Bauch und dem rechten Arm getroffen. Fünf Personen starben und 15 waren verletzt. Das Attentat war von der Gruppe „Bewegung islamischer Heiliger Krieg" verübt worden. Am 26. 10. 1993 stürmte ein Terrorist in das Restaurant des Kairoer Intercontinental-Hotels, beschimpfte die versammelten Gäste als Ungläubige und erschoß zwei Amerikaner, einen Franzosen und einen Engländer. Damit hatten sich die Extremisten wieder neue Opfer unter den internationalen Touristen ausgesucht. Die drei schweren Attentate dieses Jahres im Februar, Juni und Oktober bedeuteten im Hinblick auf den Besuch des Landes durch die Europäer den absoluten Tiefpunkt, denn nur 42,4% waren es noch in dem darauf folgenden Jahr 1994, die nach Ägypten kamen. Das brachte erneut ernste Belastungen für die Wirtschaft des Landes, die uns bekannt sind. Eine weitere Spirale der Gewalt war abzusehen, beide, der Staat und die Terroristen, bemühten sich, die Herrschaft über den Gegner zu gewinnen. Das war eigentlich für beide aussichtlos, da sie in dem Gebrauch der Mittel ihre Probleme hatten. Die Terroristen hatten zwar ihre Anhänger hoch motiviert, doch war ihre Zahl begrenzt und die Ausrüstung immer nur mit Schwierigkeiten zu bekommen.

Der Staat hatte zu ringen mit den Verlusten bei der Polizei und Sicherheit, die von dem einfachen Polizisten bis zu dem Minister reichten, er mußte die eingetretenen Lücken schließen und neue Mittel sowie Wege ersinnen, um den Kampf gegen die Terroristen zu gewinnen. Die Bilanz für den Staat fiel 1994 nicht gut aus, denn unter den 279 Opfern, die zu beklagen waren, gab es eine noch höhere Anzahl von Polizisten als im Vorjahr, es waren 94. Dazu kamen 12 koptische Christen und 41 unbeteiligte Passanten. Der Rest waren Angehörige der Terrorgruppen. Zu den getöteten Polizisten gehörten auch zwei Innenminister, einer von ihnen war Generalmajor Ziki Badr. Das waren ernste Verluste, die Fragen nach dem zukünftigen Weg aufwarfen. Selbst unter den Angehörigen der Sicherungsorgane gärte es, und Unzufriedene riefen nach Konsequenzen im Apparat. Auf Grund der fortlaufenden Verluste, den sich häufenden Klagen aus den eigenen Reihen und der sichtbar gewordenen Arbeitsprobleme, begann 1994 eine Polizeireform, die angesichts der drängenden Schwierigkeiten möglichst rasch durchgeführt werden sollte. Viel Zeit hatte man wirklich nicht, um sich neu zu orientieren. Lange Zeit hatte nach der Revolution 1952 die Armee die absolute Hauptrolle bei der Sicherung des Landes gespielt. Das betraf auch die Geldmittel, die dafür einzusetzen waren. So beliefen sich die Militärausgaben allein in dem Zeitraum zwischen 1968 und 1973 auf acht Milliarden Dollar. Die Ostgrenze zu Israel mußte unter allen Umständen gesichert werden. Die Summen fehlten dem Land bei seiner Entwicklung und bewirkten eine Fortdauer der allgemeinen Rückständigkeit. Dann kam aber mit den von den USA vermittelten Verträgen mit Israel eine neue Situation, denn nun garantierten die Vereinigten Staaten die gesamte Ostgrenze. Natürlich hatte die ägyptische Polizei unter den bisher dominierenden Umständen im Schatten gelebt. Als unter Präsident Sadat die wirtschaftliche Öffnung des Landes erfolgte, mußte die Polizei sich neu orientieren. Denn in dem ausbrechenden Konflikt zwischen dem Präsidenten und linken sowie nasseristischen Kräften kam Bewegung in die Gesellschaft. Die Polizei aber war in einem Dilemma, das sich bis in das Jahr 1994 erstreckte. Sie war für neue Aufgaben nicht mit dem heute erforderlichen Fachwissen und der notwendigen Technik ausgerüstet. Vor allem die entsprechenden Waffen fehlten und die Ausbildung war schlecht. Das erwies sich nicht zuletzt bei dem Attentat auf Präsident Sadat. Trotz der klaffenden Lücken in der Sicherheit schob man die Probleme vor sich her und meinte, daß die Mängel nur Einzelbeispiele seien. Dann ereigneten sich diese Dinge, die mit den Terroristen zusammenhingen: der Waffenraub aus Polizei- und Militärdepots, der sich häufende Einbruch bei Goldschmieden und Juwelieren, das Aufstöbern von Sprengkörpern, das Werfen von Molotowcocktails in christliche Kirchen, die Entführung christlicher Schulkinder in der oberägyptischen Stadt Minia, das Entwenden von Waffen der Polizisten, das Stehlen bestimmter Postlieferungen und offene Demonstrationen in den oberägyptischen Städten Asjut und Minia. Alle die Vorfälle brachte die Polizei nicht auf den Gedanken, daß dahinter eine straff organisierte geheime Gruppierung am Werk war. Man bemerkte nicht, daß sich die Terroristen damit effektiv vorbereiteten. Die Polizei hielt das alles für Einzelfälle, die keine Bedeutung hatten.

Die Bevölkerung hatte kein gutes Verhältnis zur Polizei, das war Tradition. Denn bereits einer der Gründerväter des modernen Ägyptens hatte kritisch angemerkt, daß die Menschen des Landes die Polizei ansieht wie der Vogel seinen Jäger, sie waren die Gejagten. Das hatte auch geschichtliche Züge, denn im I. Weltkrieg unterstand die Polizei einem britischen General, die Bestrafung der Bürger durch die Truppe gehörte zu den Tagesaufgaben. Sie schlugen die Menschen mit Stöcken auf die Füße, einige band man zusammen wie Pferde und trieb sie die Straße entlang. Diese Übergriffe setzten sich in den dreißiger Jahren fort und prägten das Bewußtsein der Bürger. Die Polizei begann ihre Reform mit einer schonungslosen Analyse ihrer Fehler und Schwächen. So deckte man den Mißstand auf, daß, als am 6. 6. 1992 Faraj Fuda auf offener Straße erschossen wurde, kein einziger Polizist in dem Moment in dem ganzen betreffenden Stadtviertel anwesend war. Den Angeschossenen hatte damals ein mutiger Autofahrer in seinen Wagen gezerrt, um ihn schnell zu einer Polizeistation zu bringen, die das Weitere veranlassen sollte, doch er fand keine. Auch tauchte kein Polizeiauto am Ort des Verbrechens auf, um durch Fachleute den Fall aufzunehmen. Solche rasenden Überfallwagen der Sicherheitsorgane sahen die Bürger nur in amerikanischen Filmen des Fernsehens. Die Untersuchung der Polizei förderte auch zu Tage, daß in bestimmten Punkten die Terroristen besser ausgerüstet und gründlicher ausgebildet sind. Das waren erschreckende Tatsachen. Nun entschloß sich die Staatsführung, größere Summen von der Armee abzuziehen und damit die Polizei auszustatten. Man spricht von ca. 130 Mio. Dollar. Jetzt erhielt sie moderne Autos in allen Teilen Ägyptens, die mit neuen technischen Voraussetzungen für effektive Arbeit ausgerüstet waren. Sogar Hubschrauber konnte nun die Polizei einsetzen, um in Oberägypten die Terroristen besser verfolgen zu können, denn flüchtende Extremisten versteckten sich oft in hoch gewachsenen Zuckerrohrpflanzungen. Das waren die ersten wichtigen Schritte. Dann bemühte man sich um eine bessere Ausbildung. Dazu gehörte die Waffentechnik, die ganze Breite der Spurensuche und -sicherung, aber auch die generalstabsmäßige Beobachtung der Terroristen. Ganz neue Einheiten schuf man bei der Polizei, die sich damit zu befassen haben, welche Verbindungswege die Terroristen benutzen, was für finanzielle Quellen sie haben und wie am besten Führungsmitglieder zu fassen sind. Landkarten erstellte man, auf denen die Stützpunkte und Hauptbewegungen der Terroristen mit aller Gründlichkeit abzulesen sind. Nun entwickelt man auch Pläne, wie in das Ausland geflüchtete Terroristen am besten zurückzuholen sind. Gerade diese Methoden sind bis heute sehr perfektioniert worden und bilden jetzt einen wichtigen Teil der Außenpolitik des Landes.

Meist waren erst die Kooperationsbeziehungen mit anderen Staaten auf dem Gebiet aufzubauen. Das war teilweise ein schwieriger Prozeß, weil auch Abkommen über die Auslieferung bestimmter Personen erst auszuhandeln waren. Einen ersten Härtetest mußte die Polizei bei der Weltbevölkerungskonferenz bestehen, die 1994 in Kairo stattfand. Vertreter aus 183 Staaten waren anwesend. Zwar gab es Drohungen der Extremisten, aber die Polizei konnte während der ganzen Dauer der Konferenz erfolgreich verhindern, daß sich ein Anschlag ereignete. Doch sah es auf dem Land anders aus, denn die Terroristen verübten seit März 1994 Anschläge auf drei Personenzüge in Oberägypten, 12 ägyptische Reisende sind dadurch verletzt worden. Ende Februar waren bei einem Bombenanschlag auf den Expreßzug Kairo–Luxor in der Gegend um Asjut fünf Ägypter und fünf Touristen, darunter eine Deutsche, verletzt worden. Am 4. 3. 1994 wird eine deutsche Touristin tödlich getroffen, als ihr Kreuzfahrtschiff in dem gefährlichen Distrikt von Asjut vom Nilufer aus unter Beschuß genommen wurde. Bittere Tage waren dies für das Land. Auch der Schriftsteller Najib Mahfuz machte sich in einem Artikel vom 3. 4. 1994 dazu seine Gedanken, denn ihn beschäftigten die Ereignisse auf das heftigste. Er lehnte die Terroristen ab, weil sie gegen alles Neue sind, gegen die westliche Kultur, gegen eine neue Sicht des Menschen. Aber warum sind sie jetzt so aktiv? Er geht der Frage nach durch die neuere Geschichte, geht der Frage nach durch die neuere Geschichte, die er durchlebt hat. Nach der Revolution von 1919 lebte das Land auf, kein Extremismus existierte. Gleiches war zu beobachten in der Nasser-Zeit, vor allem in ihrer ersten Hälfte, das Land stellte eine führende Kraft der Nichtpaktgebundenen in der Welt dar und baute im Inneren ein neues Leben auf, es gab keinen Terrorismus. Wenn man aber die wirtschaftliche Öffnung Sadats mit seinen Neureichen, den fetten Katzen, und die gegenwärtige Wirtschaftskrise des Landes sieht, dann kann man daraus ableiten: Wenn es in Ägypten wirtschaftlich und politisch aufwärts geht, gibt es keine Gewalt von Terroristen. Wenn die Entwicklung abwärts geht, tauchen diese Gestalten des blutigen Terrors auf.

Wodurch war die Gegenwart bestimmt? Die Krise hatte viele Bereiche der Wirtschaft erfaßt, da allein aus dem Tourismus 38% weniger Einnahmen kamen. Das waren die aktuellen Ursachen. Dazu kam eine despotische Willkür im Politischen, die sich hinter wohlklingenden Worten verbarg. So hatte der Präsident Anfang des Jahres einen nationalen Dialog angeregt, er hatte wohl gemerkt, daß sich die Gesamtverhältnisse im Staat weiter zuspitzten. Dem sollte dieses Mittel entgegenwirken. Als aber am 1. 6. 1994 das Vorbereitungskomitee für den nationalen Dialog zusammentrat, zeigte sich bald das wahre Gesicht der Angelegenheit. Denn in dem erwähnten Komitee war man wahrhaftig der Meinung, daß für den nationalen Dialog nur die zwei Parteien in Frage kommen, die im Parlament vertreten sind und auch die Regierung bilden. Eine Volksmeinung wollte man gar nicht haben, aber auch nicht die 10 Parteien, die durch allerlei Tricks, sei es durch Neufestlegung von Wahlkreisen oder die hohe Hürde der 8%, aus dem Parlament ausgeschlossen waren. Was war das für eine Demokratie? Natürlich hatte man auch die Massenorganisationen des Landes bei dem geplanten Dialog vergessen. Die ausgeschlossenen Parteien waren nicht unsichtbar und bedeutungslos, denn manche von ihnen wie die Partei „der Freien“ gab sechs Zeitungen, darunter „Der ägyptische Arbeiter“ und „Der ägyptische Bauer“, heraus und beeinflußte damit recht geschickt auf indirekte Weise die Öffentlichkeit, denn jedes der Blätter war völlig unabhängig in seiner Arbeit. Als sich die Kritik an dem Vorgehen der Staatspartei des Präsidenten von allen Seiten verstärkte, kam man dann doch doch auf den Gedanken, die Basis für den Dialog zu verbreitern. Aber bis dahin war bereits politisch so viel Porzellan zerschlagen worden, daß manche der 10 Parteien ihre Mitarbeit verweigerten. Das war der nationale Dialog. Die Bevölkerung interessierte diese Vorgänge äußerst wenig. Mehr war sie an einem Problem interessiert, das 1994 erstmalig auftauchte und viel Ärger und Sorgen bereitete, der Verkauf der Staatsbetriebe, ihre Privatisierung also. Einige Wirtschaftler hatten die Regierung überzeugt, daß man diesen Weg gehen muß, um die Wirtschaft zu effektivieren. Besonnene Kommentatoren in der Presse warnten davor, rosige Zeiten für die Zukunft durch Privatisierung anzukündigen. Diese Kapitalisierung sei nicht das verheißene Paradies, sondern ein gefahrvoller Schritt, weil Ägypten weder stark genug, noch erfahren genug sei, die damit verbundenen Probleme zu meistern. Denn die kapitalistische Wirtschaft ist im Grunde auf die Steigerung der Produktion orientiert, wo diese nicht eintritt, erhöhen sich die Probleme. Gerade die Umstellungsschwierigkeiten von Betrieben seien nicht zu unterschätzen. Dabei verwiesen die Kommentatoren auch auf Deutschland, wo im Osten des Landes ehemalige Staatsbetriebe privatisiert wurden. Sie machten darauf aufmerksam, daß sich die Arbeitslosigkeit in dieser Hälfte Deutschlands nach Experten bis zum Jahresende 1994 vervierfachen wird. Natürlich entgeht diesen arabischen Journalisten nicht, daß die krisenhafte Entwicklung auch politische Folgen bei kommenden Wahlen erbringen wird. Wenn man das Szenarium auf die ägyptischen Verhältnisse überträgt, dann ist vor allem zu konstatieren, daß in Ägypten das sozialpolitische Netz fehlt, das in Deutschland und anderen Industriestaaten vorhanden ist. Deshalb ist nach Ansicht vieler Journalisten nur eine sehr behutsame Vorgehensweise in dem wirtschaftlichen Bereich zu empfehlen.

Im Juni forderte ein Scheich der Azhar zu einer größeren Beachtung des Schleiers in der Öffentlichkeit auf, Sha`rawi war sein Name. Das führte zu großen Kontroversen in der Presse. Linke Blätter attackierten ihn als das größte Übel des Landes. Andere wiesen auf den ernsten Fakt hin, daß solche Ansichten und Forderungen eigentlich von einer rückständigen Sichtweise zeugen, denn die Frau reduziert man darauf, die Begierde des Mannes zu erregen, deshalb soll sie verschleiert werden. Das ist falsch und überholt, da Frauen in überfüllten Universitäten studieren, in Fabriken und Regierungsdienstellen arbeiten. Die Frau ist gezwungen, sich einen Arbeitsplatz in Konkurrenz zum männlichen Bewerber zu erkämpfen. Was soll da die alte Forderung nach dem Schleier, wo Frauen Minister und Professoren sind. Natürlich war allen Diskutanten klar, daß hier eine Frage erörtert wurde, die die Terroristen ebenfalls sehr ernst nahmen und der sie mit brutalem Nachdruck zur Geltung verhalfen. Vielleicht war deshalb auch der Streit in der Öffentlichkeit so bitter und ernst. Vor allem die Stimmen überwogen, die dagegen waren, die Frau auf ihre Reize zu reduzieren und nicht nach ihren schöpferisch-geistigen Fähigkeiten zu fragen. Schickt man in den USA nicht hoch qualifizierte Frauen in das Weltall, was soll das islamische Festhalten an verlogenen und überholten Verhaltensweisen. Manche warfen dem Scheich auch Verbindungen zu den Terroristen vor und fragten ihn, warum er sich so um den Schleier kümmert, wo es doch ganz andere Pflichten des Islam gibt wie den ständigen Wissenserwerb, für die sich der Geistliche jedoch nicht einsetzt. Der Konflikt hatte auch deshalb eine bisher nie gekannte Schärfe bekommen, weil sich der seltsame Fakt in Kairo ergeben hatte, wo sich die Zeitung „ash-sha`b" (Das Volk), bezahlt von anonymen Geldgebern, zu einem Sprachrohr fundamentalistisch-terroristischer Ansichten wandelte. Nun gab es eine Pressestimme, die beinahe unverblümt, aber geschickt, die Sache der Extremisten in aller Öffentlichkeit vertrat. An die Massen wandte sie sich mit Warnungen vor der Unmoral der Touristen. Mit islamischen Losungen und Forderungen, so die Rechnung der Financiers, konnte man bessere Einnahmen erzielen als in anderer Weise. Der Erziehungsminister Baha`ad-Din hatte mit Zustimmung des Parlaments eine Neuregelung der Schulkleidung beschlossen, denn in ägyptischen Bildungseinrichtungen ist eine einheitliche Bekleidung der Kinder vorgeschrieben. Die Neuregelung war notwendig geworden, weil manche der Mädchen in den ersten Klassen mit Kopftüchern erschienen. Das Neue bestand darin, daß jedes der Mädchen eine schriftliche Bestätigung von seinem Erzieher vorlegen mußte, wenn es die nicht gab, war das Kopftuch im Sinn einheitlicher Schulkleidung zu entfernen. Der Schleier war und blieb verboten. Mit dem Beschluß wollte man vor allem verhindern, daß islamische Gruppen die Kinder zum demonstrativen Tragen der Kopftücher aufhetzen konnten. Auch Lehrer standen unter dem Verdacht solcher extremistischen Aktivitäten. Die Zeitung „Das Volk" rief gegen diese angebliche Willkür die Bevölkerung zum aktiven Widerstand auf, mit Bürgerkrieg drohte man fast. Ziel dabei war vor allem, die staatliche Ordnung als ketzerisch und feindlich anzuprangern. Mit der Wahrheit hielt man es nicht so genau und verkündete, daß der Erziehungsminister das Kopftuch in der Schule verboten habe. Die Terroristen hatten offensichtlich ihre Finger in der schulischen Angelegenheit und sahen sich nun durch die Entscheidung des Ministers ausgebootet. Der Protest der Zeitung lag ganz genau in ihrem Sinn. Die erfand auch weitere Geschichten. So sei ein Schulinspektor, der Mädchenschulen den Schleier empfohlen hatte, angeblich strafversetzt worden. Andere Dinge im Schulleben interessierte die Zeitungsschreiber nicht. Nur zu dem Fremdsprachenunterricht an Schulen nahmen sie einige Male Stellung, wobei ihre sinnlose und hetzerische Art erneut bemerkenswert war. Denn der Unterricht in Englisch stellt für viele Kinder die entscheidende Voraussetzung dar, im zukünftigen Berufsleben eine Stelle zu bekommen. Die Zeitung ging auf solche Fragen inhaltlicher Art gar nicht ein, sondern bemühte sich, den Eindruck zu erwecken, als sei das Arabische als Unterrichtssprache gefährdet. Es läge dem Staat alles daran, die eigene Muttersprache möglichst schlecht zu machen. Die Leute, die hinter der Zeitung standen, hatten offensichtlich sehr gute Verbindungen zu der hohen Geistlichkeit des Landes. Denn vielen in Kairo fiel auf, wie schnell sich die Gelehrten zu dem Streit um die Kopftücher äußerten. Die Kommission für religiöse Rechtsgutachten ist grundsätzlich überlastet, weil ihr aus allen islamischen Ländern komplizierte Fragen zugesandt werden. Im Fall des aktuellen Streits kamen mehrere sich ergänzende Stellungsnahmen in kurzer Folge. Da gab es ein erstes Gutachten, das zum Inhalt hatte, daß Mädchen ab dem 15. Lebensjahr ein Kopftuch tragen sollen. Zum Erstaunen der Öffentlichkeit folgte wenige Tage das nächste, in dem den Mädchen die Teilnahme an sportlichen Aktivitäten wie Schwimmen, Tennis und Ballspielen untersagt wurde. Diese gesteigerte Aktivität mußte sehr verwundern und legte auch ein Zusammenspiel mit den Terroristen nahe. Wie eng hier die Gemeinsamkeiten waren, hatte sich gerade auf der jährlichen Buchmesse in Kairo gezeigt, wo diese Kommission der Azhar die Forderung erhob, Bücher, die gegen die islamische Lehre Aussagen machen, auszuschließen. Dazu sollten auch die Texte von Faraj Fuda gehören.

Die gemeinsame Gegnerschaft gegen seine Schriften war ein entlarvendes Zeichen. Manche Journalisten in Kairo fragten bereits, ob das Land durch die Rechtsgutachten der Gelehrten wieder zurück in das 13. Jahrhundert versetzt werden sollte. Auch ergab sich das Problem, wie weit die Regierung noch einen eigenen Spielraum besitzt, wenn die Gelehrten bei passenden Gelegenheiten ihre Gegenposition formulieren. Die religiösen Rechtsgutachten waren von ihrer Natur her für den Staat nicht verbindlich. Doch steht in seiner Verfassung der Fakt, daß islamisches Recht die wichtigste Quelle der staatlichen Ordnung ist. Daher konnte er diese Aussagen nicht ganz negieren. Für die Zeitung „Das Volk" war es höhere Gerechtigkeit, daß sich solche Stellungnahmen ergaben. Die Terroristen ihrerseits konnten zufrieden sein, denn die Formulierungen der Geistlichkeit entsprachen ihrer Zielsetzung, den Schleier und das Kopftuch zum Symbol für ihre Macht über das ägyptische soziale Leben zu erheben. Der Schleier wurde damit zu einem politischen Faktor. Das Klima war durch solche Losungen vergiftet. Die Terroristen hatten zwar eine Niederlage erlitten, in dem der Erziehungsminister ihre direkte Einflußnahme auf die Kinder verringerte, aber die Aktivität der Azhar-Gelehrten bedeutete Hoffnung für sie. Tatsächlich brachten diese eine dritte Stellungnahme heraus, welche die sehr gefährliche Kernaussage enthielt: Es wird das Entblößen und die Entschleierung für muslimische Frauen untersagt. Der Text endet noch mit Drohungen dahingehend, daß Bürgerkrieg und Unruhen möglich sind, wenn der Erziehungsminister seinen Beschluß nicht revidiert. So etwas hatte es noch nicht gegeben. Im Klartext hieß dies doch, wenn ihr den Beschluß nicht beseitigt, kommt es zu Massenbewegungen gegen den Staat. So weit hatten sich die Gelehrten bisher noch nie vorgewagt. Damit erhob sich diese Azhar-Kommission zu der Kraft, die einen Ministerbeschluß korrigieren kann. Bedenkliche Zeiten. Zum Glück war allen Bürgern des Landes klar, daß das noch nicht die höchste Gefahr darstellt, doch am glücklichsten konnten die Terroristen sein. Der Staat war nun gefordert, die richtigen Schritte zu unternehmen. Denn es durfte nicht geschehen, daß die Macht aus den Händen der verfassungsmäßig Verantwortlichen, die vom Volk gewählt wurden, in die Kommission der Azhar übergeht. Die Terroristen sahen für ihre Ziele verbesserte Möglichkeiten, wenn die Position des Staates revidiert oder geschwächt wird. Eigentlich war das offene Zusammenspiel der Azhar, der Zeitung „Das Volk" und der Extremisten bestens gelungen. Viele Ägypter verstanden es auch so, daß in dem Konflikt mit den Terroristen die Azhar an deren Seite getreten war. Einer, der diese Tatsache genauso erkannte, war der Schriftsteller Najib Mahfuz. Als exakter Beobachter der politischen und kulturellen Szene schrieb er am 4. 8. 1994 einen Artikel über die Geistlichen und ihre Tätigkeit. Dabei hebt er auf der einen Seite deren überragende Bedeutung hervor, die sie für das geistige Leben der Gesellschaft spielen, dann jedoch kommt er auf die aktuelle Lage zu sprechen. Dabei schreibt er, daß das terroristische Gedankengut Einfluß bekommen hat bei den Geistlichen, womit dem Islam ein schlechter Dienst erwiesen wurde. Zwar darf man den Glauben an die geistliche Führung nicht ganz aufgeben, doch macht er bedrückt darauf aufmerksam, daß der Terrorismus die Moscheen beherrscht und die Massenmedien, ja sogar die religiöse Lehre hat seine Züge angenommen. Was bleibt zu tun? Er schlägt vor, die islamische Religion neu zu konzipieren, damit sie wieder ihren richtigen Weg findet. Inhaltlich regt er an, daß sich die Theologen mehr mit der Demokratisierung des politischen Islam befassen, damit die Zukunft besser verstanden wird. Die gesellschaftliche Gerechtigkeit gehört auch in die islamische Theologie, genau wie die Freiheit, das Denken, die unabdingbaren Menschenrechte, die Arbeit und die Industrieproduktion. Das sind alles unverzichtbare Bestandteile einer Erneuerung der islamischen Theologie aus seiner Sicht.

Besorgt fragten sich die Bürger aber, ob nicht das Urteil der Gelehrten schon der Anfang vom Bürgerkrieg sei. Denn die Aussichten auf eine Herrschaft der Extremisten rückte unter diesen Verhältnissen näher. Man erkennt daran, wie groß die Möglichkeiten der Terroristen waren, auf vielen Feldern ihre Ziele zu formulieren und teilweise durchzusetzen. Die Zeitung „Das Volk" war hoch erfreut über die letzte Stellungnahme der Azhar-Gelehrten. Das war zwar verständlich, sollte aber nicht sehr lange dauern. Die Diskussionen der Menschen drehten sich vor allem darum, ob mit den Methoden der Gelehrten der Weg beschritten werden soll, eine islamische Gesellschaft zu errichten, nachdem die blutigen Angriffe der Terroristen mit demselben Ziel nicht erfolgreich waren. Sie wußten meistens nicht, daß es eine geheime Abstimmung zwischen dem Azhar-Zentrum und den Extremisten gab. Doch ereignete sich am 23. 8. 1994 eine kleine Sensation, denn das Oberverwaltungsgericht des Landes hob die Verordnung des Erziehungsministers über die Schulkleidung auf. Als Begründung hieß es in dem Urteil, daß die getroffene Regelung des Ministers von großer Umsicht bei diffizilen Problemen des Persönlichkeitsrechts zeugt, aber die Bedeutung der darin behandelten Fragen gebietet, daß man sie in einen Gesetzestext umgestaltet. Damit würdigte das Gericht ausdrücklich die Absicht der Maßnahme und auch den Inhalt. Vor allem hob man auch hervor, daß darin Freiheitsfragen berührt werden, die eines gesetzlichen Rahmens bedürfen. Für die Regierung war das eine große Erleichterung. Sie konnte ihr Gesicht wahren, da sie die Regelung nicht selbst ändern oder zurückziehen mußte. Die Azhar-Scheichs und die dahinter stehenden Terroristen hatten vor der Verkündung des Urteils weiter Stimmung gemacht, indem sie forderten, alle Veranstaltungen an Schulen abzusetzen, wo Jungen und Mädchen gemeinsam auftreten wie Reisen, Ausstellungsbesuche und Sportveranstaltungen. Das Thema war plötzlich verschwunden in dem Blatt, als das Urteil am 23. 8. 1994 bekannt wurde. Für die Extremisten aller Couleur stellte das Urteil eine schwere Niederlage dar. Durch die Offenlegung ihrer Gemeinsamkeiten hatte sich vor allem die Azhar-Kommission stark desavouiert, denn mit ihrer Drohung eines Bürgerkriegs hatte sie nicht nur ihre Kompetenzen stark überschritten und damit ihre Glaubwürdigkeit in Frage gestellt, sie mußte auch fürchten, daß sich ihre Beziehungen zum Staat nicht sobald wieder sachlich gestalten werden. Intern lößte sie die Probleme so, daß sie einen Personenwechsel in der Führung ihrer Kommission praktizierte und damit hoffte, die Schwierigkeiten ausgeräumt zu haben.

Daß die Terroristen auch in Oberägypten noch aktiv waren, zeigte sich am 26. 8. 1994, als einige von ihnen auf einen Reisebus mit Touristen schossen und dabei einen 13jährigen spanischen Jungen töteten. Am 14. 10. 1994 verübte eine Anzahl von Terroristen einen Mordanschlag auf den Schriftsteller Najib Mahfuz. Man versuchte, mit dem Messer seine Halsschlagader aufzuschneiden, um ihn dann verbluten zu lassen. Er wehrte den Anschlag impulsiv ab, so daß der Stich seinen Arm und Teile seines Gesichts traf. Schnell konnte man Hilfe herbeiholen, so daß er im Krankenhaus bald wieder hergestellt war. Seine letzte Kolumne in der Zeitung vor dem Überfall trug den Titel „Guten Morgen der ganzen Welt“, der Artikel erschien am 12. 10. 1994 und behandelte die Medienlandschaft Ägyptens, in der auch die Terroristen ihr Unwesen treiben. Er hatte in seinen zahlreichen Schriften die Gefahr des Terrors in den verschiedenen Gestalten, Formen und Verkleidungen mutig offen gelegt und seinen Haß gegen diese Kräfte plastisch verdeutlicht. Nun war er selbst zum Opfer geworden. Die Sicherheit des Landes hatte innerhalb von 24 Stunden die Täter gefaßt. Das war ein Ergebnis der bereits vorangeschrittenen Polizeireform, das die Behörden mit gewissem Stolz erfüllte. Das gute Resultat der polizeilichen Nachforschungen war aber auch dringend notwendig, weil die Weltöffentlichkeit natürlich den Anschlag auf den Nobelpreisträger für Literatur von 1988 mit der größten Aufmerksamkeit vermerkt hatte und sich fragte, wie das geschehen konnte? Für die ägyptische Regierung war es eine sehr ernste Problematik, daß der prominenteste Intellektuelle des Landes und eine von der Bevölkerung hochgeachtete Persönlichkeit so einfach hingemordet werden sollte. Auf besonderen Personenschutz hatte er keinen Wert gelegt, in dem Punkt glaubte er an Allahs Willen, der sowieso das Schicksal der Menschen in seiner Hand hat. Die Terroristen hatte er nicht gefürchtet, sie jedoch ihn. Alle Welt in Ägypten fragte nach den konkreten Motiven für das Verbrechen, die Terroristen ihrerseits hatten keine Stellungnahme darüber in die Presse lanciert. Keiner hatte eine Antwort genauer Art, wenn man nicht seine Artikel über den Terrorismus in Erwägung zog. Da ereignete sich etwas, was kaum einer erwartet hatte. Die Terroristen lieferten die Begründung für ihr Verbrechen nach oder, so konnte man es auch sehen, wollten klarstellen, daß sie bald erneut zuschlagen. Wen schickten sie vor? Den uns bereits bekannten Scheich al-Ghazzali. Er, der zu den Mitwissern des Anschlags auf Faraj Fuda gehörte, wagte es Mitte November 1994, ein Rechtsgutachten herauszugeben, worin er Najib Mahfuz des ketzerischen Unglaubens bezichtigte unter Hinweis auf sein Buch „Die Kinder unseres Stadtviertels“, man sah darin eine

Verführung zur Ketzerei. Was für ein Buch war das? Nur ganz wenige Ägypter besaßen es, weil es ursprünglich 1960 bloß als Fortsetzungsroman in der ägyptischen Presse erschienen war. Im Libanon ist es 1967 zuerst in Buchgestalt herausgekommen und vor allem von dort aus vertrieben worden. Eigentlich war allen Journalisten klar, daß hier jemand mit einem Rechtsgutachten agierte, der mit den Terroristen enge Beziehungen unterhielt. Wie konnten sie sich nun auf eine solche Schrift beziehen, ingesamt 49 Romane hatte Najib Mahfuz bis zu dem damaligen Zeitpunkt bereits veröffentlicht, zwei Kinderbücher, sieben Theaterstücke, und eine Menge von Artikeln mal nicht mit in Erwägung gezogen. Natürlich war es reine Willkür, sich das eine Buch auszusuchen und darauf ihren generellen Vorwurf des Unglaubens aufzubauen. Denn in dem Buch gibt es überhaupt keinen Angriff auf den Islam, eher ist es ein anrührendes Werk über die Hoffnung des Menschen, ein besseres Leben auf Erden zu finden. Der Roman spielt in einem jener Stadtviertel Kairos, die direkt zu Füßen des 200 m hohen Muqattam Berges im Südosten liegen. Sandig ist es dort und armselig. Doch hat an dem Platz ein gewisser Jabalawi sich ein großes Haus errichtet mit einem wunderschönen Garten, in dem Maulbeerbäume, Sykomoren und Palmen stehen, daneben blühen die Hennapflanze und Jasmin. Das war eine Gegenwelt. Zum Schluß ist der weise Jabalawi verschwunden, aber in der Bevölkerung ist nicht zuletzt durch ihn die Überzeugung bei aller Last und Sorge des Tages gewachsen, daß jedes Unrecht auch einmal ein Ende hat, jeder Nacht ein Tag folgt, und auch im Viertel die Unterdrückung verschwindet, worauf das Licht und seltsame Dinge erscheinen. Was ist daran Ketzerei? Die Begründung war eine bewußte Entstellung. Wie sich aber bald herausstellte, war das Rechtsgutachten des Scheichs al-Ghazzali die für die Öffentlichkeit gedachte Version.

Intern hatten andere mit dem Terrorismus verbundene Geistliche bereits die Verurteilung von Najib Mahfuz formuliert. Als man nämlich einen der festgenommenen Attentäter, sein Name lautete Muhammad Naji, in der Tageszeitung „al-Ahram" am 26. 10. 1994 interviewte und fragte, ob er denn das Buch „Die Kinder unseres Stadtviertels" gelesen habe, antwortete er, daß er das Buch nicht kenne, aber die Rechtsgutachten des Umar Abdarrahman und anderer hatte er genau studiert und wußte dadurch, daß Mahfuz mit seinem Roman gegen die islamische Religion verstößt. Er fügte noch hinzu, wenn er bei dem Prozeß mit dem Leben davonkommt, wird er die Tat unbedingt wiederholen. Also hatte man im internen Kreis der Terroristen die Verurteilung des Schriftstellers vorbereitet, der Scheich al-Ghazzali hatte nur den offiziellen Teil zu übernehmen. Er dehnte seine Drohung auch auf alle diejenigen aus, die das Buch gedruckt haben. Das enge Zusammenwirken der hohen Geistlichkeit mit den Terroristen war ein ständiger Prozeß und damit offensichtlich ein Faktor für die mediengerechte Vermarktung der Gedanken und Ziele der Extremisten. Dabei mußte es verwundern, wie unbedenklich offen man dabei vorging. Der Staat war so umfassend mit der Verfolgung der Attentäter befaßt, daß er auf deren geistliche Hintermänner kaum achtete. Die Journalisten aber verwiesen auf die Komplizenschaft dieser Geistlichen, die damit Mitschuldige sind für die Verbrechen, die im Namen des Islam begangen werden. Man wandte sich auch angesichts dieser Kooperation gegen die bisherige Lesart der Regierung, die oft von einem gemäßigten Flügel der islamischen Bewegung und einem extremistischen sprach. Nein, angesichts der neuen Fakten, so die überwiegende Meinung in der Presse, müsse man von jetzt an nur noch von einer einheitlichen terroristischen Bewegung sprechen. Den Geistlichen rief man zu, daß es ihre heilige Pflicht wäre, die Menschen zum Besseren zu leiten, nicht aber wie sie es tun, zum Töten.

Unterdessen gingen die Angriffe in Oberägypten und anderen Teilen Ägyptens weiter. In dem Basarviertel des Touristenorts Hughada am Roten Meer erschießen am 27. 9. 1994 Terroristen zwei Deutsche und zwei Ägypter. Damit hatte sich erwiesen, daß die Sicherheit in diesen besonderen Badeorten nicht unbedingt so absolut garantiert ist, wie man es von seiten der örtlichen Verantwortlichen immer betont hat. Nur einen Monat später, am 23. 10. 1994, schossen Terroristen auf einen Touristenbus nahe dem Tal der Könige und töteten eine britische Reisende. Daneben orientierten sich die Extremisten unvermindert darauf, Polizisten, Sicherheitsdienst-Leute und vor allem Offiziere dieser Einheiten zu erschießen. Doch die Polizei und die anderen Sondereinheiten der Sicherheit konnten auch gewisse Erfolge verzeichnen, denn bei Gegenoperationen töteten sie Tal`at Jasin Hammam, den Militärverantwortlichen der „Islamischen Bewegung", und kurz danach einen hohen Spezialisten namens Adil Sijam der „Bewegung islamischer Heiliger Krieg". Damit hatten beide Terrorgruppen kurz nacheinander einen schweren Verlust erlitten. Das erbrachte bei einigen Kämpfern der Terroristen ein Nachdenken über den weiteren Weg.

Besonders in dem oberägyptischen Suhaj waren die Terroristen, deren Zelle zu den ältesten der „Islamischen Gemeinschaft" in der Region gehörte, zu der Meinung gelangt, daß man neue Schritte überlegen sollte. Es schien ihnen am günstigsten, mit den Sicherheitskräften eine Art Waffenstillstand zu erreichen. Das ganze war in einem internen Papier enthalten, daß in den Kreisen zur Diskussion stand und den Titel hatte „Aufruf im Namen Allahs in Weisheit und guter Ermahnung". Das klang nicht so kämpferisch wie frühere Erklärungen, vor allem von der Auslandsleitung. In diesem Papier sprach man sich für den Verzicht von Gewalt aus und die Verwirklichung eines friedlichen Weges, den man mit guten Worten zu erreichen sucht. Der Bericht führt auch die Polizeiaktionen gegen die Zelle in Suhaj an, um zu verdeutlichen, wie hart die Existenzbedingungen geworden sind. Das war keine direkte Erklärung für ihren Schritt, doch sollte dieser Hinweis klar machen, daß in gewisser Weise die Gesamtheit der Organisation in Gefahr ist. Eigentlich aber waren die Aussagen auf der Linie der Muslimbrüder, aber nur in dem Sinne, daß man für eine sachliche öffentliche Arbeit war, wenn es machbar war. Aber wie sollte man das realisieren? Wer garantierte die eigene Sicherheit auf der anderen Seite? Das waren dabei akute Fragen. Aber die zentrale Problematik, die alle beschäftigte, bestand darin, ob man der anderen Seite überhaupt trauen kann. Die örtliche Leitung von Suhaj unterrichtete natürlich ihre Führung über die eigenen Gedanken, Vorstellungen und Planungen. Dabei unterstrich sie, daß auf der gegnerischen Seite die Vorbereitungen im Gange sind, ihre Zelle zu vernichten, wie man das bereits in Asjut getan hatte. Ansätze dieser Art gab es auch in anderen Regionen Oberägyptens. Die Führung machte man darauf aufmerksam, daß der eigene Spielraum immer enger wird, und ob man in jedem Fall die eigenen Leute opfern soll. Denn ca. 1000 Leute waren in Suhaj bereits verhaftet, soll man noch weiter warten, bis alle gefaßt sind? Abschließend hieß es, daß die Zelle in Suhaj von nun an keine Zusammenstöße mehr unternimmt und keine Gewalt praktiziert, sondern mit Weisheit und Überlegung ihre Arbeit zu verwirklichen trachtet. Wird aber jemand die bedachtsamen Stimmen vernehmen, schrieben sie hinzu. Die Führung hatte offensichtlich keine grundsätzlichen Einwände, wenn man auf örtlicher Ebene solch einen Schritt des Abbaus von Spannungen realisiert. Das war das zweite Mal, daß sich die „Islamische Gemeinschaft", wenn auch nur in dem Gebiet von Suhaj, für die friedliche Arbeit erklärte. Allen war natürlich bekannt, wie blutig das erste Experiment dieser Art in der Zeit um 1990 untergegangen war. Garantien für den jetzigen Erfolg besaß man keineswegs. Der Gegner war stellenweise militärisch überlegen und sicher deshalb nicht bereit, über eine Waffenruhe zu verhandeln. Zweifel und Sorgen beherrschten die Beratungen, doch scheint es schließlich auf einer örtlichen Ebene zu ersten Kontakten zwischen beiden Seiten gekommen zu sein. Wie schwer und langwierig, oft durch komplizierte Extragespräche mit anderen Stellen unterbrochen, die Verhandlungen waren, beweist die Tatsache, daß wir erst in nächster Zeit gewisse Ergebnisse feststellen können, die uns dann noch beschäftigen werden.

Eine Zelle war es nur, die den Gedanken für eine veränderte Position entwickelt hatte, andere in der Region waren nicht der gleichen Ansicht. Das erkennen wir daran, daß in dem Ort Minia seit Mitte 1994 die Terrorakte zunehmen. Wenn man aber genauer hinsah, hatte sich auch dort ein gewisser neuer Zug ergeben. Denn die Terroristen schlugen nicht überall in der Umgebung der Stadt zu, sondern bemühten sich, durch gewisse Militäraktionen zu erreichen, daß die Sicherheit die Versammlungen von Anhänger und Sympathisanten in den Moscheen der Stadt nicht so brutal behindert. Man wollte also, die offizielle Arbeit der Terrorgruppe schützen und damit eine gewisse Stabilität erreichen. Dazu war Gewalt konzipiert, sie sollte abschrekkend auf den Staat wirken. Merkte das der Staat, ging er darauf ein? Am 11. 1. 1995 gab Präsident Mubarak anläßlich der 27. Internationalen Buchmesse eine Pressekonferenz. In dem Zusammenhang fragte man ihn, ob vielleicht das Innenministerium mit seinen Polizisten, Offizieren, Kanonen und Panzern die Terroristen schlagen könnte. Wer aber beseitigt die wirkliche Gefahr jener Gedanken, aus denen der Terror entspringt und die ihn unterstützen? Diese Vorstellungen sind darauf angelegt, das Volk zu gewinnen und gleichzeitig der Staatsmacht zu entfremden. Man verwies auf die Zeitung „Das Volk" und Teile der hohen Geistlichkeit. Der Präsident wollte sich nicht festlegen, ob man gegen solche Erscheinungen mit Argumenten oder mit der Kraft des Gesetzes vorgehen sollte. Die Journalisten machten aber darauf aufmerksam, daß sich die Staatsmacht schon lange nicht mehr um die Schriften der Terroristen gekümmert hat, obwohl in ihnen die Strategie zur Ermordung Sadats und zum Umsturz des politischen Systems enthalten sind, dagegen schränkt der Staat die Arbeit der Presse ein. Auch darauf gab der Präsident keine eindeutige Antwort. Er gestand ein, daß zu den schriftlichen Ausführungen, soweit sie überhaupt bekannt wurden, keine wirksamen und allgemeinverständlichen Gegenstellungnahmen vorliegen. Er konnte auch nicht abstreiten, daß diese Schriften unter Sympathisanten der Terroristen ein umfangreiches Echo gefunden haben, wobei das Interessante darin besteht, daß die Artikel und kleinen Bücher, die die Haupttexte der Terroristen populär aufbereiten, nicht von den Extremisten, sondern von den Bürgern gern gelesen werden. Daher wies man ihn ganz entschieden auf die mangelnde geistige Auseinandersetzung mit dem Terrorismus hin. Das war nicht angenehm für den Präsidenten. Natürlich konnte er mit Recht davon sprechen, daß der Staat nur gegen im Gesetz klar definierte Rechtsverstöße vorgehen kann, für die geistige Kontroverse, ja, auf die Artikel des Chefredakteurs Adil Husain in der Zeitung „Das Volk" für die Schaffung eines islamischen Staates Ägyptens müßten die Journalisten die richtigen Worte finden. Allen war klar, daß die Artikel des Mannes weitaus mehr Leser hatten, als ein anderer Journalist erreichen konnte.

Das machte auf das nächste Dilemma aufmerksam, daß nämlich die Vorstellung einer Umwandlung des Landes in einen Islamstaat eine weite Popularität findet, weil sich viele dadurch mehr Gerechtigkeit erhoffen. Das war ein ernstes Problem. Der Präsident würdigte die guten Initiativen des Ministers für religiöse Angelegenheiten und des Geistlichen Tantawi, die sich beide nach Oberägypten in dortige Städte begeben hatten, natürlich unter starken Sicherheitsmaßnahmen. Sie wollten der Bevölkerung mit der Kraft guter Argumente Gewalt und Terror ausreden, sie über den wahren Charakter des Islam informieren. Die Absicht war gut, doch das Ergebnis absolut unbefriedigend, da kaum jemand zu den festgelegten Treffen erschien, nur einige wenige tief gläubige Besucher gab es, denen brauchte man aber nicht den wahren Geist des Islam zu vermitteln. Natürlich war auch den beiden Reisenden bekannt, daß sich die Terroristen und ihre Anhänger für die absolut besseren Muslims halten und eher geneigt sind, solchen Minister für einen Ungläubigen zu erklären. Auch damit zeigten sich unüberbrückbare Gräben im Glauben, die in der gegenwärtigen Lage Ägyptens zu berücksichtigen sind. Das Pressegespräch hatte einige sehr bedenkliche Seiten des Terrorismusproblems veranschaulicht, wo sich noch gewaltige Gefahren für die staatliche Ordnung ergeben.

Die Terroristen wußten nur zu gut, warum sie Faraj Fuda erschossen und auch Najib Mahfuz ermorden wollten, denn beide waren und sind die exzellentesten und wirksamsten Autoren, die sich gegen den verbrecherischen Geist des Terrorismus und seine brutale Gewalt richten. Viele andere wagen nicht solche Klarheit im geistigen Angriff, schreiben überhaupt nicht über solche gefährlichen Themen oder lassen in fast jeder zweiten Zeile ihre Gläubigkeit demonstrativ erkennen. Dazu kommt unter Journalisten manchmal der Streit über die Vergangenheit, wenn man den Fachkollegen, die bereits in der Regierungszeit von Präsident Nasser tätig waren, vorwirft, einer Diktatur gedient zu haben. Da bleibt bisweilen wenig Zeit, sich mit solchen ernsten Fragen zu befassen wie den geistigen Wurzeln des Terrors im Land. Dabei war gerade das Jahr 1995 unter dem Gesichtspunkt der Pressefreiheit sehr bedenklich. Offensichtlich hatte die Regierung das publizistische Treiben der Zeitung „Das Volk" zum Anlaß genommen, um in dem Strafgesetzbuch des Landes die Arbeit der Presse schärfer zu berücksichtigen. Man führte den neuen Passus ein, daß jeder Gefängnis oder 5000 ägyptische Pfund Geldbuße erhält, der Nachrichten, Berichte oder Stellungnahmen verbreitet, die lügenhaft, tendenziös, aufrührerisch, gefälscht und fingiert sind, oder über andere Lügen verbreitet. Das Strafmaß erhöht sich noch, wenn dadurch der öffentliche Frieden gestört, Haß zwischen Menschen gesät, dem öffentlichen Interessen geschadet und der Staat und seine Amtsträger verleumdet werden. Noch schärfer, nämlich mit mindestens fünf Jahre Haft und 10 000 ägyptische Pfund, ging man gegen denjenigen Publizisten vor, der absichtlich mit seiner Arbeit die Wirtschaft des Landes schädigt. Die neuen Bestimmungen zogen jedoch nicht in Betracht, daß ein Journalist im guten Glauben und ohne es zu wissen, auf eine falsche Nachricht hereinfallen kann. Alle Journalisten waren daher gegen diese globalen Festlegungen zur Knebelung der Pressearbeit. Die Journalisten-Gewerkschaft veröffentlichte eine Erklärung, worin sie vor allem kritisierte, daß die neuen Bestimmungen ohne Konsultation mit Journalisten erarbeitet wurden. Die Einschränkung der Pressefreiheit kam darin zur Sprache sowie die Diskriminierung der Journalisten.

Der Presserat des Landes unterstützte die Kritik im vollen Umfang. Der Widerstand erfaßte noch weitere Bevölkerungskreise. Deshalb empfing Präsident Mubarak schließlich auch Ibrahim Nafi`, den Sprecher der Journalisten, zu einer Unterredung. Man beschloß die Bildung einer Kommission, die ein gesondertes Gesetz auf der Basis des Verfassungsartikels 207 über die Pressefreiheit erarbeiten soll. In das Gremium berief man Vertreter der Journalisten-Gewerkschaft, des Presserats, Rechtsgelehrte und Parlamentarier.

Die Lage hatte sich noch nicht beruhigt, und die Kommission war erst im Entstehen, da schickte der Generalstaatsanwalt des Landes an seine Kollegen in den Städten und Distrikten eine Anweisung, die ungefähr der zurückgezogenen Regelung entsprach, nur in einigen Teilen unklarer und unpräziser. Danach waren Journalisten festzunehmen und zu verhören, wenn die Verdachtsmomente, die dem alten Katalog entsprachen, bestanden. Wie sich zeigte, gingen die Gerichtsverfahren sofort los. Die Urteile gegen Journalisten lagen zwischen zwei Jahren Zwangsarbeit und der Zahlung von 50 000 ägyptischen Pfund. Neben den Verurteilungen gehörten ab sofort ständige Übergriffe der Sicherheit gegen Journalisten zur Tagesordnung. Dafür nur zwei Beispiele. Im April nahm die Sicherheit den Journalist Ali Muhammad Zaki fest, der für das Parteiblatt der Wafd arbeitete. Zwei Stunden dauerte das Verhör, dann kam er zur Staatsanwaltschaft, die ihn nach weiteren Befragungen frei ließ. Der Grund für die zeitweilige Festnahme bestand darin, daß seine Zeitung die Nachricht verbreitet hatte, daß das Innenministerium die Absicht hat, die Verhaftung einer großen Terrorgruppe einzuleiten, weil ihre Mitglieder versucht hatten, eine wichtige Persönlichkeit zu ermorden. Der Chefredakteur des gleichen Blattes, Jamal Badawi, ein Herr von 60 Jahren, kam gerade aus dem Gebäude der Journalisten-Gewerkschaft heraus, wo er sich an der Vorbereitung für die Sitzung über das Journalistengesetz beteiligte. Seinem Wagen folgten zwei Autos, die ihm schließlich den Weg versperrten, mit Gewalt zerrte man ihn heraus und verprügelte ihn und seinen Fahrer. Dann flohen die Angreifer. Am Abend erhielt er eine Todesdrohung. Solche Vorfälle häufen sich nun. Auch die Postzensur wird aktiv und untersagt die Ausfuhr verbotener Zeitungen. Genauso sperrt die Behörde den Import von Zeitungen, wenn sie es für erforderlich hält. Im Fernsehen wird die Kontrolle ebenfalls schärfer. Die Verfilmung eines Drehbuchs mit dem Titel „Ein indischer Film" wurde verboten, weil der Hauptheld einen koptischen Namen trug und man dadurch Unruhen befürchtete. Auch fertiggestellte Filme wie „Vögel der Nacht" fielen unter das Verbot, obwohl das Kulturministerium gegen die Entscheidung intervenierte. Solche Aktionen häufen sich seit 1995 auf allen Ebenen und zeugen von der Einengung der Information und Gefährdung der journalistischen und künstlerischen Freiheit. Bei den Zeitungen muß man gerechterweise hervorheben, daß Blätter fast aller politischen Richtungen von den Strafmaßnahmen betroffen sind. Der besondere Hintergrund für diese Zwangsmaßnahmen war die hohe Spannung, die sich aus dem Kampf gegen den Terrorismus ergab. Denn das Jahr stellte den absoluten Höhepunkt der blutigen Auseinandersetzungen dar. Allein 453 Tote waren 1995 auf beiden Seiten zu beklagen. Das waren 60% mehr als im Vorjahr. Dazu gehörten auch erstmalig gezielte Schläge der Terroristen auf ägyptische Ziele im Ausland. Da gab es zuerst das gescheiterte Attentat gegen Präsident Mubarak, als er in Addis Abeba weilte, um an einer afrikanischen Gipfelkonferenz teilzunehmen. Auf dem Weg vom Flugplatz zum Konferenzzentrum überfielen bewaffnete Terroristen die Wagenkolonne. Die Leibwache des Präsidenten tötete drei von ihnen. Sechs der Angreifer konnten entfliehen. Als am nächsten Tag die äthiopische Polizei diese Personen festnehmen wollte, leisteten sie Widerstand. Drei von ihnen fanden dabei den Tod. Die restlichen drei konnten entkommen. Unter ihnen war Mustafa Hamza, der Anführer der Aktion. Er lebt heute in Afghanistan. Dann folgte ein Bombenanschlag auf die ägyptische Botschaft in Pakistan, fünf Tote waren dort zu beklagen. Der ägyptische Botschafter in Bulgarien entging nur knapp einem

Anschlag, dagegen fiel der ägyptische Handelsattaché in Genf einem Mordüberfall zum Opfer.

Im Inland kam es zu blutigen Kämpfen zwischen den Terroristen und der Polizei, 193 Terroristen fielen in den Konflikten, aber auch 103 Polizisten aller Grade. Dazu kamen ebenfalls wieder 79 unbeteiligte ägyptische Passanten, die in der gefährlichen Situation umgekommen waren. Der Hauptort aller Konflikte war die Kleinstadt Minia in Oberägypten, wo 77% der Opfer zu verzeichnen waren. Die zweite Stadt in der gleichen Region, wo sich Kämpfe konzentrierten, war Asjut. Damit bewies sich wieder die Tatsache, daß Oberägypten das Hauptfeld der Spannungen war. In Minia begannen die Terrorakte bereits am 2. 1. 1995 in den frühen Morgenstunden, als Terroristen einen Minibus mit vier Polizisten angriffen und alle töteten. Weitere Polizisten wurden Opfer in Verbindung mit Wachtdiensten oder im normalen Tagesverkehr. Am 23. 3. 1995 griffen die Terroristen einen in Minia eingelaufenen Zug an und ermordeten dabei drei Polizisten, die den Zug gesichert hatten. Ingesamt waren es wohl 56 Aktionen, die direkt gegen Sicherheitsorgane gerichtet waren. Dabei jedoch war zu erkennen, daß es den Angreifern nur um die Reduzierung der Anzahl ging, nicht um besonders hochrangige Offiziere, fünf von ihnen zählten zu den Opfern. Aber auch die Anzahl der getöteten Extremisten hatte ein Höchstmaß erreicht. Sie fielen in direkten Kämpfen, liefen in ihnen gestellte Hinterhalte oder wurden in den Zuckerrohrfeldern bei Minia aufgestöbert, wobei die von der Polizei eingesetzten Hubschrauber entscheidende Wirkung erbrachten. Einige Terroristen starben, als die von ihnen präparierten Sprengladungen vorzeitig explodierten. Jedoch auch in Kairo spielten sich direkte Kampfhandlungen ab. Am 8. 1. 1995 versuchten Polizeiverbände in dem neu errichteten Stadtteil 6. Oktober, der im Pyramidenbezirk liegt, einen Schlupfwinkel der Terroristen ausfindig zu machen. Sie hatten dort eine getarnte Unterkunft und eröffneten sofort das Feuer, als sich die Polizisten näherten. Fünf Terroristen fielen bei der Operation, bei denen die Sicherheitskräfte jedes Haus durchsuchten.

In der Umgebung von Minia kam es zu immer größeren Kampfoperationen, dabei gab es aber auch von seiten der Polizei Übergriffe. Nach ihren Pressemeldungen hatten dort 118 Angehörige der Terrorgruppen den Tod gefunden, aber bei näheren Nachforschungen von unabhängigen Beobachtern der ägyptischen Menschenrechtsgruppen waren darunter 49 Personen, die nicht zum Umfeld der Terroristen gehörten, auch nicht zufällig getötete Passanten sein konnten. Die Polizei gab darüber keine Information. Bei den intensiven Kämpfen in einem Vorort von Minia am 19. 2. 1995 war unter den Getöteten auch der Chef der Terrorgruppe von dem kleinen Ort al-Aduwa. Am 7. 4. 1995 standen wieder die Zuckerrohrfelder der Gegend im Zentrum des Geschehens. Man hatte erfahren, daß sich dort Terroristen aufhalten und konnte vier töten, unter ihnen befand sich der Chef der Terrorzelle von Minia, der Apotheker Bashir Kammal. Zwischendurch spitzte sich die Lage in Asjut um den 20. 7. 1995 zu, als die Sicherheitsorgane auf den militärischen Widerstand der Terroristen stießen, dabei fiel der 45jährige Najih Abdal-Latif, ein ehemaliger Armeeoffizier, der zu den Experten für Bewaffnung bei den Extremisten gehörte. In Minia kam es zu Auseinandersetzungen am 8. 6. 1995 und 8. 8. 1995. Bei dem letzteren Termin hatte die Polizei einen Hinterhalt gelegt, dabei fand auch der Verantwortliche für die Beschaffung sicherer Geheimquartiere in Oberägypten den Tod.

Während die blutigen Schlachten in der Region tobten, besuchten Touristen ungestört die altägyptischen Grabstätten, die Europäer machten inzwischen wieder beachtliche 52,2% aus. Das zeigt aber auch die Unbedenklichkeit der Reisebüros, nicht auf die aktuellen Erscheinungen hingewiesen zu haben. Von den verhafteten Terroristen verstarben 1995 20 Personen im Gefängnis, vor allem in der Haftanstalt Neues Wadi. Das Alter der Toten lag zwischen 20 und 27 Jahren. Nach dem ägyptischen Recht muß unbedingt den Gefangenen der Schutz gegen jede Form von Angriff garantiert werden. Das sieht aber in der Wirklichkeit ganz anders aus, denn man hört intern immer wieder von brutalen Übergriffen des Personals, dazu kommen die unsagbaren Lebens- und Gesundheitszustände. Das Innenministerium und die Generalstaatsanwaltschaft lehnten jede Stellungnahme zu diesen Vorkommnissen ab. In den meisten Fällen gab es bei den Toten nicht einmal einen medizinischen Bericht. Diese Lage dauert bis heute fort. Sehr bedenklich war auch in dem Jahr, daß beide Konfliktparteien unbeteiligte Bürger direkt beschossen. Darunter waren auch 24 christliche Kopten. In Asjut hatten die Terroristen reiche Kopten überfallen, die Juweliere oder Landbesitzer waren. Im gleichen Ort töteten am 14. 4. 1995 zwei Terroristen einen Wachmann, dann erschossen sie noch fünf seiner Familienangehörigen. Angesichts der allgemeinen Nervosität aller Sicherheitsleute, kam es auch bei Polizisten zu Gewaltakten gegen die Bevölkerung. So schoß am 20. 5. 1995 in der Dakhla-Oase, sie liegt westlich des Nils, ein Polizeioffizier unmotiviert in eine Ansammlung von Menschen und tötete eine Anzahl von ihnen. Die empörten Bewohner der Gegend belagerten die Polizeistation zwei Stunden aus Protest, konnten aber nichts erreichen. Am 10. 8. 1995 überfielen bewaffnete Terroristen einen Apotheker in Minia, töteten ihn und seinen gerade anwesenden Freund, einen Arzt. Auch Goldschmiedeläden und Werkstätten fielen ihnen zum Opfer. Das waren alles Aktionen, um Geld für die Bewaffnung und die weitere Ausstattung zu bekommen. Bei Teilen der Bevölkerung machten sie sich damit nicht beliebt. In den Reihen der Sicherheitsorgane war neben der hohen Nervosität auch der Umgang mit dem Recht zu einer bedenklichen Erscheinung geworden. Denn als ein neues Mittel der Repression wandten sie die wiederholte Verhaftung bestimmter Personen an. Das bedeutete, daß für besondere Leute nur eine „formelle Freilassung" praktiziert wird, ohne neues Gerichtsurteil sperrte man sie einfach wieder ein. Damit unterhöhlt das Innenministerium die Glaubwürdigkeit der Gerichte des Landes, doch das interessiert keinen.

Nach internen Untersuchungen der örtlichen Menschenrechtsgruppen waren bis 1995 rund 7000 Personen betroffen, die mehr als fünf Jahre länger in der Haftanstalt sind als sie nach dem Urteil des Gerichts sein sollten. Einige hält man auf diese Weise seit 1991 fest. Am 5. 4. 1995 verhaftete man in Kairo den 44jährigen Tierarzt Abd al-Jabir Muhammad zum zweiten Mal, ohne daß ein Gerichtsurteil vorlag. Erstmalig hatte man ihn am 6. 7. 1994 festgenommen und ihm vorgeworfen, er habe den Neuaufbau der „Islamischen Gemeinschaft" in seinem Stadtteil betrieben, bei den Untersuchungen ließ sich das nicht erhärten, deshalb kam er frei. Nun war er wieder im Gefängnis, ohne daß ein neuer Richterspruch vorlag. Schläge und Elektroschock-Folter mußte er über sich ergehen lassen, obwohl Ägypten 1986 der internationalen Konvention gegen Folter beigetreten ist. Nichts unternimmt Ägypten, um die Verbrechen an Menschenrechten in den Gefängnissen abzustellen. Längst gilt die Folter nicht mehr nur Terroristen oder denen, die man dafür hält. Sie ist zu dem bevorzugten Mittel der polizeilichen Untersuchung geworden und trifft deshalb auch alle nasseristischen, kommunistischen und sonstigen Gefangenen. Denn die Kriminalpolizei sieht in allen Rechtsfällen nur die Möglichkeit, durch den Gebrauch der Folter an gewünschte Fakten heranzukommen. Inzwischen wurden auch die Namen bekannter Folterer bekannt, so daß die Öffentlichkeit davon in einem wachsenden Maß Notiz nehmen mußte. Kein Widerspruch regte sich in den Medien und in der breiten Bevölkerung, so daß man daran erkennen konnte, daß es für die meisten Menschen wohl gar nichts Besonderes war, daß es die Folter gab. Nur die Betroffenen, und sie werden immer mehr, wissen, welche unmenschlichen Dinge passieren. Manche von ihnen können ihre Arme nicht mehr richtig bewegen, andere haben Sehstörungen nach den Folterakten, gespaltenene Oberlippen und schlecht verheilte Knochenbrüche als sichtbare Folgen. Einzig die Menschenrechtsgruppen in Kairo bemühen sich unermüdlich, diese Fakten zu dokumentieren und sie immer wieder den staatlichen Stellen, vor allem Innenministerium und Oberstaatsanwaltschaft zuzustellen, eine Antwort blieb immer aus, so daß die Menschenrechtler nur durch die Weitergabe der Fakten an „amnesty international" etwas indirekt für die humanere Behandlung der Gefangenen tun können. Seit 1995 mehren sich auch die Fälle, in denen die Sicherheit und Polizei Geiseln nehmen, um an die eigentliche Person heranzukommen. Am 25. 3. 1995 versuchte die Polizei in der Neubausiedlung Neues Ägypten, einen gewissen Idris Ismail ausfindig zu machen, sie fand seine Wohnung, doch war er nicht anwesend. Daraufhin begaben sich die Polizisten zu dem Bruder des Betreffenden und nahmen ihn als Geisel mit. Als es Abend wurde und der Gesuchte noch immer nicht aufgetaucht war, beschuldigte man den festgehaltenen Bruder, einen Kassettenrekorder im Wohnsitz des Gesundheitsministers gestohlen zu haben, wo er schon seit drei Jahren als Koch arbeitete. Vier Tage blieb er in Verwahrung, ohne daß irgendeine Untersuchung eingeleitet wurde. Dann aber begannen die Folteraktionen, die nichts erbrachten, doch blieb er in Haft. Mit solchen staatlich sanktionierten Geiselnahmen untergräbt die Sicherheit die moralische Stabilität der Gesellschaft, denn Verwandtschaftsbeziehungen werden gravierend geschädigt, und die Unsicherheit greift um sich, wie man sich in der Lage verhalten soll.

Eine andere Methode im Kampf gegen den Terrorismus kam auch in dem Jahr erstmalig zur Anwendung und ruft größte Bedenken hervor hinsichtlich ihrer rechtlichen Zulässigkeit. Die Sicherheit begann mit weiträumigen Kollektivstrafen. Das Einsatzgebiet war Oberägypten, wo sich in einem Vorort von Minia eine Konfrontation zwischen den Terroristen und der Sicherheit anbahnte. Sofort wurde ein Ausgehverbot verhängt, dann begannen umfassende Verhaftungen, man holte die Leute aus den Häusern. Auch Geiselnahmen kamen vor, wenn man nicht den richtigen fand. Bei der ganzen Aktion wurde bei dem kleinsten Anlaß von der Schußwaffe Gebrauch gemacht. Das Ausgehverbot dauerte mit einigen kurzzeitigen Unterbrechungen fast das ganze Jahr. Konnte man damit die Menschen von ihrer Kooperation mit den Terroristen abbringen oder stärkte man den Zusammenhalt? Die Anzeichen für das letztere mehrten sich. Dieselbe unerlaubte Methode wandten die gleichen Organe an, als sie in dem Landdistrikt um Minia für 11 Dörfer ein Ausgehverbot verhängten, um die Einkreisung der Terroristen zu erleichtern. Doch nutzte man auch die Gunst der Stunde und führte weiträumig in den Gebäuden Hausdurchsuchungen nach Extremisten durch. Ob die bäuerliche Bevölkerung der Dörfer ihre Felder bestellen konnte, das ist immerhin ihr Lebensunterhalt, interessierte die Sicherheit überhaupt nicht. Im Gegenteil. Denn für fünf Dörfer verfügte man eine sogenannte Sicherheitssperre, bei der man tagelang nicht aus dem Haus durfte, ständigen Verhören ausgesetzt war und einer kontinuierlichen Beobachtung unterlag. Einige Dorfbewohner, die gegen das Unrecht aufzubegehren wagten, schlug man zusammen oder verhaftet sie. Andere griff man sich, um sie zu foltern, damit sie Verstecke der Terroristen preisgeben. Um das Ausgehverbot zu verschärfen, kappte die Sicherheit auch die Elektrizitätsverbindungen und stoppte die Wasserleitungen in das Gebiet. Zu dem höchsten religiösen Feiertag hob man die Ausgangssperre nicht auf, nein, demonstrativ fuhren an dem Tag gepanzerte Fahrzeuge der Sicherheit durch die Straßen, auffällige Leute nahm man gleich mit, etwa 1500. In einem anderen Fall überfiel die Sicherheit eines der westlich von Minia gelegenen Dörfer, wo sie Terroristen vermutete, alle Verbindungen in das Dorf wurden unterbrochen, man schloß die Dorfschule, durch Lautsprecher wies man die Leute an, zu Hause zu bleiben, dann durchsuchte man jedes einzelne Gebäude, ohne übrigens die gewünschten Personen zu finden. Durch solche Unrechtsakte bringt man die Bevölkerung noch mehr gegen sich auf. Das bekamen auch die Sicherheitsleute immer wieder zu spüren. Diese erhielten am 28. 8. 1995 den geheimen Hinweis, daß der lange gesuchte Rifa´at Zaidan, führendes Mitglied der „Islamischen Gemeinschaft“, auf der Flucht in der Gegend der Stadt Dairut untergetaucht sei. Sofort umzingelten sie fünf der benachbarten Dörfer, schloß den gerade abgehaltenen Wochenmarkt in Dairut und jagte die Käufer davon. Mit Panzerwagen fuhr man durch die Dörfer, verhaftete Verdächtige, schoß auf

Flüchtige und zerstörte einzelne Häuser. Wie feindliche Besatzer führten sie sich auf. Der politische Schaden, der durch solches schlimme Verhalten entsteht, wird noch lange wirksam bleiben. Denn es gab noch bösere Fälle, die aller Beschreibung spotten. Am 19. 10. 1995 führte die Sicherheit eine konzentrierte Suchaktion in den Dörfern durch, die um die Städte Suhaj und Qena in Oberägypten liegen. Dabei verhaftete sie eine Reihe von Kindern im Alter von 9 bis 11 Jahren, auch einige Reisende, die mit Taxis unterwegs waren, nahm man ohne Angabe von Gründen fest. Bei der Weiterführung kam es zu Widerstand in der Bevölkerung, worauf die Sicherheitsleute alle verhafteten, die ihnen begegneten, egal welchen Alters. Diese Handlungen und Verfahren gegen die eigene Bevölkerung können nur die Folge haben, daß sich immer mehr Menschen, die das erleiden oder hören, gegen den Staat wenden. Unsicher ist es natürlich, ob sie sich den Terroristen anschließen oder sich mit ihnen noch mehr verbunden fühlen. Auf jeden Fall bieten die Terroristen eine Alternative an, die zwar gewaltsam und auch mit der Tötung Unschuldiger einhergeht, die aber glauben, eine gottgefälligere Herrschaft verwirklichen zu können.

Der Staat benutzt neben der Geiselnahme noch andere Mittel brutaler und rechtswidriger Praxis, um seine Ziele bedenkenlos zu erreichen – die gewaltsame Entführung. 1995 waren es 22 Personen, die auf diese Weise verschwanden. Einer von ihnen ist Tal`at Fuad Qasim. Er war 1982 verhaftet worden, weil er mit der Ermordung des Präsidenten Sadat in Verbindung gebracht wurde. Acht Jahre Gefängnis lautete das Urteil, 1988 sollte er entlassen werden, doch kam er tatsächlich erst 1989 frei. Er ging ins Ausland und erlangte 1993 in Dänemark die offizielle Anerkennung als politischer Flüchtling. Mit seiner ganzen Familie lebte er da. 1995 reiste er nach Kroatien, dort verhaftete man ihn. Ungefähr einen Monat war er im Gefängnis, dann war er verschwunden. Man geht davon aus, daß die ägyptische Seite sich seiner bemächtigt hat. Seitdem fehlt jedes Lebenszeichen von ihm. Der nächste Fall ist genauso bitter. Am 9. 4. 1994 begab sich Muhammad Ali Abd al-Wahhab zum Sitz der allgemeinen Sicherheit im Kairoer Stadtteil Abu Za`bal, er hatte eine Vorladung für den Tag davor bekommen, war aber nicht zu Hause, so daß ihn die Nachricht nicht zur rechten Zeit erreicht hatte. Seit dem Betreten des Gebäudes ist nichts mehr über seinen Verbleib bekannt. Ein Rechtsanwalt hatte ihn noch gesehen und festgestellt, daß er von bester Gesundheit war. Am 21. 6. 1995 verschwand der Angestellte der Azhar-Universität Basri Khalifat al-`Adl, nachdem er seinen Arbeitsplatz verlassen hatte. Seine Familie reichte eine Vermißtenanzeige bei der Polizei ein, doch erhielt sie keinerlei Reaktion. Muhammad Farghali Muhammad war Narkosearzt am städtischen Krankenhaus in Minia. Am 17. 11. 1994 durchsuchte die Sicherheit seine ganze Wohnung und nahm 8000 ägyptische Pfund und seinen Privatwagen mit, der Arzt war an dem Tag nicht in seiner Wohnung. Am 23. 11. 1994 begab er sich gemeinsam mit dem Parlamentsabgeordneten für den Distrikt in das Gebäude der Sicherheit, um sich zu erkundigen, warum seine Wohnung durchsucht und Geld sowie wichtige Gegenstände mitgenommen wurden. Die Sicherheitsleute erbaten sein Verbleiben, um einige Dinge zu klären. Am 29. 11. 1994 brachten drei große Tageszeitungen Ägyptens die Nachricht, daß der Arzt verhaftet wurde, weil man ihm vorwirft, Mitglied des militärischen Flügels der „Islamischen Gemeinschaft" zu sein. Seine Aufgabe sei es gewesen, mit dem eigenen Wagen den Sprengstoff zu den Orten zu transportieren, wo er zur Explosion gebracht werden soll. Seit Betreten des Gebäudes hat seine Familie keinerlei Nachricht von ihm. Am 6. 2. 1995 brachte die halbamtliche Zeitschrift „Ros al-Jussuf" die Meldung, daß der Arzt aus dem Gebäude der Sicherheit entflohen sei. Seine Familie hat davon nichts gehört und bezweifelt seine Flucht, weil er sicher streng bewacht wird. Sie nimmt an, daß diese Nachricht von der Sicherheit lanciert wurde, weil er an den Folterqualen gestorben ist. Muhammad Abd al-Aziz ging am 7. 6. 1994 zu einem zentralen Platz in Kairo, um einen Kollegen zu treffen, der mit ihm im Irak gearbeitet hat. Seit seinem Weggang von zu

Hause ist er von der Bildfläche verschwunden. Der Kollege, mit dem er im Irak zusammengearbeitet hat, hat ihn gar nicht mehr gesehen. Die Familie reichte bei der Polizei eine Vermißtenanzeige ein. Am 28. 2. 1995 kamen Polizisten zur Familie und teilten mit, daß er noch lebt, aber sie verweigerten jede Angabe, wo er sich befindet. Auch die Gründe für das Festhalten wurden nicht genannt. Bisher hat seine Familie keinerlei Nachricht von ihm bekommen.

Die hier knapp dargestellten Fälle belegen die unbedenkliche Härte, mit der vorgegangen wird. Keinerlei Gesetze haben dagegen Bestand. Viele beklagen, daß der Staat Methoden der Verbrecher übernommen hat und selbst zum Täter geworden ist. Am 10. 1. 1995 gab das Oberste Militärgericht die Urteile, die gegen die Attentäter, die auf den Schriftsteller Najib Mahfuz ihren Anschlag verübt hatten, bekannt, sie lauteten: Zwei der Terroristen wurden zum Tod verurteilt. Einer bekam 15 Jahre Zwangsarbeit, zwei 7 Jahre, einer erhielt 5 Jahre und drei jeweils 3 Jahre. Drei kamen frei, blieben aber bis auf weiteres in Verwahrung. Im Mai 1995 sprach ein Militärgericht die Urteile gegen 42 Angeklagte aus. Ihnen warf man vor, eine neue Formation der Terrorgruppe „Bewegung islamischer Heiliger Krieg" zu sein. Wieder kam es dabei zu zwei Todesurteilen. Zu Gefängnis unterschiedlicher Länge wurden 28 verurteilt, 12 kamen formell frei. Diese Gruppe war eine gewandelte Formation der oben erwähnten Terrorgruppe. Sie konzentrierte sich nicht auf die militärischen Kräfte, um auf die Weise den Umsturz herbeizuführen, sondern wollte durch den politischen und terroristischen Kampf die Macht soweit erreichen, daß die Verfassung geändert wird. Damit mochte man den Umwandlungsprozeß einleiten, der die Abschaffung der jetzigen Regierungsform beinhaltete. Solche Splittergruppen tauchen immer wieder auf und stellen eine Form der ständigen Erneuerung dar, wenn sie nicht bei den ersten Aktionen festgenommen werden. Die Verurteilten hatten sich ihr Geld für die Bewaffnung geholt, indem sie Juweliergeschäfte ausraubten und in Wohnungen einbrachen, wobei sie vier Personen erschossen, die sich ihnen in den Weg stellten. Waffen beschafften sie sich durch Überfälle auf einzelne Soldaten. Durch diese Aktionen, die typische Merkmale trugen für Terroristen in der ersten Phase ihrer Entwicklung, war die Sicherheit auf die Gruppe aufmerksam geworden. Ganz anders stand es mit dem nächsten Prozeß, der einen großen Umfang gewann und durch eine spezielle Besonderheit ausgezeichnet war. Denn im November des Jahres 1995 standen in drei Gruppen Muslimbrüder vor dem Militärgericht. Man warf ihnen vor, eine Geheimorganisation mit dem Ziel geschaffen zu haben, die bestehende Regierung zu stürzen. Auf Computer-Disketten hatten sie ihre Gedanken verbreitet und sich mit Terrorzellen im Sudan in Verbindung gesetzt. Dann hatten sie einige junge Leute ausgewählt und vorbereitet für die 1995 abgehaltenen Parlamentswahlen, sie sollten langfristig im Interesse der Organisation wirksam sein. Die Vorwürfe waren wenig stichhaltig, denn hier hatten sich kritische Geister zusammengefunden, die mit den bestehenden Verhältnissen nicht einverstanden waren. Ob sie nun mit dem Sudan konferierten, war nicht so ganz zu beweisen. War denn die Kontaktnahme schon ein Verbrechen? Festzuhalten dabei war vor allem die Tatsache, daß auch aus den Reihen der Muslimbrüder, die im allgemeinen sehr wenig umstürzlerisch waren, Gruppen hervorgehen können, die in das Umfeld der Terroristen gehörten. Bei dem Prozeß faßte man zwei Verfahren zusammen, so daß 54 Muslimbrüder vor dem Militärgericht standen, von ihnen kamen 27 frei, unter ihnen ein Leitungsmitglied der Journalisten-Gewerkschaft.

Auffällig bei dem Prozeß war auch der Umstand, daß 16 der Verurteilten schon über 50 Jahre waren, das war ungewöhnlich. Zu denen, die fünf Jahre Zwangsarbeit bekamen, gehörten der stellvertretende Vorsitzende der Ärztegewerkschaft, der Generalsekretär der Arabischen Ärzte Union und der Chef des Professorenkollegiums an der Universität Asjut. Drei Jahre Zwangsarbeit bekam der Vorsitzende der Ärztegewerkschaft in Alexandria und ein pensonierter Gymnasiallehrer, der schon 64 Jahre alt war.

Das waren alles keine typischen Terroristen. In einem dritten Entscheid, der sich unmittelbar anschloß, bekamen zwei Verurteilte 15 Jahre Gefängnis und einer kam frei, doch überlegte sich das Gericht den Fall noch mal und verurteilte den Betreffenden schließlich zu drei Jahren Haft. Der Prozeß trug teilweise seltsame Züge, deshalb war das Bemühen der Öffentlichkeit groß, Näheres über den Verlauf zu erfahren. Nun verhängte das Gericht über das Verfahren teilweise eine Nachrichtensperre, auch mußten sich die Rechtsanwälte der Angeklagten, Beobachter und Journalisten ständige Leibesvisitationen gefallen lassen. Ungewöhnlich war ebenso das Bestreben des Militärgerichts, die Anwälte der Angeklagten von dem Verfahren auszuschließen, um Pflichtverteidiger einzusetzen, die meistens militärischen Ursprungs sind. Man verweigerte den Rechtsanwälten sogar die Einblicknahme in die Anklageschrift, was ein willkürlicher Rechtsverstoß war. Die Militärrichter blockierten auch alle Versuche, die Fälle an ein Zivilgericht zu überweisen. Man bekam bei dem ganzen Prozeß den Eindruck, daß damit kritische Geister mundtot gemacht werden sollten, denn substanziell war die Anklage dünn. Gleichzeitig beabsichtigte wohl die Regierung, den Muslimbrüdern insgesamt eine sehr ernste Warnung zu erteilen. Allerdings konnte man die kritische Meinung unter ihnen durch solche Willkürakte nicht abwürgen. Auch die Öffentlichkeit nahm überwiegend gegen die Anklage Stellung und zeigte blankes Erschrecken über die brutale Rücksichtlosigkeit der Verfolgung solcher Leute, die hier vor Gericht standen. Als die Ärztegewerkschaft zu dem schlimmen Vorgang eine Pressekonferenz geben wollte, sperrte die Sicherheit das ganze Gebäude ab, in dem die Veranstaltung stattfinden sollte. Der Staat hatte sich damit keinen guten Dienst erwiesen.

Kurzen Prozeß machte er, wenn er Leute festnehmen konnte, die aus dem Sudan kamen. Nach Ansicht der Sicherheit waren das alles ausgebildete Terroristen, ziemlich pauschal ging man dabei vor. 24 solche Fälle faßte man 1995 in einem Prozeß zusammen. Sechs von ihnen erhielten ein Todesurteil, 12 kamen in die Gefängnisse und 6 kamen frei. Der fortdauernde Ausnahmezustand, die ständig neuen und umfassenden Verhaftungen sowie die wachsende Unzufriedenheit in der Bevölkerung verlangten von den Militärgerichten eine immer zügigere Arbeit. Gegen Jahresende wickelte man daher in schneller Folge vier Prozesse gegen weitere Terroristen ab. Zuerst behandelte man einen Zwischenfall von 1992, als ein Touristenbus mit 16 koreanischen Insassen bei der Fahrt zu den Pyramiden bei Kairo von Terroristen mit Sprengsätzen angegriffen wurde. Verletzungen bei den Reisenden gab es nicht. Das Gericht verfügte für einen Angeklagten lebenslängliche Haft, drei bekamen 15 Jahre Zwangsarbeit und vier ließ man unter Vorbehalt frei. Als nächste Gruppe verurteilte man die sogenannte Suez Organisation, 18 Mann, die zu der „Islamischen Gemeinschaft" gehören sollten. Sie hatten Fakri Girgius, den Vorsteher einer Schule der Franziskaner in Suez, ermordet sowie einen hohen Polizeioffizier. Das Gericht verfügte für zwei von ihnen die Todesstrafe, 14 erhielten mehrere Jahre mit Zwangsarbeit, und zwei kamen frei. Bei dem dritten ging alles schief, was die Militärstaatsanwaltschaft eingefädelt und vorbereitet hatte, ein seltener Fall. 15 Leute standen vor Gericht, von denen behauptet wurde, sie gehörten zu einer Terrorgruppe. Bei den Verhandlungen waren sich jedoch die bestellten Kronzeugen nicht mehr sicher und brachten unterschiedliche Stellungnahmen vor. Dazu kam, daß der forensische Bericht über den eingesetzten Waffentyp bei dem Mord nur sehr unklare Angaben machte. Den Beschuldigten konnte man deshalb nicht den Überfall auf einen Kontrollposten nachweisen, bei dem ein Polizist getötet wurde. Deshalb beschloß das Gericht die Freilassung der Beschuldigten. Die weitere Behandlung des Vorfalls erbrachte keine neuen Details.

Der vierte Vorfall betraf eine spezifische Problematik, denn hier war kein Mord geschehen. Es hatten sich einige Leute unter dem religiösen Aspekt mit Gegenmodellen zum existierenden Staat befaßt. Man blieb bei der reinen Theorie von einem islamischen Staat der Zukunft. In der Praxis aber waren sie bemüht, größere Summen aus öffentlichen Kassen für ihre Ziele abzuzweigen. Die Militärstaatsanwaltschaft faßte alles unter dem terroristischen Aspekt zusammen und verfügte, daß der Hauptbeschuldigte 15 Jahre Haft mit Zwangsarbeit erhielt, zwei der Beteiligten 10 Jahre, drei 3 Jahre, und der Rest von 11 kam frei. Eigentlich war das mehr ein Wirtschaftsvergehen, doch ließ es sich leichter und schneller abwickeln über das Militärgericht, darüber hinaus waren die Strafen drakonischer und damit abschreckender. Das war auch ein Zeichen der wachsenden Nervosität der Verantwortlichen. Ganz kraß traten diese Momente immer wieder hervor, wenn 1995 friedlicher Protest oder öffentliche Manifestation stattfanden. Es begann am 1. Mai, als Mitglieder der Partei „Das Bündnis" eine öffentliche Versammlung zum Feiertag der Arbeiter abhalten wollten. Sie hatten dafür die Zustimmung der örtlichen Polizeibehörde eingeholt, doch die Sicherheit zog in letzter Minute die Genehmigung zurück und verhaftete drei führende Parteimitglieder, weil sie Transparente in der Hand hielten und die Veranstaltung eröffnen wollten. Man brachte die drei in eine städtische Haftanstalt. Die Parteiführung nahm inzwischen in aller Eile Kontakt zur Sicherheit auf und verlangte eine sofortige Erklärung. Dabei ergab sich nach langer Rederei der Sicherheitsverantwortlichen, daß angeblich untere Polizeibehörden nicht richtig gehandelt hatten. Sie seien zu tadeln für das Geschehen. Wichtig für den Staat war, daß die Veranstaltung nicht stattgefunden hatte. Aber es traten ernstere Erscheinungen auf, mit denen der Staat nie gerechnet hatte. Denn im September protestierten in aller Öffentlichkeit ca. 100 Polizisten und wählten dazu den immer überfüllten Platz vor dem Ägyptischen Museum. Sie wandten sich gegen die schlechte Behandlung durch ihre Offiziere. Die Sicherheit nahm sofort 20 von ihnen fest. Der Innenminister verfügte, daß ihre Sache vor dem Kriegsgericht wegen Dienstverletzung zu behandeln war. Dafür war ein Gesetz von 1910 gültig. Auf der Basis entschied das Militärgericht für die zwei Rädelsführer ein Strafmaß von zwei Jahren Zwangsarbeit und ihre Entlassung aus der Polizei.

Die anderen 18 bekamen sechs Monate Haft und ein Jahr Unterbrechung ihrer Polizeiarbeit.

Die politisch gefährlichsten Probleme brauten sich im Oktober zusammen, als an der Universität von Zagazig, die Stadt liegt im Nildelta, Studenten mit Massenprotesten begannen, die sich gegen die Exmatrikulierung von 39 Studenten richteten. Durch diese Maßnahmen sollten sie an der Kandidatur bei den anstehenden Wahlen für die studentische Selbstverwaltung gehindert werden. Sie gehörten zu religiösen Gruppen, aber auch zu linken und nasseristischen Strömungen. Der Protest setzte sich in der Hauptstadt fort, denn an der Kairo-Universität hatte man Hunderte von Studenten ebenfalls relegiert, um ihre Kandidatur zu verhindern. Die Studenten begannen mit Massenprotesten. Auch erhoben sie den ersten Tag ihrer Aktionen zum Tag der Freiheit. Sie bemühten sich, eine Konferenz aller Universitäten Kairos einzuberufen, um die neue Lage zu beraten. Die Sicherheit lehnte das entschieden ab. Darauf verschanzten sich die Studenten in der Wirtschaftsfakultät, als Antwort umzingelte die Sicherheit die ganze Universität mit Spezialeinheiten, Panzerwagen und Wasserwerfern, nahm 50 Studenten fest und ließ keinen mehr rein oder raus. Dieser Zustand war ein Grund dafür, daß der Funken des Protests auf die anderen Universitäten übersprang. Eine weitere ernste Veranlassung bestand darin, daß, nachdem die studentischen Wahlen stattgefunden hatten, in vielen Fakultäten das Wahlergebnis annulliert wurde, weil religiöse Gruppen, man meinte wohl Anhänger der Terroristen, ihre Leute an die Spitze gebracht hatten. Diese Studenten wurden kurzerhand von den Universitäten entfernt. In den ersten Novembertagen kam es in Kairo zu harten Straßenschlachten zwischen den Studenten und Sicherheitskräften. Drei Universitäten in Kairo, die von Zagazig und von Alexandria befanden sich im Aufstand. Auch die nördlich von Zagazig im Delta liegende Universität von Mansura beteiligte sich. Hier wandten sich die Massenproteste gegen die Festnahme von 26 ihrer Kommilitonen und die Entfernung von drei weiteren. Die Studenten trugen schwarze Kopfbinden und schwenkten rote Fahnen. Sie demonstrierten so lange, bis die Sicherheit die Belagerung ihrer Wohnquartiere aufhob. In Kairo zeigte der studentische Protest grundsätzlichere Züge, denn man wandte sich dagegen, daß sich Zivilisten vor Militärgerichten verantworten müssen. Auch erhoben sie die Forderung, den Ausnahmezustand aufzuheben. Die Polizei griff die friedlichen Demonstraten mit brutalen Mitteln an, wodurch der Konflikt eskalierte. Schließlich konnte sie die Protestierer in die Universitäten zurückdrängen. In der wenige Kilometer nördlich von Kairo liegenden Kleinstadt Minuf, die auch über eine Universität verfügt, belagerte die Sicherheit die Gebäude eine Woche hindurch, um die Studenten daran zu hindern, Protestdemonstrationen durchzuführen. Auch dort waren Studenten, die religiösen Kreisen angehörten, relegiert worden. Bei den Nachwahlen in der Ain Shams Universität in Kairo nahm die Sicherheit die Sache selbst in die Hand. Sie legte vorher fest, daß 150 Studentinnen und Studenten kein Wohnrecht mehr auf dem Gelände der Universität haben. Das war ein Ausschluß von jeder Studientätigkeit auf neue Art. Begründet wurde der Schritt damit, daß ihr weiteres Verbleiben an der Universität den Ausbruch neuer Demonstrationen und verdeckter islamischer Tätigkeit erbringen könnte.

Wir hatten im Jahr 1994 erfahren, daß die Zelle der Terroristen der „Islamischen Gemeinschaft" in Suhaj Überlegungungen angestellt hatte, einen Waffenstillstand mit den Sicherheitsorganen zu erlangen. Erste Kontakte waren damals zustande gekommen. Inzwischen hatte man entscheidende Fortschritte in den Gesprächen erreicht. Denn in der zweiten Jahreshälfte, der Termin ist nicht genau bekannt, begaben sich 240 Angehörige der Terrororganisation aus Suhaj freiwillig in die Hand der Sicherheitsorgane. Alles geschah unter größter Geheimhaltung, weil diese Leute nicht nur ihre Reue für die bisherigen Taten dargelegt haben. Das war eine Grundbedingung. Viel wichtiger war, daß sie alle Geheimnisse, die sie über ihre bisherige Organisation wußten, den Sicherheitsleuten berichteten. In dem vorliegenden Vermerk spricht man von unbegrenzten Details, die man dabei erhalten hatte und die bestens verwendbar sind für die Beseitigung der Organisation und ihrer Partner. Das waren recht klare Worte. Natürlich mußte die Mutterorganisation der „Islamischen Gemeinschaft" damit rechnen, daß die von ihr grundsätzlich gebilligten Kontakte auch zu solchen geheimen Informationen führen, die die eigene Fortexistenz unmittelbar tangieren. Andererseits war diese Terrorgruppe wiederholt für eine offene und friedliche Arbeit eingetreten, so daß ihre Zustimmung zu dem Schritt der Kämpfer aus Suhaj auch so verstanden werden muß, daß sie damit testen wollte, wie man mit solchen Leuten umgeht, die freiwillig ihre Waffen ablegen. In dem Sinn war es eine positive Erfahrung. Doch war objektiv die Kenntnislage der Sicherheit stark verbessert, so daß mit noch stärkerer Verfolgung der Terroristen zu rechnen war. Damit waren die Weichen für eine allmähliche Wende in den Auseinandersetzungen gestellt.

1995 war auch Wahljahr für das Land. Der Staat bereitete sich darauf vor, indem die Kommission für Politische Parteien, in der die Regierungspartei absolut dominiert, die Anträge von vier neuen Parteien zur Zulassung ablehnte. Diese wandten sich deshalb an das Oberste Verwaltungsgericht, um ihre demokratische Struktur und ihre Verfassungstreue dort prüfen zu lassen. Die Kommission kümmerte sich nicht um solche Fragen, sondern erblickte in den neuen Parteien, die teilweise schon seit 1994 vor den Gerichten um ihr Recht stritten, unliebsame Konkurrenz. Das politische Klima war nicht sehr günstig, weil trotz des Ausnahmerechts die Zahl der Streiks zunahm. In dem staatlichen Werk im oberägyptischen Helwan, das Autos produziert, traten 10 000 Arbeiter in den Streik, weil die ihnen zugesagten Lohnerhöhungen nicht realisiert worden waren. Andere Betriebe, die gleichartige Güter herstellen, hatten den Schritt bereits vorgenommen. Die Lage in dem Autowerk spitzte sich zu, als der zuständige Minister für den öffentlichen Sektor erschien und den Arbeitern mit Entlassung drohte, wenn sie ihre Forderungen nicht zurückziehen. Schließlich mußte sich aber die Regierung bereitfinden, mit einer Abordnung der Arbeiter über die Erfüllung zu verhandeln. Die 5000 Arbeiter der Pepsi-Cola Fabrik in Minia und Tanta traten aus Protest gegen die Entlassung von 33 Kollegen in den Streik, vor allem kritisierten sie, daß die Betroffenen keinerlei Abfindungen bekommen hatten. Andere Betriebe, wie ein großer Batterie-Hersteller, hatten bereits gegen die neue Konkurrenz, die billiger produzierte, zu kämpfen. Die Auseinandersetzung der Angehörigen des Betriebes mit verschiedenen staatlichen Stellen dauerte fast das ganze Jahr und erlangte großes Aufsehen in der Öffentlichkeit. Die Entlassungen nahmen im staatlichen Sektor rasch zu und brachten viele Fragen über die Fortexistenz dieser Betriebe in der Zukunft auf. Die Parlamentswahl fand unter diesen schwierigen Umständen am 29. 11. 1995 statt und führte die Regierungspartei wieder zum absoluten Sieg. 51 Personen starben im Wahlkampf bei Konflikten zwischen politischen Gegnern, teilweise kam es dabei zum Gebrauch von Schußwaffen.

1996 blieb die Lage eigentlich bis zum Februar relativ ruhig. In dem Monat unternahmen Terroristen der „Islamischen Gemeinschaft" Aktionen in der oberägyptischen Region von Badari, wo sie sieben Personen töteten, darunter zwei Polizisten. Anschließend ermordeten sie noch zwei Kopten, einen dritten verletzten sie schwer. Bei den Sicherheitsbehörden ging man davon aus, daß das Racheakte waren, weil eine Woche vorher ein führender Kopf der Gruppe mit einem Begleiter von der Polizei erschossen worden war. Damit entwickelte sich die Auseinandersetzung vor allem in Oberägypten fort. Diese militärischen Scharmützel zwischen den Terroristen und den Sicherheitskräften kosteten wieder viele Opfer, ebenfalls unter der unbeteiligen Zivilbevölkerung. Innerhalb der ägyptischen Gesellschaft entstand immer mehr Unruhe durch weltliche Richter, die sich neuerdings für die Ziele der Extremisten einsetzten. Man hörte davon, daß Namen von kritischen Geistern und weltlich orientierten Publizisten gesammelt werden, um sie in geeigneten Augenblicken anzuklagen. Die „Islamische Gemeinschaft" hatte dazu mit einem Flugblatt die Linie vorgegeben, wobei auch der offene Mord an diesen Leuten denkbar war. Als ersten zerrte man den Universitätsprofessor Abu Zaid vor das Gericht. Es war aufgefallen, daß er auf seinem Gebiet der Literaturwissenschaft recht freisinnig Werke des Islam interpretierte. Daraus leitete der Richter den Abfall vom Islam ab, was Ketzertum bedeutet. Da solche Leute keine Ehen mit muslimischen Frauen eingehen dürfen, schied der Richter den Professor zwangsweise von seiner Frau. Dieser konnte gerade noch mit ihr in die Niederlande entkommen, denn die Fundamentalisten aller Art hatten ihn für vogelfrei erklärt. Inzwischen ermitteln diese Leute auch gegen Najib Mahfuz, über 40 andere Personen sollen mittlerweise auf der geheimen Liste stehen. Sehr verwunderlich ist es, daß der Staat nichts gegen diese Art von brutaler Verfolgung unternimmt. Immerhin berief die Regierung demonstrativ den uns bekannten Scheich Tantawi an die Spitze der Azhar, nachdem dessen Vorgänger verstorben war, der im hohen Alter immer schärfer gegen alles Moderne argumentiert hatte. Auch Kairo war nicht sicher gegen Anschläge, obwohl sich im vergangenen Jahr keiner gegen ausländische Touristen gerichtet hatte. Am 18. 4. 1996 aber töteten Terroristen in dem Kairoer Hotel „Europa" 18 Mitglieder einer griechischen Reisegruppe mit Schüssen aus Maschinenpistolen. In der Statistik erreichte der Anteil europäischer Touristen in dem Jahr sehr beachtliche 53,0%, während der amerikanische kontinuierlich abnahm. Für die Europäer hatte das Jahr 1995 ohne besondere Zwischenfälle die Aussicht erhellt, daß die nächste Zeit wieder stabilere Verhältnisse bringt. Der Angriff auf die griechischen Reisenden war jedoch ein Anzeichen dafür, daß unter den Terroristen erneut der Schlag gegen die devisenbringenden Ausländer an Bedeutung gewann.

1997 stand deshalb unter ernsten Vorzeichen. Die USA-Botschaft in Kairo bat die rund 5000 in Ägypten lebenden amerikanischen Bürger, sich im Konsulat registrieren zu lassen. Hinweise gab es, daß nicht spezifizierte Angriffe auf US-Einrichtungen bevorstehen. Die Kämpfe in Oberägypten hatten etwas nachgelassen, deshalb dachte auch kaum jemand dort an die lauernde Gefahr. Der Gelehrte Tantawi, der 1995 vergeblich in Oberägypten versucht hatte, Extremisten von ihrer Haltung abzubringen, machte in zahlreichen Gesprächen große Anstrengungen, um die Spannung zu vermindern und sein Bild vom Islam zu verbreiten. Er betonte, daß der Islam aus seiner Sicht Toleranz und Menschlichkeit bedeutet. Den Terroristen warf er folgerichtig unislamische und sogar islamfeindliche Zielsetzungen vor. Gleichzeitig mußte er jedoch auch zugeben, daß es im Islam keinen Gegensatz zwischen Staat und Religion gibt, was auch für Ägypten gilt. Damit war eine Position beschrieben, an der auch die Terroristen anknüpfen. Im Juli wandte sich aus dem Gefängnis einer der führenden Köpfe der „Islamischen Gemeinschaft" an die ägyptische Öffentlichkeit und forderte seine Mitkämpfer auf, die gewaltsamen Aktionen einzustellen. Dabei kam eine Formulierung vor, die den Argumenten des Scheichs Tantawi sehr nahe kam, denn nach Meinung dieses Verhafteten sei Blutvergießen nicht im Interesse des Islam. Natürlich hatte die im Ausland arbeitende Führung einen Waffenstillstand umgehend abgelehnt. Sicherlich war diese Erklärung vom Staat bewirkt und in seinem Interesse. Innenminister Alfi verkündete deshalb recht selbstsicher, daß seine Truppen den Feldzug gegen die Terroristen erfolgreich abgeschlossen hätten. Auch war die Erklärung vor allem an die ausländische Presse gerichtet, denn auf Grund der blutigen Überfälle auf Touristen im vergangenen Jahr war der Anteil der Europäer von 53,0% auf sehr bedenkliche 45,6% abgerutscht. Das bedeutete erneut wirtschaftliche Einbußen. Die Regierug rang sich zu einem teilweisen Verbot der hetzerischen Zeitung „Das Volk" durch, nachdem man darin recht direkt die Ermordung des Innenministers gefordert hatte. Doch ging sie nicht gegen Gelehrte wie Scheich al-Ghazzali vor, der weiter ungeschoren an der Azhar unter Scheich Tantawi wirkte, als sei nichts geschehen. Auch der Richter blieb im Amt, der den Literaturwissenschaftler Abu Zaid als Ketzer bewertet hatte.

Zwar hob ein höheres Gericht dieses Urteil auf, doch geschah dem Richter, der für die Terroristen objektiv arbeitete, nichts.

Mitte September verurteilte ein Militärgericht 63 Terroristen, von denen vier die Todesstrafe erhielten. Unter den 59, die hohe Haftstrafen bekamen, waren auch erstmals vier Frauen. Die Terroristen hatten allerdings registriert, daß sich auf der Seite des Staates eine neue gefährliche Konzeption abzeichnete. Eine enge Zusammenarbeit zwischen der Polizei und der Armee war angeordnet worden, um dem Kampf gegen den Terrorismus eine gesteigerte Kampfkraft zu verleihen. Die Terroristen antworteten prompt, indem sie sich in einem in die Presse lancierten Aufruf mit den Worten an die Streitkräfte wandten, sich als Armee des Volkes und des Islams zu verstehen und nicht in den Dienst des Regimes Mubarak stellen zu lassen. Die Regierung reagierte damit auf die drohende Gefahr weiterer Anschläge. Wann mit ihnen zu rechnen war, das erschien natürlich noch unbekannt. Am 18. 9. 1997 war eine deutsche Reisegruppe gerade vom Tauchurlaub am Roten Meer nach Kairo zurückgekehrt, um noch das Ägyptische Museum zu besuchen. In dem Verkehrsgetümmel hatte ihr Busfahrer eine günstige Stelle gefunden, wo die Touristen nach der Besichtigung der Mumien wieder den Bus finden konnten. Mit den zurückkehrenden Deutschen war auch ein Terrorist in den Bus gestiegen, vom Trittbrett aus schoß er auf die bereits Sitzenden und warf Molotowcocktails. In dem darauf ausbrechenden Feuer starben sechs Personen. Die Polizei meldete relativ kurz danach, daß es sich bei den Attentätern um zwei Brüder handelte, von denen der eine vor wenigen Tagen aus einer psychiatrischen Anstalt ausgebrochen sei. Damit versuchte man den Eindruck zu erwecken, daß es sich um die Tat geistig verwirrter Leute handeln könnte. Doch das Argument hatte genausowenig Erfolg, wie die Bemühungen ägyptischer Politiker, die das Verbrechen beschönigten, indem sie davon sprachen, daß sich so etwas überall ereignen kann. Dabei verwiesen sie auf Raubmorde an Touristen in Florida und Kenia. Doch solche Vergleiche wirkten unaufrichtig, weil damit das eigene Dilemma umgangen wird, wie man mit dem virulent überall in der Gesellschaft aktiven Fundamentalismus und den offen terroristischen Kräften, oft miteinander verbunden, umgeht. Angesichts dieses Verbrechens war aber den Ägyptern intern völlig klar, daß in dem Jahr nicht mehr mit 437 000 deutschen Touristen zu rechnen war, die 1996 Ägypten besucht hatten. Inzwischen warnten viele Staaten ganz direkt ihre Bürger vor Reisen an den Nil.

Insgesamt hilflos wirkt der Staat, der mit unerbittlicher Härte die Terroristen verfolgt und dabei selbst Rechtlosigkeit an den Tag legt, aber nicht erkennt, wie immer wieder der Terrorismus sein Haupt erhebt oder durch Verbündete wirksam wird. Das herrschende Regime hat sich selbst Fesseln angelegt, weil es ständig, so sein Präsident, betont, daß die Religion aus Angelegenheiten des Staates herausgehalten werden muß. Damit aber, meint man, ist es nicht nötig, in den Bereichen der fundamentalistisch-terroristischen Lehre in religiösen Bildungsstätten, der untergründig staatsfeindlichen Gerichte und der blühenden Geschäftigkeit islamischer Verlage darauf zu dringen, daß gesunde Kräfte eine Förderung finden. Denn es ist kein Geheimnis, daß saudische und iranische Gelder helfen, daß religiöse Themen in immer unübersehbarer Fülle in Buchform auf dem Markt erscheinen. Beinahe 40% aller neu publizierten Titel behandeln islamisches Gedankengut oder umfassen in mehreren Bänden Werke aus dem Mittelalter, die bei heutigen Extremisten Pflichtlektüre sind. Ständig entstehen neue Islamverlage, auch importiert man aus der ganzen arabischen Welt das islamische Schrifttum, ohne daß der Staat durch die Beihilfe für anderes Geistesgut eine Alternative schafft. So erkennt er nicht seine Aufgabe, durch das tägliche Eintreten für die Vernunft, den Weitblick und die Unvoreingenommenheit einen Schritt voranzukommen. Die Vernebelungstaktik der Offiziellen nach dem Überfall auf den Bus lag auf der Linie gegenwärtiger Politik. Deshalb war die schwere Katastrophe am 17. 11. 1997 nicht zu verhindern. Noch einen Monat zuvor hatte man unter höchsten Sicherheitsmaßnahmen am Hatschepsut Tempel in Luxor für 3000 hochrangige Gäste eine pompöse Sonderaufführung von „Aida“ arrangiert, nun war dort der Alltag wieder eingekehrt. Die sechs Terroristen rechneten damit. Sie hatten sich Polizeiuniformen angezogen und feuerten auf die wehrlosen Touristen, nachdem sie einen Wächter erschossen hatten. Die Polizei traf erst eine halbe Stunde nach dem blutigen Gemetzel ein. Insgesamt 58 Touristen starben bei dem verbrecherischen Anschlag. Die Täter hinterließen am Ort des Geschehens ein Bekennerschreiben, in dem sie als Mitglieder der „Islamischen Gemeinschaft“ weitere Angriffe auf fremde Reisende ankündigen und die Opfer als Mitschuldige bezeichnen. Präsident Mubarak besichtigte selbst den Tatort und erklärte dabei, daß es gegen den Terrorismus keinen absoluten Schutz gibt. Das war das Eingeständnis der eigenen Erfolglosigkeit. Den vielfach bewährten Innenminister Alfi entließ Mubarak und ernannte dafür einen Militär, Habib al-Adli. Bis zu dem Zeitpunkt hatte es bereits mehr als 60 Hinrichtungen gegeben, einige Terroristen saßen noch in den Todeszellen. Bei den Untersuchungen der Attentäter ergab sich, daß fünf aus der oberägyptischen Region stammten, den sechsten Attentäter konnte die ägyptische Sicherheit bis heute nicht identifizieren.

Nach dem furchtbaren Drama schienen alle Hoffnungen für eine sichere Reise nach Ägypten in die Ferne gerückt. Doch ging bei den großen Nachrichtenagenturen, die in Kairo ihren Sitz haben, am 19. 11. 1997 ein Schreiben der „Islamischen Gemeinschaft“ ein. Als ersten Hauptpunkt verlangte sie die Feilassung ihrer verhafteten Mitglieder aus ägyptischen Gefängnissen, auch der in New York seit 1995 zu lebenslanger Haft verurteilte Scheich Umar Abdarrahman soll freikommen. Weiterhin forderte sie von der Regierung den Abbruch der Beziehungen zu Israel und Gehorsam gegenüber Allah und seiner Rechtsprechung. Wenn alle diese Bedingungen erfüllt werden, könnte sich die „Islamische Gemeinschaft“ zu einem zeitlich befristeten Waffenstillstand bereit erklären. Sie fügten hinzu, daß ihre Täter als Helden gefeiert werden, andere könnten jederzeit zuschlagen. Das war ein Angebot und eine Drohung zugleich. Nach dem Desaster ihrer bisherigen Vernichtungsstrategie, das sich in dem Gemetzel am 17. 11. 1997 eindeutig erwies, ergab das Schreiben eine neue Situation. Wie aber konnte man es sich erklären, daß nur wenige Tage nach dem Massaker ein solches Schreiben vorliegt? Die Antwort besteht nach internen Informationen darin, daß in der Terrororganisation eine Strategiediskussion entbrannt ist, spätestens seit dem Überlaufen der 240 Mitglieder in die Hände der Sicherheit. Tonangebend dabei ist eine Gruppe, zu der Abbud az-Zamr, Najih Ibrahim , `Asim Abd al-Majid und andere Mitglieder gehören. Sie haben eine Liste von Vorschlägen erarbeitet. Die wichtigsten Punkte bestehen darin, daß sie ein Bündnis mit anderen nationalen Kräften zu Problemen der Freiheit und deren Realisierung befürworten, sie also politisch bedeutend weitschauender sind als die bisherige Sichtweise. Als zweiten Punkt erklären sie ganz entschieden, daß sie Angriffe gegen Kopten und Touristen verurteilen. Zu ihrem Katalog gehört auch die beinahe umstürzende Feststellung, daß sie das weltliche Recht im Staat akzeptieren. Solches Recht muß es geben, so ihre Ansicht, wie in alter Zeit zwischen dem König und dem Landpächter, so auch in heutiger Zeit. Deshalb befürworten sie den Staat, der die Gesetze vorlegt. Denn die bisherige Lesart und feste Position, selbst von Azhar-Gelehrten zum Teil verfochten, bestand darin, daß man kein politisches Ersatzsystem für das Gesetz Allahs akzeptiert. Die göttliche Herrschaft auf Erden zu errichten, war ja das Grundanliegen in der bisherigen politisch-terroristischen und geistigen Vorstellungswelt. Das war ein Anspruch und eine Losung fundamentaler Art, die nun plötzlich nicht mehr gelten sollte. Man kann sich vorstellen, daß diese neue Sicht nicht leicht zu akzeptieren war.

Doch hatte die Gruppe um Abbud az-Zamr den Hinweis auf die alte Zeit mit den Pachtbeziehungen sehr klug gewählt. Denn die mittelalterliche Zeit war nicht, wie die Terroristen behaupten, eine von Gottes Gesetz in allen Fragen geregelte Welt. Vielmehr war es so, daß diese lange Blütezeit der islamischen Welt des Mittelalters von ca. 750-1258 entscheidend bestimmt war von rein weltlichen Wirtschaftsbeziehungen, die weitgehend der Staat zu seinen Gunsten lenkte, fromm ging es dabei überhaupt nicht zu. Das mußte beispielsweise der berühmte Rechtsgelehrte an-Nawawi, 1233 bei Damaskus geboren, erleben. Er war seit 1262 Professor des Rechts in der Stadt und wagte es, dem regierenden Sultan Baibars sein Einverständnis für die Erhebung außergewöhnlicher Kriegssteuern zu verweigern, als Folge davon wurde er verbannt. Brutal und eindeutig waren die rechtlichen Beziehungen, das haben die Extremisten aller Art zur Kenntnis zu nehmen, auch damals gab es Fromme im Land, das Leben aber prägte ein entwickeltes weltliches Recht, vor allem im Handel, dem Pachtwesen, Finanzwesen, der Verwaltung und dem politischen System. Wie umfangreich das darauf aufbauende notwendige Wissen war, beweist die Tatsache, daß ein im 15. Jahrhundert geschriebenes Handbuch für das damalige ägyptische Verwaltungswesen immerhin 14 respektable Bände umfaßt. Das Geflecht von einstigen Rechtsbeziehungen findet heute seine Entsprechung, darüber kann man nicht streiten. Das wollten die Leute um Abbud az-Zamr damit andeuten. Die historischen Fakten sind auf ihrer Seite, da hilft alles Gerede von göttlichem Recht nichts. Sie haben in ihren Argumenten eine direkte Unterstützung durch eine Studie, die das Führungsmitglied der „Islamischen Gemeinschaft" Muhammad Mustafa Muqri` verfaßt hat. Darin finden wir ein beachtliches Maß von Selbstkritik. Denn er formuliert seinen Hauptgedanken dahingehend, daß es eigentlich nicht erlaubt war, Kopten, Touristen und Ausländer anzugreifen. Eine entschiedene Verurteilung von Hauptakzenten der ganzen Gewaltperiode ist hier zu sehen. Das sind interne Positionen in den Reihen der „Islamischen Gemeinschaft", die eine beachtliche Abkehr von überkommenen Verhaltensmustern bedeuten. Sie stellen anregenden Diskussionsstoff dar. Noch eine dritte Position ist in den Überlegungen. Sie ist nicht so sehr Prinzipien umstürzend auf den ersten Blick wie die anderen zwei, doch auch sehr interessant. Von einem Rechtsanwalt namens Muntasir az-Zaijat, der viele Kämpfer der Terroristengruppen verteidigt hat, erfahren wir, daß die Organisation der Terroristen ihre offene religiöse Arbeit an dem Muster der Muslimbrüder anlehnen will. Dahinter aber steckt wohl der Hauptgedanke, daß die einstigen Terroristen vom Staat wie die Muslimbrüder behandelt werden wollen. Der Status der Muslimbrüder ist rechtlich nicht einfach, denn als Organisation sind sie verboten, doch können sie offen als Einzelpersonen und in Gruppen in der Gesellschaft wirken. Zwar gibt es immer wieder Verhaftungen von Mitgliedern, trotzdem schafft man es manchmal durch das Bündnis mit anderen Parteien in das Parlament. Solche Möglichkeiten wünschen sich einige in der „Islamischen Gemeinschaft", sie argumentieren, daß sie damit zu ihrer frühesten Form der offenen Arbeit zurückkehren würden. Dafür sind die Aussichten noch keineswegs sicher. Wie überhaupt der Waffenstillstand keinesfalls vertraglich fixiert ist. Man sagt, daß es auf unterer Polizeiebene mit den Terroristen gewisse Absprachen gibt, aber man beobachtet sich gegenseitig genau, um nicht von plötzlichen Entwicklungen überrascht zu werden. Das Verhältnis ist noch brüchig und wenig tragfest. Die Terroristen hatten anläßlich des höchsten islamischen Feiertags ihren Willen zur Fortdauer des Waffenstillstand bekräftigt. Das war ein Hinweis auf die Bereitschaft zu sachlichen Beziehungen, ebenfalls eine weitere Maßnahme zur Vertrauensbildung.

Die Organisation ist gezwungen, diese Schritte zu unternehmen, da sie ganz entschieden eine schwächere Position hat. Denn in den Gefängnissen Ägyptens sind 34 000 ihrer Mitglieder inhaftiert und ca. 1000 der Kämpfer bei verschiedenen Polizeioperationen getötet worden. 51 ihrer führenden Vertreter hat man hingerichtet. Damit hat der Staat die weitaus besseren Voraussetzungen, die zukünftigen Ziele für seinen Umgang mit den Extremisten zu planen. Gibt es überhaupt Hinweise dafür, daß er die Waffenstillstandsangebote ernst nimmt? Obwohl die staatlichen Vertreter jedes Eingehen auf die Forderungen der Terroristen grundsätzlich verneinen, liegen folgende Anzeichen vor: Ende April bis Anfang Mai 1999 entließen die ägyptischen Behörden ca. 1200 Angehörige der „Islamischen Gemeinschaft" aus den Gefängnissen des Landes. Das war die bisher größte Gruppe, die je frei gelassen wurde. Darunter befanden sich auch einige Führungskräfte. Angesichts der oben erwähnten Gesamtzahl der Inhaftierten hatte der Schritt nur einen symbolischen Charakter. Vielleicht war es aber auch ein Zeichen des guten Willens. So bewertete offensichtlich die andere Terrorgruppe, die „Bewegung islamischer Heiliger Krieg" die Maßnahme der Entlassungen. Denn Angehörige ihrer Organisation waren auffälliger Weise nicht darunter. In einer Erklärung vom 29. 4. 1999 verwies sie kurz auf einen Prozeß vor dem Obersten Militärgericht, der am 17. 4. 1999 78 Angehörige ihrer Gruppe zu langen Freiheitsstrafen verurteilt hatte. In der Erklärung geht man in den einleitenden Passagen indirekt auf die neue Haltung der „Islamischen Gemeinschaft" ein, wenn man schreibt, daß die verurteilten Mitglieder der eigenen Organisation nicht um Verzeihung bitten, nicht einen Revisionsantrag einreichen und nicht um die Verminderung der Strafe nachsuchen werden. Das war ein Hinweis auf die aus Sicht der Terroristen feige und kompromißlerische Haltung der anderen. Die Organisation werde weiter ihren Weg gehen, jedes Zugeständnis zurückweisen, sich keine Nachlässigkeit erlauben und jedes Bitten um Verzeihen ablehnen. Deshalb werde man die Aktivität fortsetzen, denn die Sache, um die es geht, ist größer und tiefgreifender. Den USA und Israel droht man wachsenden islamischen Widerstand an, damit der Kreuzzug, der sich gegen die muslimische Gemeinschaft richtet, gestoppt wird. Diese Formulierungen weisen darauf hin, daß der Chef dieser Terrorgruppe gemeinsam mit Usama b. Ladin 1997 die „Islamische Weltfront zum Kampf gegen Juden und Kreuzfahrer" gegründet hat. Ihre Arbeit soll alle Muslims anspornen, die Amerikaner zu töten und ihr Eigentum zu rauben, wo auch immer sie sich befinden. Den Chef der Terrorgruppe Dr. Aiman az-Zawahiri beschuldigen die USA, bei den Anschlägen gegen die amerikanischen Botschaften in Kenia und Tansania beteiligt gewesen zu sein. Er ist auf internationaler Ebene der Terroristen eine feste Größe und seine Organisation in die weltweiten Kontakte und Aktionsfelder eingebunden. Die Erklärung vom 29. 4. schließt mit den folgenden Gedanken, daß die islamische Welt mit Festigkeit die Politik des Niederkniens, der Demütigung und des Angriffs auf diejenigen, die für die Wiederherstellung der Vorherrschaft des Islam auf Erden eintreten, ablehnt. Zur gleichen Zeit schreitet sie mit Entschlossenheit und Festigkeit auf ihr Ziel voran, die Schaffung eines islamischen Staates, mit Gebeten, heiligem Krieg, dem Koran und der Aufdeckung von Unklarheiten. Diese Worte formulierte die Terrororganisation im Namen aller Muslims der Welt, die nach Einschätzung von Fachleuten um die Jahrtausendwende 1,2 bis 1,3 Milliarden Menschen bilden werden. Hier zeigt sich die Verankerung der Organisation im größeren Rahmen. Abschließend geht die Erklärung, deren Titel lautet „Die Größe des Islam verabscheut die Niedrigkeit der Bitte", nochmals darauf ein, daß alle wissen sollen, wenn irgend jemand in ihrem Namen Bitten um Verzeihung vorbringt, daß das eine unwahre Behauptung ist und nicht den Tatsachen entspricht.

Das waren ernste, drohende und klare Worte der Terrororganisation „Bewegung islamischer Heiliger Krieg". Sie billigt keinesfalls das Verhalten der anderen Gruppe und setzt sich ganz entschieden für die Erweiterung des Kampfes im gesamt islamischen Rahmen ein. Das bedeutet, daß sie nicht nur Ägypten als ihr Aktionsfeld betrachtet, darauf weist bereits die enge Beziehung mit Ibn Ladin hin. Der zweite Hinweis, daß die Offiziellen des Landes mit dem Projekt eines Waffenstillstandes befaßt sind, betrifft den Prozeß, der vor dem Obersten Militärgericht am 17. 4. 1999 zu Ende ging. Darin waren die neun Führungskräfte der „Bewegung islamischer Heiliger Krieg" in Abwesenheit zum Tod verurteilt worden. Dazu kamen die 78 Verurteilten. Die Schärfe des Urteils hatte einen besonderen Zug, denn hier war zu merken, daß die staatlichen Stellen bewußt die Organisation in das Visier ihrer Verfolgungen nehmen. Dagegen sind, und das ist der dritte Hinweis, in jüngsten Prozessen, wo Mitglieder der

„Islamischen Gemeinschaft" vor Gericht standen, ziemlich mäßige Urteile gefällt worden, obwohl die Anklagen recht schwerwiegend waren. Die Ausnahme bildete vor wenigen Monaten der Prozeß gegen Muhammad Shauqi Islambuli, der zur „Islamischen Gemeinschaft" gehört und Bruder des Sadat-Mörders ist. Das hohe Strafmaß kam wegen seiner Verbindungen zu Usama b. Ladin und dessen Organisation zustande, nicht wegen seiner Mitgliedschaft in der ägyptischen Terrorgruppe. Diese Zeichen deuten also an, daß es gewisse Überlegungen in der Staatsführung gibt, die Chance eines Waffenstillstandes nicht ganz ungenutzt verstreichen zu lassen. Allerdings gibt es auf der ägyptischen Seite auch demonstrativ Vorsicht. Denn einige Verantwortliche der Sicherheit weisen unverhohlen darauf hin, daß es keine geänderte Haltung im Innenministerium gegen die Terroristen gibt, die Verfolgung geht weiter. Von deren Seite geschehen Rechtsverletzungen, Hinterhalte werden gelegt, und Planungen sind im Gange. Dabei verweist man als Beispiel auf die Zellen in der Stadt Mansura im Nildelta. Denn nicht alle Zellen - aus unterschiedlichen Gründen - schließen sich dem Waffenstillstand an. Zweitens aber betonen die Kreise der Sicherheit, daß das Gerede der Terrororganisation von der Absicht friedlicher Predigerarbeit nur in den Fällen akut ist, wenn sie durch die Sicherheit Niederlagen erlitten hat. Drittens sieht man das jetzige Agieren als einen Versuch an, ihren furchtsam gewordenen Kameraden neuen Mut zu geben. Vor allem will man sich auf diese Weise wieder sammeln. Denn man weist auf die Erfahrungen der Sicherheit zurück, die herausgefunden hat, daß die Kämpfer in den siebziger Jahren in den Universitäten gepredigt und diskutiert haben, aber als ihr Einfluß gewachsen war, kam ihr umstürzlerischer Charakter hervor. In diesen Überlegungen und Stellungnahmen tritt uns die skeptische Vorsicht entgegen, nicht zu viel auf die Worte dieser Extremisten zu geben. Letztere kommen sogar auf die Idee, Forderungen zu stellen. So meinen sie, daß man für die Kameraden, die sich jetzt noch in Ägypten oder im Ausland auf der Flucht befinden, eine Lebensgarantie durchsetzen müßte.

Dann sollten die Fälle an Zivilgerichte gehen. Ungefähr 30 Personen seien davon betroffen. Natürlich sind solche Vorstellungen weitgehend Illusion, wenn man die oben umrissenen Positionen der Sicherheit dagegen hält. Eine gewisse Perspektive sehen die Terroristen für ein friedliches Hineinwachsen in die Gesellschaft dadurch, daß ihre Mitglieder aus der fünften und sechsten Reihe, meistens junge und unbescholtene Leute, die auch nicht der Auslandsleitung bekannt sind, dafür in Frage kämen. Vor allem in Oberägypten gibt es vielleicht die Möglichkeit, eine solidarische Gesellschaft aufzubauen, besonders die Region um Dairut hat man dabei im Auge, die zeitweilig in den frühen neunziger Jahren intern den Namen „Islamische Republik Dairut" trug. Das aber sind noch Gedankenspiele, denn die rechtlichen Überprüfungen der Leute, deren Vorstellungen und Pläne durch den Staat dauern an, die Terroristen hoffen, daß annehmbare Ergebnisse herauskommen. Die Sicherheit jedoch erkennt in jüngster Zeit in den Kreisen erneut die Tendenz zur Geheimhaltung von Aktionen und Überlegungen, das ist nicht unbedingt vertrauenschaffend. Man wird sehen, zu welchen Resultaten dieser Seilakt führen wird. Selbstverständlich gehen die Verfolgungen weiter. Auch hat sich bereits eine unabsehbare Vielzahl von Nachfolgeorganisationen gebildet. Die Sicherheit ist sichtlich schockiert, welche Menge von neuen Extremistengruppen auftauchen. Insgesamt ist die Lage nicht sicherer für die Bürger und die Ausländer geworden, man könnte eher das Gegenteil annehmen. Das etwas Beruhigende an den neuen Erscheinungen für die Staatsorgane besteht darin, daß es häufig Gruppen sind, die in ihrer Arbeit gewisse Anfängerfehler machen, so daß man leichter auf ihre Spur kommt. Aus der Erfahrung weiß man aber auch, daß in diesem Prozeß der natürlichen Auslese diejenigen überleben, die aus den Fehlern der anderen lernen und dann zu gefährlichen Gegnern werden können. Dieser Vorgang ist gegenwärtig zu beobachten. Den ganzen Sommer 1999 konzentrierte sich die Militärstaatsanwaltschaft auf drei Nachfolgeorganisationen der „Islamischen Gemeinschaft", beziehungsweise Zellen von ihr, die sich nicht an den Waffenstillstand hielten. Das sind die gefährlichsten Gruppen, weil sie über langjährige Erfahrungen auf dem Gebiet des Terrors verfügen. Zwar hattte die Sicherheit einige Details von den für den Waffenstillstand eintretenden Kämpfern über Restverbände der Organisation erfahren, doch ist noch lange nicht damit zu rechnen, alle Teile der „Islamischen Gemeinschaft" im Land unter Kontrolle zu haben. Zwei der Restzellen stehen in diesem Jahr vor Gericht, soweit man ihre Mitglieder verhaften konnte. Das ist die Gruppe, die in der oberägyptischen Ortschaft Mallawi tätig ist, der Ort liegt nur wenige Kilometer nördlich von Dairut, nicht unweit von dem berühmten Tell Amarna, wo sich Tempelreste Echnatons aus der Zeit 1370 v. Chr. befinden. Insgesamt hat man nur 40 der Mitglieder festnehmen können, die größere Mehrheit von ihnen, man rechnet mit ca. 1000 Mitgliedern, ist untergetaucht, sie wird sich im gleichen Ort oder anderswo neu organisieren. Denn den Gefangenen hat die Militärstaatsanwaltschaft ernste Vergehen zur Last gelegt. Die Untersuchungen laufen noch, doch schälen sich zwei Schwerpunkte heraus, die in dem Zeitraum 1995/96 liegen. Neuere Erkenntnisse besitzt die Verfolgungsbehörde nicht.

In der erwähnten Periode steht zur Verhandlung der Überfall auf die Bank in der Kleinstadt al-Aiyat, einige Kilometer südlich von Kairo gelegen. Das Unternehmen hatten die Terroristen gestartet, um sich das notwendige Geld für ihre Aktionen zu beschaffen. Von Todesfällen dabei ist nichts bekannt, wohl aber bei dem zweiten Ereignis. Denn Terroristen aus Mallawi sollen am 18. 4. 1996 beteiligt gewesen sein, als in dem Kairoer Hotel „Europa" die 18 Mitglieder einer griechischen Reisegruppe erschossen wurden. Solche Vergehen werden allgemein mit der Todesstrafe geahndet. Bei der zweiten Gruppe der „Islamischen Gemeinschaft" geht es um Teile der Zellen in Mansura, einer Stadt im Delta, 200 km nördlich von Kairo. Hier besteht bei der Militärgeneralstaatsanwaltschaft noch große Unklarheit, man hat nur 24 von einer viel größeren Anzahl erwischen können. Auch haben die Terroristen dort ihre früheren Aktivitäten offensichtlich bestens geheim halten können, so daß die Verfolgungsbehörde über nichts Greifbares verfügt. Die Hauptvorwürfe gegen die 24 sind eigentlich aus ihrer Nichtbereitschaft abzuleiten, den Waffenstillstand zu akzeptieren. So weiß man nur, daß sie eine Wiederbelebung der Organisation anstrebten. Das einzig Konkrete dabei waren geplante Angriffe auf Polizeieinrichtungen. Das ist natürlich strafbar, aber bedeutet noch keine sehr hohe Gefängnishaft, wenn nicht noch im Urteil ihre Ablehnung des Waffenstillstands verschärfend eine Rolle spielt, was nicht auszuschließen ist, weil der Druck auf die noch uneinsichtigen Kämpfer der „Islamischen Gemeinschaft" verstärkt werden soll. Die Aussichten für ein rasches Umdenken der Leute sind relativ gering, da sich viele der noch Unentdeckten fragen, ob sie das Wagnis eingehen sollen, mit der Sicherheit zu paktieren, wo erfahrungsgemäß keine sachliche Prüfung wartet, und man nicht weiß, welche Dinge einem zur Last gelegt werden.

Die dritte Formation, die zur Verhandlung ansteht, faßt die Sicherheit unter dem Sammelbegriff „Promenaden-Gruppe" zusammen. Ihr Wirkungsfeld war Alexandria, auch das ist eine alte Zelle der großen Organisation. Hier hat man 22 Personen gefaßt, auch den Anführer Ahmad Schaich. Der stand schon 1993 in Verbindung mit einem Überfall auf Touristen vor Gericht, war aber freigesprochen worden. Nun wirft man ihm vor, die Organisation nach dem Waffenstillstand neu gegründet zu haben. Dabei ist er offensichtlich bereits ein Stück vorangekommen. Denn er hat Verbindung zu dem Rechtsanwalt Mustafa Mahmud aufgenommen, der wiederum auf Grund seiner amtlichen Stellung Kontakte zu inhaftierten Führungsmitgliedern herstellen konnte, um einen Angriff vorzubereiten, der dem Sommersitz des Staatspräsidenten an der Küstenpromende in Alexandria galt. Die ersten Planungen für den Überfall gehen auf das Jahr 1996 zurück, deshalb waren die Verfolgungsbehörden vor große Aufgaben gestellt, die Gesamtentwicklung des Angriffs nachzuzeichnen. Das sind eigentlich die Kardinalfälle. Die Sicherheitsbehörden bemühen sich im Schnellverfahren, die vielen kleineren bekannt werdenden Terrorgruppen abzufertigen. Da gab es Anfang Mai eine Formation, die den Namen trug „Die sich vor dem Höllenfeuer Errettenden". Man könnte sich darunter sehr fromme Menschen vorstellen. Ihre beiden Anführer, Dr. Majdi as-Safti und Abdallah Abu l-`Ala, wurden zu lebenslänglicher Zwangsarbeit verurteilt, die Verteidigung plädierte für Freispruch. Gegen beide lag bereits seit 1988 eine Verurteilung in Abwesenheit vor. Die Vorwürfe gegen die Organisation lauteten recht pauschal, daß sie terroristische Züge trägt und ihre Mitglieder versucht haben, Verantwortliche des Staates und Polizeiangehörige zu ermorden. Das betraf 1987 die Mordversuche an zwei Innenministern und dem Vorsitzenden der Journalisten-Vereinigung. Damals konnten die beiden unerkannt entkommen. Die Sicherheit nahm kurz danach einen Angestellten der Stadt Suez fest, der den Namen Ahmad al-`Ajmi trägt. Dieser hatte in seiner Wohnung konspirative Treffs mit Mitgliedern der Muslimbrüder durchgeführt. Der Fall gibt auch einen Hinweis auf das engmaschige Netz der Überwachung durch die Sicherheitsdienste des Landes, denn ob sich nun einer in seine Wohnung gleich Gäste für eine Verschwörung gegen den Staat einlädt, ist nicht gerade wahrscheinlich. Ernster sah es bei 13 Muslimbrüdern aus, die festgenommen wurden, weil sie Planungen entwickelt hatten, um terroristische Anschläge durchzuführen.

Ende Mai waren es Muslimbrüder in der Stadt Ismailija, am Suezkanal gelegen, die man festnahm. Sie betrachten sich als Nachfolger der „Islamischen Gemeinschaft". Man fand Disketten, auf denen sie zum Sturz des Staates aufriefen. Auch entdeckte man Geldlisten von Mitgliedern und Sitzungsprotokolle, Hinweise auf eine sich entwickelnde innere Struktur. Im Juni nahm die Sicherheit zwei Händler fest, die im Gebiet um die Ain Shams Universität mit anderen zusammen Video-Kassetten verkauft hatten, auf denen vor allem terroristisches Gedankengut verbreitet wurde. Den beiden Händlern legte man eine Anklage wegen Steuerhinterziehung und Zollvergehens vor. Das Gebiet, in dem beide gefaßt wurden, gehört zu den alten Einflußzonen der „Islamischen Gemeinschaft". Vor allem stand die dortige Adam-Moschee im Mittelpunkt ihrer Agitation. Das Auftauchen solcher Videos in der Gegend ist deshalb ein klarer Hinweis verdeckter Aktivitäten von unerkannten Mitgliedern der Organisation. Neben diesen sich häufenden Verhaftungen, die auf eine wachsende Spannung hindeuten, unternahm die ägyptische Regierung gesteigerte Anstrengungen, ins Ausland geflohene Terroristen zurückzuholen, um sie hier vor Gericht zu stellen. Die Bemühungen reichen bis nach Argentinien, Ecuador, Kanada und Großbritannien. Diese Fälle werden für die Militärgerichte zu einer ständigen Aufgabe, denn inzwischen ersticken die Zivilgerichte wegen Personalmangels an der Fülle eingereichter Klagen, jährlich durchschnittlich sechs Millionen. Ein Rechtsstreit in Handelsfragen dauert ca. vier Jahre. Manchmal erhält ein Richter 100 Fälle an einem Tag auf den Tisch, er muß regeln, wie die Menge zu klären ist. Deshalb kann ein Prozeß auch sechs Jahre dauern. Diese Fristen und Belastungen stören vor allem die ausländischen Investoren, die kaum eine reale Chance sehen, einen Rechtsstreit unter den Bedingungen effektiv durchführen zu können. Fieberhaft bemüht sich Ägypten auch, die afrikanischen Staaten zum Kampf gegen den Terrorismus zu aktivieren. Solche Fragen scheint Präsident Mubarak, der sich im September für weitere sechs Jahre in einem Volksentscheid bestätigen ließ, besonders zu seiner Sache zu machen.

Mitte August 1999 trat der Rechtsanwalt Mamduh Ismail mit dem Projekt an die Öffentlichkeit, eine Partei namens „Islamisches Recht" zu gründen. Die Behauptungen von verschiedenen Seiten, daß er zu Terroristen oder ihren speziellen Rechtsanwälten Kontakte unterhalte, wies er zurück. Wenn wir uns jedoch das Programm der Partei ansehen, das man umgehend der Zulassungskommission des Landes vorlegen will, um die Genehmigung für die politische Arbeit zu erlangen, dann kommt einem vieles bekannt vor. Die islamische Gesetzgebung ist danach umfassend im Staat durchzusetzen, um damit den wirtschaftlichen, sozialen und politischen Herausforderungen gewachsen zu sein. Das ist das erste Prinzip, das zu den alten Forderungen der Terroristen gehört. Unter dem zweiten Prinzip bekennt man sich zur Parteienpluralität, aber nur auf der Basis islamischer Kultur. Meinung und Gegenmeinung sind Werke Gottes, und deshalb möglich. Die Gewaltausbrüche der letzten Jahre führt man auf die fehlende freie Meinungsäußerung und die Verteufelung von politisch Andersdenkenden zurück. Man tritt dafür ein, daß auf der Basis des Islam verschiedene Parteien entstehen. Die neue Partei ist für Freiheit, aber nicht für Chaos, das tritt ein, wenn die Gesellschaft ihre auf dem Glauben basierende Indentität verliert. Unter dem Gesichtspunkt der Freiheit wendet man sich gegen das Machtmonopol der regierenden Partei Mubaraks. Alle unter dem Ausnahmzustand verhafteten politischen Gefangenen, unter dem Terminus versteht man die Terroristen, sind freizulassen. Auch sollen die Gefängnisse dem Justizministerium unterstehen, nicht wie bisher dem Innenministerium. Das alles sind Forderungen aus Kreisen der Extremisten. Unter dem dritten Prinzip will man die Verfassung von all dem, was nicht islamischen Ursprungs ist, reinigen. Für die Einheit der Muslims und Christen tritt man ein, wobei man auch islamische Grundsätze des Schutzes der Minderheiten heranzieht. Die gegenwärtige Wirtschaftskrise in Ägypten führen die Autoren darauf zurück, daß sich eine kleine Gruppe von 10% der Bevölkerung bereichert und die Mehrheit darunter leidet. Die Partei fordert den Kampf gegen Verderb, Korruption und Mißwirtschaft. Gleichzeitig verneint sie den politischen Terror, sieht aber die Gefahr, daß Arbeitslosigkeit, Elend und finanzielle Not erneut Gewalt hervorrufen können. In der Bildungssphäre tritt man dafür ein, alles zu streichen, was in gefährlicher Weise aus dem Ausland kommt. Was darunter genau zu verstehen ist, wird nicht genannt. Entschieden wird gegen Israel und den Zionismus Stellung genommen. Auch sollen israelische Wissenschaftler von allen ägyptischen Forschungseinrichtungen ausgeschlossen sein, das trifft auch auf Ausländer zu, die mit Israel zusammenarbeiten. Israelische Waren dürfen gar nicht auf den eigenen Markt kommen. Die Programmpunkte legen nahe, daß sich Kräfte aus den Umfeld der Terroristen zu Wort gemeldet haben. Mit hoher Wahrscheinlichkeit wird die Partei nicht von der Zulassungskommission akzeptiert. Man wird sehen, was daraus für Probleme erwachsen. Am 6. 9. 1999 besuchte Präsident Mubarak die Hafenstadt Port Sudan, bei der Fahrt durch die Straßen der Stadt winkte ein junger Mann der Wagenkolonne mit einem Zettel zu und rannte in die Richtung des Wagens, aus dem Mubarak die Leute am Straßenrand grüßte. Direkt bei ihm angelangt, zückte der Angreifer ein Messer und stach zu. Der Staatspräsident wurde nur an der Hand leicht verletzt, die begleitende Sicherheit erschoß den Mann sofort. Er trug den Namen Husain Mahmud Sulaiman und war ein Stoffhändler, der sich von seinen Einnahmen sogar eine Wohnung in der Stadt kaufen konnte. Mit der Sicherheit war er früher bereits zusammengestoßen und deshalb inhaftiert worden. Sie betrachtete ihn als gefährlichen Unruhestifter; er gehörte zum Umfeld der Terroristen. Ihm gelang es zum Schrecken aller Offiziellen, die Sicherheitsbedingungen während des Besuchs des Präsidenten zu unterlaufen und direkt bis zu ihm vorzudringen. Das bisherige Konzept der Sicherung des Staatspräsidenten war durch den Vorfall in Frage gestellt. Mubarak zeigte sich erst wieder am 13. 9. 1999 in der ägyptischen Öffentlichkeit.

3. Die geistige und gesellschaftliche Konzeption der Terroristen

Die geheimen Grundsatzpapiere, die Flugblätter, internen Analysen und offiziellen Pamphlete der Terroristen erschließen uns eine Sichtweise, die überwiegend nicht für die Außenwelt bestimmt ist, sondern vor allem für den internen Gebrauch und zur Selbstverständigung. Ein immer wiederkehrendes Problem ist die ständige Auseinandersetzung mit dem verhaßten Staat, mit den Zeitgenossen und den Fremden. Sie wollen ja die Realität verändern, deshalb entwerfen sie die entsprechenden Planungen. Wie sie dabei argumentieren, welche gefährlichen Vorstellungen in den Zusammenhängen auftauchen und welche historischen Bezüge sie heranziehen, sind weitere Momente in den Dokumenten. Die Autoren sind überwiegend sehr genau mit der alten klassischen Literatur der Araber vertraut, genauer, mit einigen Verfassern der Vergangenheit, besonders mit denen sie eine geistige Verwandtschaft pflegen. Diese historische Komponente ist zur Stützung ihrer heutigen Thesen, zur Sicherung einer treffenden Argumentation und für die Beweisführung in aktuellen Fragen nötig. Dabei geht es nicht um historische Wahrheit, sondern man bezieht das alte Gedankengut unmittelbar auf die jetzt drängenden Fragen. Es ist keine trockene Beschäftigung mit irgendwelchen alten Fakten, sondern eine zugespitzte Nutzung für die Belehrung der Kampfgefährten, die daraus entnehmen, daß die historische Welt auf ihrer Seite ist. Ein Gefühl gesteigerter Legitimität erwächst damit.

Das erste Dokument, das zu behandeln ist, trägt den Titel „Vertrag der islamischen Arbeit" und hat drei Verfasser, die zu der ersten Generation der Terroristen der „Islamischen Gemeinschaft" gehörten. Es sind Najih Ibrahim, der um 1981 Anführer der Terrorgruppe im oberägyptischen Asjut war, `Asim Abd l-Majid aus Minia sowie `Isam ad-Din Darbala. Diese drei haben mit dem Papier, das teilweise im Gefängnis entstanden ist, ein für mehrere Generationen von Extremisten verpflichtendes Geheimdokument vorgelegt. Es weist den Weg von der Vorbereitung praktischer Aktionen des Terrors bis zu der Entstehung eines islamischen Staates, der auf den Gesetzen Allahs basieren soll. Der innere Aufbau des Dokuments geschieht nicht in Kapiteln, vielmehr stehen sieben Fragen im Mittelpunkt, die beantwortet werden. Dabei finden Koranzitate, Aussprüche des Propheten Muhammad und Bemerkungen von Gelehrten der Vergangenheit Berücksichtigung. An der Spitze steht das formulierte Ziel der Terrororganisation: die Zufriedenheit Allahs zu erreichen. Alles andere ist dagegen hinfällig und ungenügend. Das Eintreten dafür soll verhindern, daß die Muslims auf Erden im Elend leben. Alle anderen Leitbilder können nichts erbringen. Aus dieser Fixierung resultiert die ganz entschiedene Ablehnung aller anderen Sozialvorstellungen wie Sozialismus oder Demokratie, beide sind aus ihrer Sicht glatter Irrtum. Natürlich ist die Zufriedenheit Allahs eine nicht berechenbare Größe, die kein klares Bild der Realisierung ermöglicht. Fast schlagworthaft stellt man hier mehr ein Glaubenselement in den Mittelpunkt, das in seinem Absolutheitsanspruch bei anderen Muslims Bedenken hervorruft. Die angeblich hohe Religiosität dieser Leute ist gleichzeitig berechnende Absicht, ihr blutiges Vorgehen als Tat zum Wohle Allahs zu sanktionieren. Der Glaube dieser Extremisten ist laut Dokument geprägt durch eine Gewißheit, die im Herzen ihren Platz hat. Doch ist Glaube bei ihnen nicht bloß die Hingabe an Allah und das Festhalten an ihm, sondern auch der Angriff auf den tyrannischen Herrscher, der sich nicht auf die Gesetze Allahs stützt. Damit tritt erneut die politische Nutzanwendung der religösen Worte hervor. Denn kontemplative Hingabe ist nicht gefragt, vielmehr die aggressive Aktion zur Veränderung der politischen Macht. Wie weit die Gesetze Allahs in einem Staat wirksam sind, haben wohl die Terroristen zu entscheiden. Damit tritt die blanke Willkür zu Tage, nichts Weltliches hat in ihren Augen irgendeinen Anschein von Berechtigung. Natürlich gehört zu den Glaubensregelungen auch die Bereitschaft der Selbstaufopferung, denn ziemlich unverblümt heißt es, daß der Schritt aus der Enge dieser Welt in die Weite des Jenseits mit zu den festen Vorstellungen zählt. Selbstverständlich verbindet sich dahinter eine ganz bestimmte islamische Position. Besonders in den vom Propheten überlieferten Aussprüchen finden sich viele Formulierungen über diejenigen, die den Kampf gegen die Ungläubigen mit dem Tod besiegeln. Durch seinen Opfertod genießt er viele Vorzüge, vor allem die nächste Stellung bei dem Thron Allahs gehört zu den Auszeichnungen. Sie sind durch ihren Tod von allen Sündenschulden befreit, sind rein und bedürfen keiner Fürsprache bei Allah.

Die skizzierten Hauptmomente des Märtyrers finden dahingehend eine notwendige Ergänzung, daß der Islam streng den Selbstmord verurteilt und daher der Glaubensstreiter eine bewußte und sinnvolle Tat für die Sache Allahs zu erbringen hat, um den Verdacht zu vermeiden, hier handele es sich bloß um die sinnlose Tat eines Lebensmüden. Selbst die Mörder Sadats, denen nach ihrer Verhaftung die Todesstrafe völlig klar war, zeigten sich fest in ihrer Überzeugung, eine Allah wohlgefällige Tat vollbracht zu haben. Auch bei den vielen anderen Prozessen gegen Terroristen findet man diese Menschen frohen Blickes und klarer Rede, in der sie den Kampf für die Sache Allahs in den Mittelpunkt stellen. Oft lachen sie in den Metallkäfigen, in denen sie den Prozessen beiwohnen müssen. Ihr Glaube, so heißt es deshalb in dem Dokument „Vertrag der islamischen Arbeit", ist ein strenges Befolgen der Festlegungen Allahs, weil er nicht bloß der Schöpfer ist, sondern auch das Interesse der Menschen am besten kennt. Daraus leitet sich ebenfalls das Selbstverständnis der Terroristen ab, denn nur sie sind die wahrhaften Muslims, die richtigen Gläubigen. Nach dieser Betrachtungsweise darf es keinen sozialistischen, liberalen und weltlichen Muslim geben, denn die Menschen sind als Beleidigung Allahs zu betrachten. Sie sind daher Feinde des Islam und verdienen kein Erbarmen.

Im Gegenteil. Die von ihnen ausgehende Gefahr, so betont das Dokument, ist es gerade, daß sie sich bemühen, in den Köpfen der Muslims den Islam zu zerstören, zu verdrehen und zu entstellen. Das ist eine Kampfansage an alle Muslims, die nicht den Ideen der Terroristen folgen. Der Mord an Faraj Fuda und anderen aufgeklärten Köpfen geschah auf Grund dieser Aussagen. Dabei ist erneut darauf zu verweisen, daß sie, die Terroristen, sich anmaßen, beurteilen zu können, wer Sozialist, Liberaler oder weltlich Gesinnter ist. Wir haben in dem Fall des Mordanschlags auf den Schriftsteller Najib Mahfuz bereits gesehen, daß sich Teile der Geistlichkeit dazu bereit finden, sogenannte Gutachten über Personen und Werke abzugeben, die dann die direkte Basis für den terroristischen Anschlag bilden. Die Terroristen haben mit der formulierten Aussage den Kampf gegen weite Teile der intellektuellen Öffentlichkeit Ägyptens intern proklamiert. Vor allem ist es so gefährlich, was sich hier zeigt, weil die Extremisten von ihrer religiösen Wahrheit behaupten, daß sie die einzig gültige sei. Der Ausschließlichkeitsanspruch beinhaltet, daß man weite Teile der Gesellschaft von vornherein zum Feind erklärt, keine Kompromisse sind in der Glaubensfrage möglich. Denn aus ihrer Sicht, so betont man in dem Dokument, ist die Religion des Islam so umfassend, daß sie alles regelt, was die Menschheit betrifft. Nichts davon darf man abtrennen, sondern streng seinen Regeln folgen. Der Islam ist eine Religion, die alle täglichen Handlungsweisen des Menschen berührt und regelt. Doch hat es immer und gibt es auch heute unterschiedliche Glaubensgruppen, Sekten, Mystiker und Sonderrichtungen, die recht verschieden die religiöse Wahrheit betrachten. Das kann in einem Sinn verinnerlicht und intuitiv sein oder auf besonderen Positionen beruhen. Zwar bekennen sich alle zum Islam, doch in der Auslegung sind die Differenzen teilweise beachtlich, was nach dem Postulat der Extremisten gar nicht sein dürfte. Die Feindschaft gegenüber dem weltlich-westlichen Denken überwiegt so absolut, daß die Terroristen die Unterschiede in den eigenen Reihen direkt übersehen.

Sie werden wohl gewisse moderne Vorstellungen im Islam,

die bedeutende Theologen wie der Ägypter Muhammad Abduh (gest. 1905) veröffentlichten, nicht ohne weiteres verurteilen können, doch ist die Abweichung von ihrer Norm fast schon identisch mit dem Todesurteil, wenn heute solche Ideen vorgetragen werden. Welche neuen Ideen hatte der erwähnte Geistliche entwickelt? Muhammad Abduh war um das Jahr 1849 in einem Dorf Unterägyptens geboren worden. Schon in jungen Jahren widmete er sich dem Studium der Religion, besonders seit 1865 an der Azhar-Bildungsstätte. Seit 1877 war er bereits als Lehrkraft an der gleichen Einrichtung angestellt und begann sich, mit den rasch eindringenden politischen und religiösen Konzepten des Westens ziemlich unvoreingenommen zu beschäftigen. Auch die sich formierende national-ägyptische Bewegung, die für eine Unabhängigkeit des Landes von England eintrat, sah ihn in ihren Reihen, was zur Folge hatte, daß er für drei Jahre und drei Monate aus seinem Vaterland verbannt wurde. Zuerst ging er deshalb nach dem Libanon, dann aber nach Paris. Die hier empfangenen zivilisatorischen und kulturellen Einflüsse sollten bei ihm tiefe Wirkungen hinterlassen, die er 1884 nach seiner Rückkehr nach Ägypten in seiner Lehre umzusetzen suchte. Seine Position im Staat wuchs immer mehr, so daß er folgerichtig am 3. 6. 1899 zum Obersten Geistlichen Richter des Landes ernannt wurde. Seine theoretischen Überlegungen gingen von der vorherrschenden Rückständigkeit in seinem Land aus, dabei bezog er den Islam mit ein. Denn den wollte er von Innen heraus wiederbeleben, damit er dem Fortschritt Ägyptens Impulse vermitteln kann. Er legte dar, daß ein richtig verstandener Islam das Potential einer rationalistischen Religion besitzt, die neue Soziallehren und sich wandelnde Moralbegriffe akzeptiert, wenn sie dem Interesse des Landes dienen. Zwar sollte auch bei ihm nicht jede Erscheinung der modernen Welt sofort in Ägypten heimisch werden, das betraf beispielsweise den Atheismus, doch prägte kein grundsätzliches Konfliktpotential seine Haltung zur westlichen Welt. Vor allem die wissenschaftlichen Entdeckungen in Frankreich und anderen Ländern Europas sollten

Berücksichtigung finden, um sich aus der Vorherrschaft dieser Länder zu lösen. Der Islam muß weitestgehend die Menschen aufgeschlossen machen, ihre aktive Beteiligung am Aufbau des Landes zu realisieren. Er war sogar bereit anzuerkennen, daß die islamische Lehre nicht auf alle Fragen der Neuzeit eine Antwort geben kann. In solchen Fällen sollte man nicht vor der eigenen Meinungsbildung zurückschrecken. Bei der theoretischen Überlegung beließ er es nicht, sondern formulierte als Oberster Geistlicher Richter zahlreiche Urteile in einem liberalen Sinn. So erklärte er es für erlaubt, daß die Bürger des Landes ihr Geld in einer Postsparkasse mit Zinsen anlegen. Der Islam hatte den Zins verboten, aber Abduh sah es für erforderlich an, mit dem Geist der neuen Zeit zu gehen. Auch wandte er sich gegen falsche Lehren des Islam und bestimmte, daß das Fleisch der von Christen und Juden geschlachteten Tiere selbstverständlich von Muslims gegessen werden kann. Solche Urteile erregten beachtliches Aufsehen, auch Gegnerschaft, aber seine Autorität war unerschütterlich. Sein Reformeifer machte nicht vor der Azhar halt, die bisher eine rein religiöse Lehranstalt war. Nun fügte er ihr neben den theologischen Fächern auch Mathematik, Ethik, Geographie, Geschichte und Philologie hinzu. Dieser Gelehrte würde heute in Ägypten gefährlich leben, da er sich den liberalen und rationalistischen Vorstellungen zugeneigt hatte und sogar den Islam entsprechend interpretierte. Solche anregenden und weltoffenen Ideen existierten in Ägypten und haben ihre Spuren hinterlassen. Denn er hat zum einen zahlreiche Schriften publiziert, wobei sein Hauptwerk regelmäßig bis in die zwanziger Jahre auf dem ägyptischen Buchmarkt erschien, heute jedoch bedeutend weniger. Seine Vorstellungen sind aber fast allen Ägyptern gegenwärtig, dazu trugen zum anderen auch seine zahlreichen Schüler bei. In den letzten 50 Jahren gab es kaum einen Vorsteher der Azhar, der nicht zu ihnen zählte oder sich mehr oder weniger als Anhänger bekannte.

Man muß diese Tatsachen kennen, wenn man erfährt, daß sich heutige Terroristen in ihren internen Schriften strikt gegen

Vertreter weltoffener-liberaler Richtungen wenden und sie unmittelbar mit Mord bedrohen. Die Angriffe richten sich deshalb nicht nur gegen die noch lebenden Anhänger des Rationalismus und der Reform des Islam, sondern auch gegen deren geistige Übermacht der Vergangenheit in Gestalt Abduhs und seiner Schüler. Deshalb sind die Extremisten auch so unerbittlich bemüht, an heutigen Anhängern einer offenen Sichtweise das Exempel zu statuieren, weil sie jede Fortführung der großen modernistischen Tradition im Land fürchten. Daher betonen sie in dem Dokument, daß in den Islam keinerlei Neuerungen einzuführen sind, wobei sie sicherlich solche Urteile meinen, wie sie Muhammad Abduh verkündet hat. Nach ihrer eingeschränkten und gefährlichen Sichtweise bedeutet jegliche Berücksichtigung von Neuheit im Islam dessen Verdrehung in eine lügnerische Lehre. In ihrer Theorie ist Neuerung blanke Ketzerei, was eine extrem zugespitzte Sonderposition bedeutet, die nur darauf gerichtet ist, ihren politischen Zielen zu dienen. Die Feinde sind die Andersdenkenden aller Richtungen. Dies steht jedoch im Widerspruch zu ihrem Ziel, in jede Seele den Islam zu pflanzen. Damit will man die Menschen zu ihrem Herren führen und ein Kalifat nach Art des Propheten errichten. Wahrscheinlich kann man erst jede Seele gewinnen, wenn die benannten Feinde beseitigt sind. Auch stellen sie nicht ganz klar, mit welcher Methode sie die Menschen überzeugen wollen. Ebenfalls machen sie sich in dem Zusammenhang keine Gedanken, welche Schwierigkeiten ihnen entgegenstehen, wenn sie jeden unter ihre Doktrin stellen wollen. Ein weiteres Problem dieser umrissenen Zielstellung besteht in dem Anspruch, ein Kalifat nach Art des Propheten errichten zu wollen. Das Wort „Kalifa" bedeutet Nachfolger oder Stellvertreter und ist niemals für die Regierung des Propheten Muhammad angewandt worden. Erst nach seinem Tod wählten die ihm folgenden Vorsteher der islamischen Gemeinschaft den Titel, um sich als die im Amt nachfolgenden Leiter zu bezeichnen. Es hat also überhaupt kein Kalifat nach Art des Propheten gegeben. Was sie vielleicht mit der Formulierung ausdrücken wollen, kann der Wunsch sein, ein islamisches Regime zu errichten, das der Zeit nach dem Propheten entspricht. Die dem Propheten unmittelbar nachfolgenden vier Kalifen gelten als die rechtgeleiteten, weil sie noch unmittelbar mit Muhammad umfassend zusammengearbeitet hatten. Von diesen vier Personen sind drei ermordet worden, das wirft ein bezeichnendes Licht auf den ersehnten Staat nach frühislamischem Muster, denn überwiegend herrschte in der Zeit Bürgerkrieg, in dem die einst geeinte Gemeinde in machtpolitisch rivalisierende Gruppen zerfiel. Für viele damals lebende Gläubige stellten die Machtkonflikte unvorstellbar tragische Erscheinungen einer beinahe endzeitlichen Katastrophe dar. Das ist der sträflich idealisierte frühislamische Staat, den die Terroristen schaffen wollen. Sie bezeichnen ihn als die richtige Umsetzung des Islam, die einzige Gestalt, in der sich der Islam völlig verkörpert und die auf den gesamten Gesetzen Allahs beruht. Sie übersehen die Tatsache, daß es zahlreiche ideologisch-religiöse Abspaltungen von der frühislamischen Gemeinde gab, weil man nicht mit der offiziellen Deutung der Gesetze Allahs einverstanden war. Die Streitereien darüber trugen zum Ausbruch der Bürgerkriege bei. Von einem einheitlichen Staatsgebilde konnte deshalb lange keine Rede sein, obwohl sich das islamische Reich auf Grund der Eroberungen bald rasch ausbreitete.

Die Terroristen kommen in ihrem Dokument nun zur Machtergreifung. Dabei tauchen zwei Begriffe auf, die Propagandaarbeit und Heiliger Krieg heißen. Mit der ersteren will man das Religionsverständnis bei den Menschen dahingehend ändern, daß sie zum Islam zurückkehren. Die Formulierung bedeutet eigentlich nur, daß das eingeschränkte Konzept vom Islam der Terroristen zu vermitteln ist, wie weit man damit alle Menschen erreichen will, wird nicht gesagt. Aber eines bestätigt sich hier unter dem methodischen Aspekt, den die ägyptische Polizei aus ihren Beobachtungen heraus in letzter Zeit bekräftigt, daß nämlich die Belehrungen über den Islam durch die Terroristen weitgehend auf die Machteroberung gerichtet sind. Zweckdienliche

Vereinfachungen herrschen in der Lehre vor und verbinden sich mit dem zweiten Akzent, dem Heiligen Krieg. Er ist zu richten gegen die weltlichen Herrscher, bis die Religion Allahs verwirklicht werden kann. Die islamistischen Terrorgruppen sehen sich als die einzige Kraft an, in gemeinschaftlicher Aktion das Ziel zu realisieren. Der Wille und die Entschlossenheit der Mitglieder sind umzusetzen in Arbeitspläne und konkrete Schritte, mit denen das Gewollte zu erreichen ist. Auf diese Weise ist die Hoffnung zu verwirklichen, und der Traum in die Wirklichkeit zu überführen. Selbstverständlich führt das Dokument auch die erforderlichen Eigenschaften an, die das einzelne Mitglied für die Erfüllung der Aufgaben braucht. Dazu gehören die Vorsicht, die Gewißheit, Gottvertrauen, Standhaftigkeit, Weltentsagung und Hoffnung auf das Jenseits. Diese Qualitäten stellen das geistig-moralische Rüstzeug der Terroristen dar. Auch hier fällt die recht starke Betonung der islamischen Elemente auf.

Das Grunddokument der Terroristen findet seine Ergänzung durch Flugblätter, interne Analysen zu ausgewählten Problemen und offiziellen Stellungnahmen. Ein frühes Flugblatt illustriert, wie die Terroristen aktuelle Fragen aufgreifen, um sie für ihre Zwecke zu nutzen. 1991 hatte Ägypten offizielle Statistiken über die wirtschaftlichen Fortschritte veröffentlicht. Das Flugblatt der Terroristen verwies darauf, daß allein die Durchführung der Fünften Afrikanischen Ballspiele in Kairo am 20. 10. 1991, an denen 46 Staaten Ägyptens teilnahmen, 1,5 Milliarden ägyptische Pfund gekostet hatte. Die Summe würde ausreichen, um zahlreiche Projekte zu schaffen, bei denen arbeitslose Jugendliche eine Stelle finden könnten. In gleicher Weise kritisierten sie die Kairoer Filmfestspiele des Jahres, an denen sich 44 Staaten beteiligten. Vor allem monierten sie, daß skandalöse Sexfilme aus Westeuropa und Amerika zu sehen waren. Doch auch hier verwiesen sie auf die riesigen Summen, die Ägypten für die 15tägige Veranstaltung ausgab. Dann gingen sie zur Landwirtschaft über und konstatierten ihren allmählichen Ruin. Denn die eigene Leistung derselben geht immer mehr zurück, das hat zur

Folge, daß 70% der Lebensmittel importiert werden müssen. Der Baumwollanbau schrumpft, ebenso der Export landwirtschaftlicher Güter. Dann leitet man in dem Flugblatt zu der Misere in der Schulbildung über und bezeichnet es als Skandal, daß der Staat jährlich ca. 3 Milliarden ägyptische Pfund in den Aufbau der Touristenorte am Roten Meer pumpt, aber gleichzeitig die Schulgebühren um 20% erhöht. Auch die mangelnde gesundheitliche Betreuung der Schulkinder prangert man an, denn jährlich stehen dafür pro Kind ca. 50 Pfennig zur Verfügung. Gleichzeitig aber, so kritisiert man, gibt der Oberste Rat für Jugend und Sport sechs Millionen ägyptische Pfund aus, um öffentliche Sportplätze in den Dörfern und Städten zu erhalten. Bei dem Flugblatt zeigt sich bereits das Vorgehen der Terroristen, soziale Mißstände aufzuzeigen und den Staat die Mißachtung der Interessen einfacher Menschen zu unterstellen. Islamische Akzente tauchen nur ganz am Rande auf. Damit strebt man an, das Vertrauen der Mehrheit zu gewinnen, sich als Sachwalter ihrer Interessen aufzuschwingen und zu einer führenden Kraft im Land zu werden. Dieser Methode bedienen sie sich bis heute. Oft werden große Stapel von Flugblättern in aller Frühe auf Häuserdächern an den Hauptstraßen deponiert, wo sie bald von der aufsteigenden Wärme in alle Himmelsrichtungen getrieben werden.

Das folgende Flugblatt, eigentlich mehr eine Information, konnte man Mitte 1995 in dem Elendsviertel Imbaba an Häuserwänden und auf der Straße liegend entdecken. Es behandelte einen Angriff von Bewaffneten auf Muhammad Awad, den leitenden Beamten in dem Empfangsgefängnis Tura. Man schoß auf ihn, als er sich auf dem Weg von seiner Wohnung zum Arbeitsplatz in Halwan befand. Zwei Kugeln trafen ihn an seiner rechten Seite, sein Fahrer wurde an der Schulter verletzt. Drei Personen griffen ihn an, von denen einer das Auto fuhr, während die anderen schossen, als man sich nahe an dem Wagen des Betreffenden befand. 12 Kugeln trafen das Auto, andere Schüsse töteten Unbeteiligte. Es scheint, so betonte man in dem Text, daß die Kugeln den Feind Allahs entscheidend verletzt haben. Doch hat die verhaßte Regierung, um ihre Niederlage vor der Macht Allahs zu vernebeln, nur von zwei Kugeln gesprochen, obwohl allein das Auto von einer gewaltigen Vielzahl gezeichnet worden war. Das war eine Erfolgsmeldung der Terroristen selbst, die von ihrem jüngsten Terroranschlag berichteten. Solche Mitteilung war natürlich nur in Gebieten möglich, wo die Extremisten einen dominierenden Einfluß ausübten. Außerhalb derselben war das kaum machbar, weil die allgegenwärtige Sicherheit ein solches Blatt sofort eingezogen hätte. Außerdem ließ der Tonfall des Blattes sofort erkennen, wer der Verfasser war.

Anders liegt die Sache bei einem weiteren Text, der fast gleichzeitig in Kairo kursierte. Daraus konnte man die Handschrift der Terroristen nicht sofort ablesen. Denn man berichtete von der Sahaba-Moschee in der Stadt Damanhur, die sich im Nildelta ca. 40 km von Alexandria entfernt befindet. Viele Menschen besuchen sie zum Gebet, Hunderte von Kindern lernen in ihr den Koran. Nun sind an der Moschee einige Schäden aufgetreten, die Seitenwände erwiesen sich als einsturzgefährdet. Daraufhin sammelten die Bewohner der Stadt Geld, um die Reparatur zu finanzieren. Das muß den Zuträgern der Sicherheit bekannt geworden sein. Denn Armee umstellte bald das Gebiet und nahm alle fest, die mit dem Reparationsprojekt zu tun hatten. Der Text schließt mit der entlarvenden Bemerkung, daß sich die Bewohner Damanhurs nach dem Grund für den verbrecherischen Angriff fragen. Auch habe man den Scheich der Azhar, das Oberhaupt derselben, um eine Stellungnahme gebeten. Diese Darstellung schien einen sachlichen Gegenstand zu behandeln, doch zeigten sich die Terroristen oft bemüht, ihre Anliegen hinter allgemeinen Forderungen zu verstecken, um wie schon in früheren Fällen den Einfluß in der Bevölkerung zu stärken. Das reichte so weit, daß man auch gegen die Erhöhung des Brotpreises ähnliche Papiere verfaßte, die beinahe einen gewissen linken Tonfall besaßen, wenn man dagegen die 500 ägyptische Pfund stellte, die ein ägyptischer Minister als monatliches Grundgehalt erhält. Doch besaß das Geheimdokument „Amerika, Ägypten und die islamische Bewegung" eine größere Bedeutung. Es entstand offensichtlich in Verbindung mit der Verstärkung der Kämpfe um den Jahreswechsel 1996/97 und sollte neue Anschläge vorbereiten sowie die Mitglieder auf entsprechende Schritte einstimmen. Wahrscheinlich hat man den Text nach der Fertigstellung Ibn Ladin zugestellt, weil seine Organisation alle Informationen über die Amerikaner im Nahen Osten und darüber hinaus gezielt sammelt. Schon in der Einleitung machte man darauf aufmerksam, daß es nicht nur genügt, die Stärken und Schwächen des inneren Feindes genau zu kennen, sondern auch die der äußeren. Diese besitzen mehr Ressourcen und sind die eigentlichen Schachspieler, während sich im Inneren Ägyptens nur die Figuren bewegen. Damit deutete man die bereits gewonnene Erkenntnis von der eingetretenen Abhängigkeit Ägyptens an. Mit dem Aufzeigen der primären Konfrontation sollten alle geistigen, politischen, militärischen, wirtschaftlichen und propagandistischen Kräfte in der Organisation zur Ausarbeitung detaillierter Arbeitspläne veranlaßt werden. Das Dokument mußte also seine Umsetzung auf allen Ebenen finden, dabei sollten die Mitglieder eine genaue Kenntniss von dem Umfang der Feindschaft erhalten, um daraus die richtigen Methoden abzuleiten. Warum stehen die USA im Mittelpunkt der geheimen Studie, fragte man rhetorisch in dem Text. Das beschlossene strategische Bündnis zwischen Ägypten und den USA besagt, daß Ägypten seine politische, wirtschaftliche und militärische Unabhängigkeit schon eingebüßt hat.

Wie an anderer Stelle bereits angedeutet, ist die Lage des Landes nicht so einfach zu beschreiben. Auf der einen Seite hat Ägypten ein sehr hohes Handelsdefizit. Es liegt gegenwärtig bei 12,3 Milliarden US-Dollar und bedeutet einen gewissen Grad von Abhängigkeit. Doch Griechenland, Polen und die Türkei haben noch negativere Werte, woraus keine Bedrohung für deren Unabhängigkeit erwächst. Die Exportschwäche Ägyptens resultiert vor allem daraus, daß der im Aufbau befindliche private Sektor inzwischen 70% des Gesamtprodukts erwirtschaftet, aber von seiner Potenz her noch wenig für den Export erbringt. Das leisten überwiegend die bis jetzt vorhandenen staatlichen und militärischen Großbetriebe. Darüber hinaus ist tatsächlich der Export ägyptischer Landwirtschaftsprodukte zurückgegangen. Die Terroristen verweisen in ihrer Analyse auch darauf, daß Ägypten weitgehend von amerikanischen Krediten abhängt. Dabei unterscheiden sie nicht zwischen Finanzhilfe privater US-Unternehmen und der amerikanischen Regierung, denn die ersteren bringen weit mehr als das Dreifache an Finanzmitteln auf als die Regierung. Auch verweisen die Extremisten nicht auf die Finanzhilfe der Weltbank und des IWF. Wahrscheinlich betrachten sie das alles als eine einheitliche USA-Haltung. Vor allem die Geldquellen der USA, in Gestalt von Banken, Versicherungen und Großunternehmen, suchen sich die besten Anlagemöglichkeiten, die überwiegend in Lateinamerika und Europa liegen. Der Nahe Osten ist keineswegs eine günstige Region. Nur ca. 10 Milliarden Dollar legten sie 1999 hier an, dagegen 75 Milliarden in Lateinamerika, wobei angesichts der Brasilienkrise der diesjährige Betrag mit beinah 10 Milliarden Dollar unter dem vorjährigen Stand liegt. In Europa ergibt sich die Zahl von 44,2 Milliarden Dollar Anlagekapital. Die staatlichen Mittel, die bei den Extremisten allein im Mittelpunkt stehen, belaufen sich im gesamten Nahen Osten nur auf 600 Mio., von denen Ägypten den nach Israel größten Anteil erhält. Das zeigt gleichzeitig die spezifische Wertigkeit der ägyptischen Rolle in der Region. Die Terroristen verweisen auch auf die militärische Abhängigkeit, wobei sie die Bewaffnung und die Ausbildung in den Mittelpunkt stellen und behaupten, daß damit die Schlagkraft des ägyptischen Heeres an die dritte oder vierte Stelle in der Region gerutscht sei. Das läßt sich nicht leicht bestimmen, denn einerseits kann die Leistungskraft der Armee aus der Mannschaftsstärke erwachsen, andererseits aber aus der hochentwickelten Ausrüstung. Ein Faktor, der beide Aspekte beinhalten kann, ist der Kostenaufwand für die militärischen Belange. Dabei liegt Ägypten an vierter Stelle hinter Iran, Algerien und Saudi-Arabien.

Das ist aber keine Katastrophe, da weniger Ausgaben für den Militärzweck anderen Bereichen der Wirtschaft und des sozialen Lebens zugute kommen können. Ägypten bezog lange Zeit die Ersatzteile für die russischen Waffen aus Jugoslawien, als sich das als nicht mehr effektiv genug erwies, stellte man die Bewaffnung auf amerikanische Modelle um. Die US-Waffenlieferungen erfolgen im Rahmen eines Hilfsprogramms, zusätzlich produziert Ägypten als eines der wenigen Nah-Ost-Länder militärische Ausüstungen, vor allem auf Lizenzbasis. Diese Verhältnisse bilden eine relativ stabile Basis, wobei die Schlagkraft eine schwer zu messende Größe bleibt.

Die Terroristen verfügten jedoch durch ihre geheimen Kontakte zu Armee-Einheiten über einen begrenzten Einblick in die inneren Verhältnisse. Sicherlich ergab sich aber dabei kein sehr detailliertes Bild über die militärische Gesamtlage. Natürlich werten sie das politische Agieren Ägyptens während der Kuwait-Krise und die bestehenden diplomatischen Beziehungen zu Israel als eine fatale Auswirkung der USA-Politik, als Unterwerfung unter deren Diktat. Denn der Haß auf Israel prägt ihr Denken. Daß durch den Friedensvertrag die Gesamtlage Ägyptens sicherer geworden ist, will man nicht erkennen. Immerhin müssen sie zugeben, daß durch das Dokument die Sinai-Halbinsel wieder unter die ägyptische Herrschaft gelangte. Das Verhältnis zu den USA erscheint bei den Terroristen nicht nur unter dem aktuellen Aspekt, vielmehr konstruierte man eine ganze historische Szenerie. Denn seit den Atombombenabwürfen auf die japanischen Städte Hiroshima und Nagasaki Mitte der vierziger Jahre waren die USA bestrebt, ihre militärische Vorherrschaft in allen Teilen der Welt durchzusetzen. Wobei zu ihrem Muskelspiel, wie die Extremisten betonen, auch die Inszenierung von Umstürzen, die Unterstützung für bewaffnete Banden und die direkte Einmischung gehören. Sie verweisen auf das blutige Abenteuer in Vietnam und die Vorfälle um die Insel Grenada, weitere dieser Akte werden angedeutet. Deshalb halten die Verfasser eine solche Studie für dringend erforderlich, weil die gesamte Dimension der aktuellen Bedrohung durch die USA in die Strategie der Terrororganisation einkalkuliert werden muß. Die Auswirkungen für die Gegenwart und Zukunft sind dabei zu bedenken. Dahinter verbirgt sich eine generelle Sorge vor den Gefahren, die der Westen für die perspektivischen Schritte der Terroristen bedeutet. Auch die allmähliche Einbeziehung Ägyptens in die westliche Wirtschaftssphäre betrachten sie als einen langfristigen Prozeß, der vor allem unter Sadat in Gestalt seiner wirtschaftlichen Öffnung stärkere Konturen annahm, als die US-Hühnchen den ägyptischen Markt eroberten.

Heute gibt es Gesetze, die unter dem Gesichtspunkt der amerikanischen Kreuzzugsidee den US-Investoren einen erleichterten Zugang auf dem ägyptischen Markt ermöglichen. Man beklagt auch, daß der ägyptische Markt mehr noch als in Israel zu einem Tummelfeld der USA-Waren und Gebrauchsgüter geworden ist. Seit 1984 hat sich das Handelsvolumen des Landes mit Amerika verfünffacht und erreicht mehr als 33% aller Importe. In dem Zusammenhang machen sie auch auf die negative Handelsbilanz aufmerksam, die tendenziell weiter wächst und die bereits starke Position der USA begünstigt. Dazu kommt das kräftige Engagement auf dem Investitionssektor, wo, wie die Terroristen hervorheben, mehr als 30% aller dieser Maßnahmen im Nahen Osten in Ägypten geschehen. Sie konstatieren ebenfalls das kontinuierliche Wachstum der Hilfsmaßnahmen auf wirtschaftlichem Gebiet. Die Analyse verweist darauf, daß gegenwärtig ca. 500 amerikanische Projekte in mehreren Wirtschaftsbereichen existieren. 1116 Amerikaner sind deshalb im Land, um Studien zu erarbeiten, Arbeitspläne zu erstellen und Bauabläufe zu überwachen. Ihre Gehälter belaufen sich auf ca. 267 Mio. Dollar, die Summe ist größer als das Budget des Erziehungsministeriums Ägyptens. Diese Angaben zeugen von der relativ guten Quellenlage der Terroristen, denn die Ziffern über die Einkommenshöhe gehören sicherlich zu den nicht öffentlich gemachten Zahlen. Auf jeden Fall belegen die Extremisten damit die engen Wirtschaftsbeziehungen mit den USA, womit das Land fest in die kapitalistische Sphäre einbezogen ist. Das hat auch nach Ansicht der Extremisten konkrete Auswirkungen auf die politische Zusammenarbeit. Denn die wirtschaftlichen Tatsachen erweisen sich als Mittel, Druck auf Ägypten ausüben zu können. Konkret machen sie auf das Gebaren des IWF aufmerksam, der Kredite mit einer Laufzeit von 10 Jahren vergibt, die eine Zinshöhe von 9 bis 11% haben. Vier oder fünf Jahre nach der Kreditauszahlung muß seine Rückerstattung beginnen. Das sind international übliche Zahlungsbedingungen, die jedoch von den Terroristen einerseits als Zementierung amerikanischer Einflüsse, andererseits aber als Schritte zur langfristigen Fesselung an den kapitalistischen Markt angesehen werden. Diese Befürchtungen sind nicht ganz abwegig, doch sind die heutigen Wirtschaftsbedingungen weltweit von gewissen Interdepedenzen geprägt, die sich gleichzeitig durchaus als stabilisierende Faktoren erweisen können. Die Extremisten haben auf weitere kritische Punkte hinzuweisen. Dazu gehört die Tatsache, daß alle Projekte auf amerikanischen Erfahrungen und Kriterien basieren müssen. Das ist weitgehend üblich auf der internationalen Ebene, daß der Kapitalgeber auch über die Umsetzungsbedingungen entscheiden kann, um einigermaßen sicher zu gehen, daß die richtige Realisierung erfolgt. Doch gibt es bei jedem Projekt amerikanische Sonderbedingungen. Darunter kann man technische Parameter oder rechtliche Rahmenbedingungen verstehen. Auch merken die Autoren an, daß die amerikanischen Waren, Güter und Ausrüstungen auf teuren US-Schiffen nach Ägypten kommen, wodurch bereits Teile des Kredits oder der versprochenen Leistung abgedeckt werden. Das ist ein durchaus bedenkliches Verfahren, das sich sicherlich in Verhandlungen anders regeln lassen könnte. Auffällig ist auch aus Sicht der Extremisten, daß der größte Teile der US-Hilfe an kleine Einheiten geht, die Verbrauchsgüter produzieren. Damit deutet sich an, daß keinerlei Unterstützung für die Schwerindustrie des Landes erfolgt, sondern die nicht eigentlich produktive Konsumsphäre im Vordergrund steht. Die Terroristen haben einen namentlich nicht benannten Experten gefragt, wieviel von der US-Hilfe denn tatsächlich im Land wirtschaftlich wirksam wird. Die absolut ernüchternde Antwort lautet, daß es nur 10% des Gesamtvolumens sind, da es viele nicht rechtmäßige Kanäle gibt, wo der größere Rest verschwindet. In dem nächsten Kapitel werden einige der schattenwirtschaftlichen Felder vorgestellt. Die geringe Effektivität dieser Hilfe muß alarmierend wirken, doch unternimmt die ägyptische Regierung nichts dagegen, da sie die gesamtwirtschaftlichen Bedingungen im Land nicht genau genug überblickt und erfaßt.

Interessant ist jedoch, und das muß nachdenklich stimmen, daß die Terroristen auch über einen direkten Stamm von wirtschaftlichen Insidern verfügen, der ihnen interne Informationen zukommen läßt. Sie sind damit nicht nur zielgerichtet in die Wirtschaft eingedrungen, sondern verfügen über weite Möglichkeiten, sich umfassende Kenntnisse wie die angeführten über den Nutzungsgrad der USA Hilfe zu beschaffen. Zweifelhaft ist, ob die Regierung über solch genauen Zahlen verfügt. Deshalb müssen Experten der Terroristen auch gewisse Schaltstellen im Wirtschaftsgeschehen des Landes einnehmen. Das sind für die Regierung beunruhigende Tatbestände. Die Terroristen haben bereits auf die Einbindung des Landes in den kapitalistischen Weltmarkt kritisch hingewiesen. Nun stellen sie Eckpunkte zusammen, die die Hauptproblematik der ägyptischen Wirtschaft umreißen. Zuerst sehen sie die Schwierigkeit, daß das Land langfristig auf ausländische Kredite angewiesen ist. Als sehr ernst bewerten sie die Tatsache, daß Ägypten den Empfehlungen des IWF folgt, die auf die Vertiefung der kapitalistischen Tendenzen gerichtet sind und gleichzeitig die Bedingung für weitere Kreditzusagen darstellen. In dieser Bereitschaft sehen sie die Gefahr einer wachsenden Fremdbestimmung mit ernsten Folgen, da das nationale Interesse mit dieser Lage immer mehr kollidieren wird. Zusätzlich beobachten sie als Ergebnis der komplizierten Finanzgebaren der USA das Heranwachsen einer gesellschaftlichen Klasse, die vor allem aus den abhängigen Wirtschaftsbedingungen Nutzen zieht und zwangsläufig mit Amerika verbunden ist. Sie bemerken den Vorgang mit Sorge, da sie darin einen Erfolg des Auslandskapitals erblicken, der zu einer Deformation in der Gesellschaft geführt hat. Als vielleicht noch schwerwiegender aber bewerten sie die eingetretene Abhängigkeit des Landes in der Ernährungsfrage, vor allem beim Weizen. Denn den Mißstand bekommen alle in dem vom Ausland bestimmten Preisniveau unmittelbar zu spüren. Als einen weiteren sehr ernsten Fakt empfinden es die Autoren, daß die USA verhindern, daß in Ägypten ein wirkliches Wirtschaftswachstum in entscheidenen Bereichen erfolgt. Durch die beinahe ausschließliche Förderung der konsumtiven Sphäre verschiebt sich die innere Struktur der Wirtschaft in ungünstiger Weise.

Diese kritischen Bemerkungen zur ägyptischen Wirtschaft werden getragen von der Unzufriedenheit, daß Ägypten damit immer tiefer mit dem Westen in Verbindung tritt. Auch zeigen sie sich über diese eingetretene Lage empört, weil damit das Land gehindert ist, selbst wenn es das wollte, in eine Konfrontation mit Israel einzutreten. Die Position stellt einen ernsten Hinweis auf die außenpolitisch-militärische Gewichtung der Terroristen dar, denn sie überlegen offensichtlich die Möglichkeit einer solchen Aktion gegen Israel, wenn sich die Bedingungen ergeben. Wann der Moment besteht, hängt vor allem von der Eroberung der Macht ab.

Ihre Überlegungen zum Widerstand gegen alle diese Erscheinungen der Abhängigkeit setzten interessanterweise beim Militär ein. Denn sie verweisen auf die Tatsache, daß die Amerikaner die Hauptlieferanten militärischer Ausrüstungen und Waffen sind, auch die entsprechenden Experten und Ersatzteile stellen sie zur Verfügung. Dann ist auch noch Frankreich ein Partner im Militärbereich und verkauft das Kampfflugzeug „Miraj" in seiner jeweilig aktuellen Gestalt. Weiterhin sind Militärgüter aus Großbritannien, Italien, Rumänien und China zu erwähnen. Letzteres liefert Raketen unterschiedlicher Art. Die Extremisten sind recht gut über diese komplizierte Sachlage informiert und leiten daraus ab, daß die Vielfalt der Partner die

Unübersichtlichkeit im Militär fördert und eine gewisse Anfälligkeit gegen Störungen beinhaltet. Das ist für sie ein Ansatzpunkt, um Operationen zu überlegen. Auch beobachten sie die Einladungen ägyptischer Militärs zur Ausbildungszwecken in die USA, die darauf abzielen, die Direktkontakte zu amerikanischen Partnern zu entwickeln. Besonders interessiert die Terroristen, wie weit sich die Ägypter dabei bewußt sind, daß auf sie massiv Einfluß ausgeübt wird. Verstehen sie sich noch selbst als Ägypter oder sind sie den Machenschaften der USA verfallen? Diese Gedanken der Terroristen gehen in die Richtung, daß man diese Leute genauer einschätzen muß, um sie im Ernstfall entsprechend zu behandeln. Die bisherigen gemeinsamen Manöver der Amerikaner und Ägypter haben nach Meinung der Terroristen den einzigen Zweck, das schnelle Eingreifen der USA zu üben, wenn sich im Land der Versuch einer Machtveränderung ergibt, mit der man in Washington nicht einverstanden ist. Der Schwachpunkt in diesen ganzen militärischen Planungen ist den Terroristen wohl bekannt, denn alles kommt bei den schnellen Aktionen auf die Beherrschung des Kairoer Flugplatzes an. Bei den Manövern stellt ihn Ägypten immer zur Verfügung, was aber passiert, wenn er nicht mehr nutzbar ist? Das ist die Überlegung der Terroristen. Die Militärflugplätze in Qana und Anshas bilden keinen Ersatz dafür, denn der erste liegt in Oberägypten, der zweite in der Oase Kharga, die sich im Südwesten des Landes befindet. Beide sind aus geographischen Gründen uneffektiv für gezielte Operationen gegen Kairo. Ein dritter größerer Flugplatz existiert bei der Stadt Port Said am Eingang des Suezkanals. Er ist nicht speziell militärischer Natur und liegt ca. 180 Kilometer von Kairo entfernt. Damit stellt der Kairoer Flugplatz die heikelste Stelle dar für ein Operieren gegen Machtveränderungen im Land.

In Ägypten sind nach Informationen der Terroristen ca. 800 amerikanische Militärpersonen in den verschiedenen Truppengattungen tätig. Diese Zahl ist auch nicht offiziell, das zeugt erneut von den Möglichkeiten, die die Extremisten haben, sich Interna aller Art zu beschaffen. Die Angabe brauchen sie dazu, das

Widerstandspotential dieser Leute im Fall eines Umsturzes zu überdenken. Sie neigen offenbar dazu, diese militärischen Fachleute von ihrer Gefährlichkeit her nicht überzubewerten, denn die Operationsmöglichkeiten, die sie in einem fremden Land haben, sind relativ gering. Die Beherrschung des Arabischen ist ein weiteres Hindernis. Ihren Hauptschlag gegen das bestehende Regime soll durch Massenstreiks und Bürgerkrieg erfolgen, die Armee und deren amerikanische Verbündete, das ist bereits ein Ergebnis der geheimen Studie, kann man in solch einem Fall in seiner Gefährlichkeit einschränken. Dabei berücksichtigen die Terroristen neue Erscheinungen. Denn sie beobachten zahlreiche Lieferungen des amerikanischen Transportflugzeugs S 130, das in der Lage ist, schnelle Truppenverlegungen zu ermöglichen. Innenpolitisch soll damit offensichtlich der Kampf gegen die terroristischen Gruppen optimiert werden, doch erblicken die Terroristen auch die Möglichkeit, daß man sie gegen den Sudan einsetzt, wenn es die Amerikaner wollen. Bei einem gemeinsamen Manöver hat man bereits eine Brigade im Sudan kurz stationiert und wieder aufgenommen. Damit würde sich die Rolle Ägyptens in der Region zugunsten der USA bedeutend erhöhen, da alle revolutionären islamischen Bewegungen der Bedrohung ausgeliefert sind. Gleichzeitig aber wissen die Terroristen, daß diese Flugzeuge inzwischen überwiegend von ägyptischen Piloten gesteuert werden, was ihnen gewisse Möglichkeiten der Beeinflussung potentiell einräumt.

Das Dokument, eigentlich eine Analyse zum Auffinden von Einwirkungsmöglichkeiten, ist eine beachtliche Leistung, die auch recht klare Quellen zur inneren Situation der Armee erfordert. Die Terroristen verfügen darüber und befassen sich ständig mit der Materie, vor allem die „Bewegung des islamischen Heiligen Kriegs". Sie trug sicherlich den größten Anteil an der Studie. Die Erkenntnis spielt dabei eine zentrale Rolle, daß in Entwicklungsländern wie Ägypten die Armee die einzig intakte Kraft darstellt, die innenpolitisches Gewicht besitzt. Der Text zeugt von der inzwischen gewachsenen analytischen Fähigkeit in den Reihen der Extremisten. Die früheren Muslimbrüder hätten in keiner Weise eine solche Arbeit fertiggebracht, sie hätten noch nicht einmal die ganze Dimension des Problems erkannt. Allerdings sind die aus den Erkenntnissen abgeleiteten Überlegungen, wie wir noch sehen werden, überwiegend gefährlich illusorisch. In ihrem Vorgehen ist eine seltsame Erscheinung zu beachten, denn sie gebrauchen zuweilen Begriffe aus der marxistischen Theorie, die ihnen unter dem theologischen Aspekt zutiefst verhaßt ist. In dem nächsten Geheimdokument, wir sind damit schon in der jüngsten Zeit angekommen, unternehmen sie den Versuch, die Kräfte zu bestimmen, die an dem Eindringen der Amerikaner vor allem interessiert sind. Dabei gebrauchen sie, wie wir sehen werden, den Terminus Klassenkräfte. In dem Text geht man, einleitend und historisch völlig zutreffend, von den inneren Transformierungen aus, die es in Ägypten seit Präsident Sadat gegeben hat und die ein Aktivwerden der USA erst zunehmend ermöglichten. Die Befreiung der Wirtschaft von jeglicher Bindung war das auslösende Moment. Als die erste Kraft, die das Land gegen seine tatsächlichen Interessen in die Gefolgschaft der USA drängt, sehen sie den IWF an, wobei sie nicht nur die Westhörigkeit beklagen, sondern auch die Tatsache kritisieren, daß Ägypten nach dem Modell des kapitalistischen Westens umgestaltet wird. Darin erblicken sie eine unmittelbare Gefahr für die islamischen Traditionen des Landes und für die geistigen Werte der Religion. Eine solche Umwandlung Ägyptens ist auch deshalb verwerflich, weil damit das Land in die internationale Weltwirtschaft gezogen wird, woraus neue gefährliche Einflüsse erwachsen. Das wiederum führt zu der bereits bekannten Unabhängigkeit, so meinen die Autoren, die grundsätzlich für ein möglichst unabhängiges Wachstum eintreten, wenn das unter den Verhältnissen der Globalisierung überhaupt möglich ist. Sie erkennen genau, daß wirtschaftliche Abhängigkeit den politischen Handlungsspielraum einschränken kann, daher rührt ihre grundsätzliche Kritik. Als zweite Kraft, die für die Einbindung Ägyptens in die Weltwirtschaft arbeitet, benennt man eine Klasse von Menschen, die in ihrer Tätigkeit mit dem Westen und Israel verbunden ist. Diese Leute streben den höchsten Gewinn mit dem Einsatz der geringsten Eigenmittel an. Sie kümmern sich nicht um den Islam und seine Lehren, dagegen bemühen sie sich, den Staat für ihre persönlichen Zwecke zu gebrauchen. Vor allem wollen sie so wenig wie möglich eigenes Kapital investieren und spannen dafür den Staat ein, zusätzliche Kosten zu übernehmen.

Damit wird gesagt, daß diese negativen Kräfte vor allem im Wirtschaftsbereich tätig sind und sich im Vermittlungsgeschäft zwischen ausländischen Geschäftsleuten und dem ägyptischen Staat bewegen. Die Terroristen attestieren ihnen maßlose Gier und Rücksichtslosigkeit. Die dritte Gruppe ist ganz oben an der Spitze im Staat angesiedelt. Teilweise gehört sie unmittelbar der zweiten an, zeigt auch sehr ähnliche Handlungsweisen und Denkvorgänge. Wir werden in dem kommenden Abschnitt genauer erfahren, wie Minister und ihre Angehörigen teilweise in dunkle Geschäfte verwickelt sind. Solche direkt mit der Macht verbundenen Menschen meinen hier die Terroristen, wenn sie eine dritte Gruppierung definieren, die für die Verankerung Ägyptens in die Weltwirtschaft arbeitet. In dem Parteienpapier vom August 1999 spricht man von 10% der Bevölkerung, die sich unmäßig bereichern. Diese unter zwei und drei erwähnten Klassen sind konkret damit gemeint. Die Terroristen machen unmißverständlich klar, daß ihre eigenen Planungen nicht nur zu den Interessen dieser Leute im Widerspruch stehen, nein, sie stellen eine unmittelbare Bedrohung für deren Werte und ihre Existenz dar, die nicht auf dem Islam aufbaut. Damit sprechen sie sich direkt für deren Beseitigung aus, wenn sich die Gelegenheit dazu ergibt. Die Terroristen werfen ihnen konkret vor, daß sie am liebsten ein noch liberaleres System haben würden, das ihren Wünschen viel näher kommt. Das Dokument, das sich mit den wenigen Reichen befaßt, hätte auch von vielen Linken in ägyptischen Parteien stammen können. Dort sieht man diese Kreise in einem recht ähnlichen Licht.

Mit dem nächsten Text steht es nicht so. Er trägt den Titel „Die islamische Wiederbelebung". Darin geht man von den Folgen der wirtschaftlichen Abhängigkeit aus und konstatiert, daß viele Bürger in dem umfassenden Prozeß in ihrer religiösen Haltung beschädigt werden. Sie sprechen noch Arabisch, doch gewinnen sie allmählich eine Art westliche Haltung zum Islam. Das geschieht dadurch, daß sie das Prinzip der Weltlichkeit einführen, das aus der westlichen politischen Sphäre stammt. Unter Weltlichkeit verstehen sie eine Überbewertung des Materiellen, des Konsums, westlicher Vorbilder in Filmen, Zeitschriften und Videos sowie eine Relativierung des Religiösen. Es ist damit eine gedankliche und praktische Erscheinung. Seine Ursprünge hat das Phänomen bereits im 19. Jahrhundert. Denn damals gab es nicht nur den Kolonialismus, der schon seine Anhänger hatte, viel schlimmer aber war es, daß Orientalisten aus dem Westen angeblich bemüht waren, den Muslim in Ägypten als barbarisch, egoistisch und rückständig darzustellen und seine Religion in gleicher Weise abzuqualifizieren. Mir ist kein Fall dieser Art bekannt. Die Terroristen jedoch sehen diese Diskriminierung als ein Schlüsselmoment für die Krise der Religion in manchen Köpfen an. Die folgende Landesgeschichte vor der Unabhängigkeit und danach in der Nasser-Periode trug zu der weiteren Verwirrung bei. Auch die Entstehung des Staates Israel bewerten sie als einen der Schläge, die das Bewußtsein der Ägypter veränderten, denn die Hilflosigkeit, dem Vorgang zuzusehen und sich damit abfinden zu müssen, haben Zweifel gestärkt über die Gerechtigkeit Allahs. Dann ergab sich in der Zeit 1973 unter Sadat im Oktoberkrieg der militärische Versuch, den israelischen Feind endlich zu schlagen, da erschien im Auftag der USA der Jude Kissinger. Durch ihn kamen die USA verstärkt in die Geschäfte und die Politik des Nahen Ostens hinein, so klagen die Terroristen. Der amerikanische Schirm begann sich zu entfalten, immer an der Seite Israels. Die USA wurden sinnbildlich der Vater, an den man sich wendet, wenn man sich über den anderen beschwert. Der löst dann die Konflikte in geschickter und theatralischer Weise, gemeint ist das Friedensabkommen von Camp David und andere Treffen. Aber beide, die USA und Israel, arbeiten gemeinsam daran, die arabische Region durch ihre Aufspaltung zu schwächen. Auch bemühen sie sich darum, die geistigen, kulturellen und materiellen Besonderheiten der arabischen Völker zu beseitigen. Gemeint sind die islamischen Traditionen, die die Völker verbinden. Dagegen treten beide dafür ein, daß nationale Gesichtspunkte unter den Völkern wieder lebendig werden. Das würde bedeuten, daß bei den Libanesen die Herkunft von den Phöniziern, bei den Ägyptern von den Pharaonen, bei den Jordaniern die Nabatäer eine Rolle spielen. Das sind alles Völker und Reiche, die vor dem Aufkommen des Islam existierten. Die Terroristen erblicken darin deshalb das Bestreben, das Vertrauen in die gemeinsame Religion, ihre Geschichte und Kultur zu erschüttern. Die beiden Teufel, gemeint sind die USA und Israel, nutzen alle Möglichkeiten, um diese kulturelle Zersplitterung zu realisieren. Die Terroristen wiederum wollen alles daran setzen, daß diese künstlichen Machenschaften scheitern, denn sie bedrohen die bestehende islamische Kultur und Geschichte, aber auch die Hoffnung und Erwartungen der Menschen. „Wir wollen keine andere Gesellschaft werden, unsere Hoffnungen und Vorstellungen sind verwurzelt im gemeinsamen islamischen Erbe, nichts anderes lassen wir uns aufdrängen." Bei dem näheren Betrachten dieser Formulierungen der Extremisten erkennen wir, daß für sie Kultur und Islam deckungsgleich sind. Keinerlei Kultur kann es außerhalb der Religion geben. Damit schränken sie die Vielfalt kultureller Erscheinungen ein, die ja den materiellen Bereich und den intellektuellen in ihrer Komplexität umfassen. Dem Gegner unterstellen sie eine Kreuzzugskultur, die darauf aus ist, andere Erscheinungen, und damit den Islam, zu vernichten. Das geschieht in Form einer Gehirnwäsche, wodurch man den eigenen Willen des Menschen auflöst und zersetzt. Auf diese Weise will man ihn zu einem Werkzeug machen in der Hand der anderen.

Dagegen entwickeln die Terroristen eine Strategie, die vor allem die Etappen und Instrumente aufzeigt, mit denen man die religiös-kulturelle Geistigkeit der Bevölkerung sichern will. In der ersten Etappe wendet man sich den in Ägypten lebenden christlichen und jüdischen Minderheiten zu. Dabei handelt es sich nicht um einen Dialog, sondern um eine geistige Offensive gegen sie. Denn diese Leute vertreten Werte, die nichts mit der islamischen Tradition in der Region zu tun haben. Es sind Vorstellungen des Feindes, der davon redet, daß Ägypten ein europäischer Staat ist. Dagegen ist zügig vorzugehen, denn diese Minderheiten sind Brückenköpfe der USA und Israels und müssen eine entsprechende Behandlung erfahren, die ihre Wirksamkeit maximal einschränkt. Dabei ist die blutige Lösung offensichtlich nicht auszuschließen, denn sie werden vor die Entscheidung gestellt, ihre gefährlichen Vorstellungen aufzugeben - oder nicht. Im letzteren Fall ginge es nicht friedlich zu. Bei der ersten Variante gesteht man den Christen und Juden ein kontrolliertes Leben in der muslimischen Gemeinschaft zu. Schon das würde die Spannungen im Land steigern. Die zweite Etappe sieht vor, mit ausgewählten Gruppen der Gesellschaft zusammenzuarbeiten, damit ist besonders die islamische Geistlichkeit gemeint. Mit ihnen gemeinsam will man das politische Leben von negativen Erscheinungen säubern. Bei der Aktion sind schrittweise weitere Kräfte einzubeziehen. Konkret handelt es sich um bestimmte Intellektuelle wie Schrifsteller, Professoren, hohe Gewerkschaftler und Künstler. Auch sie sind ausgewählt und haben an einer Säuberung des Staates von unislamischen Elementen mitzuwirken. Es soll eine geistige Säuberung ohne Gewalt sein. Doch wird bei den Ausführungen nicht ganz klar, wie man mit der Staatsmacht umgehen will. Denn die Demontage des Staates wird nicht friedlich verlaufen; die Terroristen deuten nur an, daß der Reinigungsprozeß auch das politische System betreffen soll. Man will es aushöhlen. Dort, wo man Widerstand trifft, geht man entsprechend dagegen vor.

Die dritte Etappe ist die schwierigste. Angesichts der Tatsache, daß zahlreiche Kulturschaffende und Gewerkschaftler auf seiten der Terroristen stehen, rechnet man, daß das Land gesellschaftlich und kulturell führungslos und damit beeinflußbar ist. Insofern stünde einer problemlosen Rückbesinnung einer Mehrheit der Menschen auf die eigentlichen islamischen Werte nichts im Wege. Damit soll die allmähliche Wiederaufnahme des Katalogs überkommener Tugenden eingeleitet werden. Doch rechnet man gleichzeitig mit einer bewaffneten Auseinandersetzung, denn einige Teile der Gesellschaft sind nicht bereit, der Orientierung auf den Islam zu folgen. Genannt werden: die religiösen Minderheiten, weltlich orientierte Intellektuelle und Künstler, Kulturschaffende, die sich mit der Staatsführung verbunden haben, und Linke aller Spielarten. Dazu kommen noch die Freunde der USA und der Israelis, die sich mit aller Macht gegen die islamische Rückbesinnung wenden. Auf der anderen Seite hofft man auf die direkte Unterstützung islamischer Kräfte im In- und Ausland. Wer genau damit gemeint ist, bleibt unklar. Man kann zuerst an Ibn Ladin und seine Organisation denken. Aber primär sollen vor allem feindliche Christen und Juden, weltliche Kräfte und die Linken radikal ausgeschaltet werden. Der Haß der Terroristen richtet sich besonders gegen die weltlichen Geister. Weltlichkeit kommt nach ihrem Verständnis als Ersatzreligion aus dem Westen, vor allem aus Europa, wo seit dem Mittelalter ein Kampf zwischen Kirche und dem Einzelmenschen, zwischen Materialismus und Geistlichkeit tobte. Auch abtrünnige Geistliche zählen die Terroristen zu den Urvätern des weltlichen Geistes. Denn einige von ihnen verfaßten materialistische Schriften. Die Extremisten betrachten deshalb die Weltlichkeit als die neue Form einer feindlichen Religion, die sich mit der Demokratie ausgezeichnet verbindet. Sie gehen davon aus, daß die meisten Regime in der arabischen Region von dieser Weltlichkeit gekennzeichnet sind. Über die ägyptische Regierung äußern sie sich dahingehend, daß sie ketzerisch und ungläubig ist, wie fast alle ihre Nachbarstaaten. Das Dokument enthält in beinahe unverhüllter Gestalt die Grundzüge des Bürgerkriegs, den man um der Sache des Islam willen beginnen möchte. Die Gedanken für die kulturell-islamische Arbeit einer Neubesinnung sind deshalb von beachtlicher Brisanz.

Eine andere geheime Analyse trägt den Titel „Die Konfrontationsstrategie gegen den Westen". Darin geht man einleitend davon aus, daß die Haltung gegenüber dem Westen durch eine Kampfbeziehung und einen umfassenden Zusammenstoß charakterisiert ist. Der Gegner kann die Spannungen reduzieren, wenn er die Unterdrückung der islamischen Länder vermindert. Doch ist man davon noch weit entfernt. Die Terroristen rechnen den USA detailliert vor, daß sie immer die Rechte der Muslims im Nahen Osten beschnitten haben. Das sei nicht hinnehmbar. Die Extremisten haben durch die langfristige Beobachtung der Aktionen westlicher Staaten die entscheidende Lehre gezogen, daß man dagegen einen Kampf führen muß, in dem nur eine Seite überleben wird. Mit solcher Radikalität fomulieren sie ihre Aufgabe. Dabei unterscheiden sie zwei Etappen. Die erste Kampfphase liegt vor der Machtübernahme, die zweite ergibt sich und ist umfassender, wenn man in Ägypten die Regierung gestürzt hat. Denn mit der staatlichen Autorität im Rücken kann viel effektiver dem Westen entgegengetreten werden. Da sie die Eroberung der Macht als einen von Allah formulierten Auftrag begreifen, gibt es davon keinerlei Abrücken. Der von ihnen gelenkte Staat hat den Krieg gegen den Westen zu führen, das islamische heilige Recht verlangt das. Damit soll gleichzeitig die islamische Propaganda einen gewaltigen Aufschwung erleben, alle Staaten der Erde sind davon berührt. Dahinter steht das konkrete Bestreben, den Aktionsradius weltweit auszudehnen. Perspektivisch sehen sie deshalb ihre Aufgabe darin, alle nicht-islamischen Regime zu beseitigen, unter ihnen sind selbstverständlich alle westliche Staaten. Sie sind beauftragt, das Gesetz Allahs in allen Teilen der Welt zu verbreiten; das bedeutet nichts anderes, als den Export ihrer Revolution. Dabei bekämpft man jeden Machthaber, der nicht die islamischen Prinzipien befolgt. Sie sprechen sich auch in dem Zusammenhang gegen das Nationalprinzip im Staat aus und wollen es überall durch die islamische Lehre ersetzen. Denn der Islam erkennt keine staatlichen Grenzen an, während aus Sicht der Terroristen der Nationalismus geradezu Grenzen erfordert. Auch den arabischen Patriotismus schätzen sie deshalb absolut negativ ein. Die Ausweitung des Machtbereichs des Islam stellt die anderen Menschen der Welt vor die Entscheidung, entweder den Islam anzunehmen oder als Unterworfene die Kopfsteuer zu zahlen wie alle Nichtmuslims. Dieser Steuerbegriff kommt zwar schon im Koran vor, doch wurde er praktische Wirklichkeit, als das islamische Reich um 780 von Spanien im Westen bis nach Indien im Osten reichte.

Die Muslims ließen bei den Eroberungen die vorgefundene Verwaltung meistens unangetastet, legten aber den Bewohnern diese Steuer auf. In ihrer Bedeutung ging sie im Laufe der Jahrhunderte gegenüber anderen Steuerarten allmählich zurück. Der Türkische Staat schaffte sie 1855 ab, in den arabischen Staaten existiert sie auch schon lange nicht mehr. Die Wiedereinführung dieser degradierenden Steuerart ist ein Rückgriff auf das Mittelalter und wird sich kaum praktisch einführen lassen, weil die deklassierende Herabstufung der Nichtmuslims nicht mit dem Gleichheitsprinzip eines modernen Staates vereinbar ist. Die Terroristen werden sich zwar um solche international anerkannten Regeln nicht kümmern, doch kalkulieren sie fälschlicher Weise keinerlei Widerspruch ein. Vor allem die Christen in den arabischen Ländern werden beschuldigt, den nationalen Gedanken verbreitet zu haben und damit der islamischen Gemeinde zu schaden. Sie würden auch ganz leicht den westlichen Einflüssen in der Kultur, Politik und der Lebensführung verfallen. Deshalb sind sie nicht nur als Feinde zu betrachten, sondern als ständige Quellen gefährlicher Vorstellungen und Ideen. Gleichzeitig behaupten sie, daß alle arabischen Nationalisten Christen waren und sind, was keineswegs stimmt.

Einer der zwei führenden Köpfe des arabischen Nationalgedankens war in der Neuzeit der syrische Muslim Salah ad-Din al-Bitar, 1912 geboren, der mit dem Christen Michel `Aflaq zu den Gründern der Baath-Partei gehörte, die den nationalen Gedanken militant formulierte und noch heute im Irak und in Syrien die Regierungslinie bestimmt. Beide hatten während ihrer Studien in

Frankreich (1929-1934) die ersten Ideen für die politische Arbeit gewonnen. Am 8. 2. 1963 kam die Partei im Irak an die Macht und am 8. 3. 1963 in Syrien. In beiden Staaten wird die islamische Opposition mit harter Hand niedergehalten. Das ist selbstverständlich auch den ägyptischen Terroristen bekannt. Den Nationalisten al-Bitar kennen sie ganz sicher auch, da er in der Innenpolitik des Libanon und Syriens lange Jahre eine prominente Rolle spielte. So war er 1963 bis 1966 Ministerpräsident in Syrien, nachdem er in den fünfziger Jahren bereits Außenminister war. Auch ist er mit einem Buch hervorgetreten, das den Titel trägt „Die arabische Politik zwischen dem Prinzip und der Umsetzung" und 1960 im Libanon herauskam. Das wird von den Terroristen bewußt ignoriert, weil sie nur den Christen für die Verbreitung des Nationalgedankens die Schuld geben wollen. Den arabischen Nationalismus machen sie für zahlreiche Katastrophen verantwortlich, auch habe er nichts für die Befreiung Palästinas getan; an der Niederlage der Araber in dem Krieg 1967 gegen Israel sei er ebenfalls schuld. Solche Ereignisse könnten sich angeblich unter dem Banner des Islam nicht ereignen. Dabei verwenden sie einen Begriff, der ähnliche Züge trägt wie der nationale Einheitsgedanke, denn sie reden davon, daß unter dem Islam die Vereinheitlichung erfolgt. Darunter verstehen sie die für alle entsprechenden Staaten gültige Bekenntnisform für Allah und seine Gesetze. Auf die Weise glauben sie, in dem Kampf gegen die USA, den Westen und seine Verbündeten besser gewappnet zu sein. Natürlich steckt darin viel Illusion, wenn man annimmt, daß mit der Kraft des Islam die neue Staatengemeinschaft entsteht, die in sich geschlossen allen Gefahren trotzen kann. Dabei gibt es bereits die „Organisation der Islamischen Konferenz" (OIC), der 51 islamische Staaten angehören. Am 5. März 1972 bestätigte man auf der dritten Gipfelkonferenz im saudischen Jidda die Charta, damit war die Organisation geboren. In der damaligen Erklärung würdigte man die Charta als Mittel, islamische Solidarität und Kooperation auf den Gebieten der Wirtschaft, der Kultur, der Wissenschaft und anderen Bereichen zu stärken. Das waren schöne Worte, die sicher ernst gemeint waren. Doch in der Wirklichkeit nahm sich die islamische Solidarität seltsam aus.

Als schlimmsten Fall, den man sich denken konnte, entwikkelte sich der Krieg zwischen Iran und Irak von September 1980 bis 1988. Beide sind Mitglieder der OIC, das hinderte sie aber nicht daran, in brutaler Gewalt übereinander herzufallen. Zwar schuf die OIC mit Ausbruch des Konflikts ein Komitee unter Leitung des Präsidenten von Gambia, das beiden Seiten seine guten Dienste zur Vermittlung anbot. Die zwei entsprechenden Vorschläge, die das Komitee vorlegte, lehnte der Iran schlicht ab. Der Grund bestand vor allem darin, daß die Iraner bemängelten, daß gerade ein tunesischer Generalsekretär der OIC amtierte und leiteten generell daraus ab, daß die Araber einen majorisierenden Einfluß in der Organisation einnehmen. Deshalb trug die OIC auch nichts zur Lösung des Konflikts bei. 1988 war es der UNO-Sicherheitsrat mit seiner Resolution 598, der die Basis für einen Waffenstillstand legte. Als am 2. 8. 1990 der Konflikt zwischen Kuwait und dem Irak ausbrach, tagten gerade die Außenminister der OIC in Kairo und verurteilten die Invasion Kuwaits durch den Irak. Sie forderten letzteren auf, sofort seine Truppen zurückzuziehen. Damit erschöpfte sich die Tätigkeit der OIC, denn sie überließ den Konflikt zur weiteren Behandlung einfach der Arabischen Liga. Selbst als die Mitgliedstaaten Iran und Pakistan den Generalsekretär der OIC aufforderten, den Krieg zu beenden, geschah nichts. Man beließ es bei papiernen Appellen an den Irak, seine Truppen zurückzuziehen. Als im Dezember 1991 der Islamische Gipfel in Dakar stattfand, forderte man dort, daß der Irak im vollen Umfang die Resolutionen des Weltsicherheitsrates erfüllen soll. Damit hatte sich auch in dem Fall die Unfähigkeit der OIC erwiesen, militärische Konflikte in den eigenen Reihen mit geeigneten Mitteln zu verhindern. Genauso scheiterte die OIC, als in Afghanistan die Spannungen zwischen revalisierenden islamischen Gruppen immer größer wurden. Zwar schaffte es im März 1993 die Führung Saudi-Arabiens, die entsprechenden Anführer zu Frieden und Wiederaufbau zu verpflichten, doch die Konflikte gingen weiter, obwohl man ein Waffenstillstandsabkommen unterzeichnet hatte. Da nützten auch nicht mehr die OIC-Beobachter, die man in Afghanistan stationiert hatte. In allen Fällen, wo Konflikte zwischen Mitgliedstaaten ausbrachen, scheiterte die OIC. Zwar hatten die Außenminister derselben 1977 angeregt, einen speziellen Apparat zu schaffen, der sich mit Spannungen zwischen Mitgliedern der Organisation befassen sollte, doch kam es bis heute in der Angelegenheit zu keiner Entscheidung, weil offenbar niemand daran interessiert ist. Auf der Gipfelkonferenz 1981 in Saudi-Arabien regte man an, einen internationalen Islamischen Gerichtshof zu bilden, um damit friedliche Schritte bei Ausbruch von Kriegen zwischen Muslimstaaten durchzusetzen. Nach langjährigen Diskussionen in der OIC verabschiedete 1987 der Islamische Gipfel in Kuwait die Satzungen eines solchen Gerichts. Bis heute ist das Gremium nicht entstanden, weil zwei Drittel der Mitgliedstaaten zustimmen müssen. Bisher sind es nur acht, die den Schritt unternommen haben. Das belegt auch die mangelnde Friedensbereitschaft unter den Staaten der OIC. Sie sehen nicht ein, warum sie im etwaigen Konfliktfall ihre Handlungsfähigkeit an ein solches Gericht abgeben sollen. Man vertraut mehr den eigenen Waffen als den Entscheidungen eines irgendwie gebildeten Gerichts. Dazu kommt noch, daß man für das Gremium verfügt hat, daß es in seiner Arbeit strikt der islamischen Rechtssprechung verpflichtet ist. Die meisten Staaten zweifeln wohl, daß mit rechtlichen Mitteln überhaupt ein zwischenstaatlicher Disput gelöst werden kann. Deshalb wird der Gerichtshof nicht entstehen.

Die islamische Solidarität wird von den Mitgliedern der OIC nicht sehr ernst genommen, so überweist die Mehrheit nicht die jeweils festgelegte Beitragssumme. Das bringt es mit sich, daß oft die Beamten der OIC nicht bezahlt werden können. Ohne die ständige Finanzhilfe Saudi-Arabiens und der arabischen Golfstaaten hätte die OIC nicht bis heute überlebt. Viele der Mitglieder wissen natürlich, daß Saudi-Arabien nicht den Kollaps der Organisation zulassen wird und halten sich mit den eigenen Beiträgen zurück. Gleichzeitig spricht man zuweilen mit ernsten Tönen von dem saudi-arabischen Einfluß in den eigenen Reihen. Die OIC ist in ihrer politischen und kulturellen Zusammensetzung sehr heterogen, bei vielen Mitgliedern spielt der Islam keine Hauptrolle. Auch sind sie nicht in Sprache, Geschichte, Brauchtum, Kultur und Regional einheitlich. In den Regierungssystemen und dem geistigen Wertekatalog ergeben sich zusätzliche Differenzen. Teilweise sind sie in unterschiedliche internationale Verpflichtungen und Bündnisse eingebunden. Die Unterschiede in der wirtschaftlichen Struktur sind ebenfalls beachtlich und machen eine Zusammenarbeit fast unmöglich. So hat die der OIC unterstehende Islamische Entwicklungsbank inzwischen mehr als 10 Milliarden Dollar zur Förderung des Handels zwischen den Mitgliedstaaten ausgegeben, ohne den gewünschten Erfolg zu haben. Das hängt primär mit den wirtschaftlichen Verhältnissen der meisten dieser Länder zusammen, sie sind alle Entwicklungsländer. Rohstoffe umfassen 95% ihres Exports, wogegen 68% ihres Imports Maschinen, Ausrüstungen und bearbeitete Güter ausmachen, und diese bekommen sie nur in den westlichen Industriestaaten, so daß der Handel unter ihnen bedeutungslos bleibt. Die OIC hat es noch nicht vermocht, eine islamische Lehre über die Außenpolitik und die heutige Welt zu entwickeln. Wenn man sich vorstellt, daß in Saudi-Arabien ganze Universitäten an dem Thema arbeiten, muß man sich wundern, daß man noch nicht über kontroverse Positionen hinausgekommen ist. Denn den einen in der OIC fällt bei der Begründung einer islamischen Außenpolitik nur der Heilige Krieg ein. Das ist gleichzeitig, wie wir gesehen haben, die Position der Terroristen in Ägypten. Die Saudi-Arabier vertreten einen ähnlichen Standpunkt, betonen aber gleichzeitig, daß dieser Krieg nicht immer die militärische Auseinandersetzung bedeutet. Deshalb verstehen sie ihn als die Bereitschaft des Menschen, seine äußersten Anstrengungen darauf zu richten, Gutes zu tun und Böses zu verhindern. Das kann einzeln oder kollektiv geschehen, auch ist es möglich national oder international. Natürlich schließt man nicht ganz aus, daß ebenfalls der Kampf auf dem Schlachtfeld dazu gehört. Dagegen argumentieren andere in der OIC, die für sachlichere Beziehungen mit den nicht-islamischen Staaten sind. Sie berufen sich auf einige Theologen und Juristen in der islamischen Welt um das Jahr 790, die unter Berücksichtigung des Korans und der Aussprüche des Propheten den Gedanken entwickelt haben, daß unabhängige schöpferische Ideen und Entscheiden möglich sind, um allen neuen Erscheinungen der Welt effektiv begegnen zu können. Die Anhänger dieser Richtungen gelten in der OIC als Modernisten, die sich dafür aussprechen, ein unabhängiges Denkvermögen des Menschen anzuerkennen. Dabei gehen sie sogar so weit, daß sie die islamische Gesetzlichkeit, Zentralpunkt der Traditionalisten und Terroristen, nicht als in sich heilig anerkennen, obwohl sie sich vom Koran und den Prophetenaussprüchen herleitet. Sie bewerten diese Gesetze als Menschenwerk und damit nicht unerschütterlich und ewig. Denn noch so fromme Gelehrte, die einst diese Bestimmungen formulierten, waren menschlichen Vorstellungen und Begründungen erlegen. Daher ist das Material islamisch in einem allgemeinen Sinn, nicht aber unter einem Ewigkeitswert.

Die Modernisten lehnen deshalb den Begriff des Heiligen Kriegs in den internationalen Beziehung grundsätzlich ab. Genauso treten sie dagegen ein, mit Heiligem Krieg zu drohen. Sie geben zwar zu, daß davon im Koran gesprochen wird, machen jedoch auf die ethischen Prinzipien und Wertvorstellungen des Frühislam aufmerksam, wo die friedlichen Beziehungen mit Nichtmuslims absolut im Vordergrund standen. Die notwendige Flexibilität im Denken leiten sie auch daher ab, daß sich bereits in der frühen Periode um 790 die soziopolitischen Umstände der Zeit auf die Interpretation und das Verständnis der islamischen Quellen auswirkten. Diese Wechselbeziehung ist auch heute zu berücksichtigen, um den Herausforderungen der Zeit gerecht werden zu können. Überlegungen der Modernisten in den Reihen der OIC geben zwar manchen Anstoß, erlangen aber keine dominierende Stellung. Eine Mehrheit unter Führung Saudi-Arabiens wirft ihnen vor, nicht den heiligen Geist der islamischen Botschaft zu berücksichtigen, die sich an alle Menschen richtet. Jedoch müssen auch die Traditionalisten zugeben, daß in ihren Argumenten manches nicht göttlichen Ursprungs ist, sondern schlicht Menschenwerk. Das betrifft zum Beipiel die von ihnen bevorzugte Einteilung der Welt in ein Gebiet des Islam, wo Gerechtigket und Glück herrschen, und eines des Krieges, das die Ungläubigen bewohnen, die man solange bekämpfen muß, bis sie besiegt sind. Diese militante Einteilung der Welt stammt von Gelehrten, kann also nicht als Gottes Wort gelten und ist deshalb nur mit Vorsicht zu gebrauchen. Die Diskussionen und Auseinandersetzungen sind ein Spiegelbild der divergierenden Kräfte in der OIC. In den Grundsätzen der Organisation, die sie in ihrer Charta für die internationalen Beziehungen entwickelt, dominiert das Bestreben, eine Atmosphäre der Kooperation und des Verstehens zu schaffen. Daraus wird ersichtlich, daß es das primäre Ziel der OIC ist, friedliche Beziehungen mit nichtislamischen Staaten zu unterhalten. In der Präambel der OIC hat man sich teilweise an den Formulierungen der UNO-Charta angelehnt. In letzterer heißt es, daß man für die Stärkung des Friedens und der Sicherheit eintritt. Das hat man in der OIC fast im Wortlaut übernommen, doch geht es in dem UNO-Text weiter, indem man die Maßnahmen anführt, diese Ziele zu erreichen. Dabei erwähnt man Gerechtigkeit und internationales Recht. In der OIC Präambel führt man nur den Begriff der Gerechtigkeit an und läßt das internationale Recht bedenklicherweise weg. Gleichzeitig aber spricht man sich an anderer Stelle für die Durchsetzung der UNO-Charta aus. Diese Widersprüche in dem Text widerspiegeln die unterschiedlichen religiösen Strömungen in der Organisation.

Die Probleme der OIC, hier nur kurz umrissen, verdeutlichen die zahlreichen Schwierigkeiten innerhalb der islamischen Staaten, die heute existieren. Die Terroristen Ägyptens kennen ihr Wirken und Bemühen um Frieden, doch zeigt sich in keiner Weise eine Berücksichtigung der dortigen Erfahrungen und Probleme. Deshalb ist es ein gefährlicher Irrtum und eine glatte Illusion, wenn sie in ihrem Geheimdokument tatsächlich davon sprechen, daß eine friedliche Welt des Islam entstehen soll, dann leben alle Menschen sicher und genießen verschiedene Freiheiten, vor allem die religiösen, die der Erde wohltuen und den Armen und Bedürftigen nützen. Das ist das Bild von der Weltbeherrschung des Islam aus ihrer Sicht. Die Terrororganisation begreift sich als das einzige Mittel, diesen angeblichen Glückszustand herzustellen. Sie betonen dabei unverblümt, daß sie den Krieg als das richtige Instrument für die neue islamisch-politische Weltordnung betrachten. Das ganze Modell des westlichen gesellschaftlichen Lebens mit seiner langen Tradition steht zur Disposition. Selbstverständlich wissen sie, daß die Aktionen gefährlich sind, weil geistige, soziale und schöpferische Merkmale der Westregion einer grundlegenden Veränderung unterzogen werden. Auch ist dabei zu berücksichtigen, daß die Staaten des Westens es als eines ihrer wichtigsten Ziele betrachten, einen Schutz gegen die islamische Welt aufzubauen, und alles daran setzen, ein Vordringen des Islam zu verhindern. Die Terroristen sind sich aber sicher, daß sie das nur aus Furcht vor einer Ausdehnung des islamischen Reiches tun. Was aber sollen sie nach Ansicht der Extremisten tatsächlich fürchten – den Tag der Rache. Denn sie listen recht umfangreich auf, welche Verbrechen sie dem Westen gegenüber dem Islam anlasten. Ohne Rücksicht hat er gegen den Islam und seine heiligen Werte Krieg geführt. Mit Haß und Neid ging man gegen die Muslims vor. Die größten Freveltaten ereigneten sich, deshalb ist er verantwortlich für die Widersätzlichkeit und Rebellion, die sich jetzt in der islamischen Welt entwickeln. Die Terroristen bezeichnen ihn als den Hauptverantwortlichen für die Verbreitung von Wertvorstellungen und Glaubenszügen, die sich unmittelbar gegen den Islam richten und auf seine Vernichtung orientieren.

Man lastet ihm ebenfalls die Gemetzel an, die in der Zeit des Kolonialismus in islamischen Ländern geschahen, aber auch die heutigen Aktionen, um den islamischen Widerstand zu beseitigen. In dem Sinn gewinnt die Konfrontation mit dem Westen schicksalhafte Züge. Die Terroristen sind sich deshalb klar, daß es ein Kampf zwischen zwei Kulturen ist, der epochemachende Formen annimmt. Denn mit dem Westen kann es keinerlei sachliche Beziehungen geben. Nur die völlige Beseitigung aller seiner zivilisatorischen und entwicklungsmäßigen Ergebnisse ist anzustreben; seine Auswirkungen auf die islamische Welt sind auszulöschen, da sie der großen Veränderung entgegenstehen. Der Westen ist die gewaltige Herausforderung dieser Leute, das Haupthindernis für die Islamisierung der Welt. Daher ist man entschlossen, mit dieser kreuzzughaften Region schicksalhafte Kampfbeziehungen aufzubauen, die auf grundsätzlichen Widersprüchen und glaubensmäßigen sowie politischen Gegensätzen basieren. Das sind unverhüllte Drohungen. Gleichzeitig aber glaubt man auf seiten der Terroristen, daß bereits erste Schwächezeichen im Westen erkennbar sind. Als solche bewertet man die Angst, den Schrecken und die Furcht, die man in westlichen Staaten vor der islamischen Bewegung erkennt. Vor allem soll man die Rache berücksichtigen, die nun dafür gefordert wird, daß er es war, der den islamischen Völkern die Rechte nahm. Die Konfrontation soll umfassend sein, daher erfordert der Zusammenstoß mit dem Westen spezielle Vorbereitungen. Selbst in der umfassenden Konfrontation, so rechnen die Terroristen, wird er nicht davon ablassen, andere Völker zu unterwerfen und ihre Reichtümer zu rauben. Als eine erste Stufe des Angriffs sollen die irrigen westlichen Gedanken und Konzepte angegriffen werden, gleichzeitig ist die islamische Propaganda zu intensivieren. Aber in allen Staaten der Erde will man ebenfalls mit der Ausbreitung der islamischen Vorstellungen von Gerechtigkeit und Glaube beginnen. Wie man das finanziell und organisatorisch planen und absichern will, taucht in den Konzepten nicht auf. Nicht auszuschließen ist aber der Umstand, daß man in der Hinsicht an Ibn Ladin und seine Organisation gedacht hat. Der Verdacht erhärtet sich im weiteren noch. Dann legt man einen nächsten Schritt fest, der sehr ungewisse Aussichten in sich birgt. Sie wollen sich wirtschaftlich völlig vom Westen abtrennen, wenn sie die Macht errungen haben. Diese politische Entscheidung soll bald fallen, als eine Form der Selbstverwirklichung ist sie zu begreifen. Weiterhin soll ein gemeinsamer islamischer Markt entstehen, dem alle entsprechenden Staaten angehören. Das ist erforderlich, um mit Beharrlichkeit und Kraft den Wirtschaftsblöcken im Westen Widerstand zu leisten. Man denkt wohl vor allem an die EU, die darauf aus ist, ihre Herrschaft über die entscheidenden Faktoren der Weltwirtschaft auszuüben.

Doch wenn bereits der Handel zwischen den Mitgliedstaaten der OIC nicht funktioniert, wie sieht es bei ihnen mit der wirtschaftlichen Zusammenarbeit aus, von der die Terroristen als selbstverständlich ausgehen? In der OIC hat man zwei Rahmenabkommen geschaffen, um die Wirtschaftskooperation abzusichern. Eines nennt sich „Generelles Abkommen für wirtschaftliche, technische und handelsmäßige Zusammenarbeit zwischen Mitgliedstaaten der OIC". Das zweite lautet „Abkommen über die Untersützung, den Schutz und die Garantie von Investitionen". Beide sind als rechtliche Rahmen für die Entwicklung der bilateralen Wirtschaftsformen gedacht. Die Texte sind 1977 und 1981 von den Außenministern der Mitgliedstaaten bestätigt worden, doch sind sie bis heute nicht ratifiziert worden und deshalb nicht in Kraft getreten. Die OIC hat weitere drei ständige Komitees geschaffen, um trotzdem die technologisch-wissenschaftliche sowie die handelspolitische und wirtschaftliche Kooperation zu fördern. Auch das klappte kaum. Einzig die Islamische Entwicklungsbank hat im Rahmen des Möglichen einige Milliarden Dollar für die gemeinsame Wirtschaft ausgegeben. Solche Einrichtung ist bei den Terroristen nicht vorgesehen. Oder haben sie wieder an Ibn Ladin gedacht? Die Hauptfelder der Bank sind zu 25% Anleihen, Beteiligungen und Leasing-Finanzierungen sowie zu 71% Finanzunterstützung für Handelsaktivitäten durch Kreditvergaben. Ein weiteres Feld ihrer Tätigkeit ist die Hilfe für Muslimgemeinschaften in Nichtmitgliedstaaten sowie Beistand in Katastrophenfällen bei Mitgliedern. Die Islamische Entwicklungsbank ist auch der einzig positive Faktor der OIC, der für einen gemeinsamen islamischen Markt wirkt. Die Diskussion darüber nahm in der OIC wie bei den Terroristen erst konkrete Gestalt an, als sich mit Beginn der neunziger Jahre eine neue internationale Ordnung mit großen Wirtschaftsblöcken herausbildete. Doch kam man bis heute nicht aus der Diskussion heraus. Manchmal plädierte man dafür, wie es die Extremisten tun, der EU Widerstand zu leisten, dann wieder sprach man sich realistischer für die wirtschaftliche Entwicklung als Basis für einen solchen Markt aus. Schließlich bekam die Islamische Entwicklungsbank den Auftrag, Analysen über den Einfluß der EU auf islamische Staaten zu erarbeiten. Das erbrachte nicht viel. Auch erkannte man inzwischen, daß der islamische Gemeinsame Markt dadurch behindert ist, daß viele Staaten gleichzeitig in anderen Wirtschaftsvereinigungen sind. So sind sie in dem Arabischen Gemeinsamen Markt, der Arabischen Wirtschaftsunion oder dem Golf-Kooperativrat organisiert, was eine Überschneidung erbringt, wenn man weitere islamische Kontakte zwischen ihnen schafft. Die OIC erkannte weiterhin, daß die ärmeren ihrer Mitglieder Auslandsschulden in einem Wert von 500 Milliarden Dollar haben, wodurch der Zusammenarbeit in einem gemeinsamen Markt zusätzliche enge Grenzen gesetzt sind. Denn diese Staaten, zu ihnen zählen vor allem die am wenigsten entwickelten, reine Agrarstaaten sowie die in der Nähe der Sahara-Region gelegenen, müssen zuerst ihre Schulden an die Geberstaaten oder den IWF zurückzahlen, ehe sie aktive Beiträge in einem gemeinsamen Markt leisten können. Die Terroristen ziehen diese Problematik nicht in Betracht, glauben sich damit gar nicht beschäftigen zu müssen, weil aus ihrer Sicht der islamische Glaube alles klären wird. Die OIC ist da weitblickender, indem sie den ärmsten Staaten Beihilfen zu einer Umschuldungsregelung anbietet. Dabei spielen Angebote an die Vergabestaaten eine Rolle, Teile der Schulden für Spezialprogramme zur Entwicklung von

Frauen und Kindern sowie zum Schutz der Naturschönheiten anzulegen, wenn diese zustimmen. Inzwischen geht die OIC sogar dazu über, die Sicherung der eigenen Ernährung durch die Mitgliedstaaten zu fordern. Damit will man zu einem Selbstversorger werden und nicht mehr von teuren Importen abhängen. Doch bei der Überprüfung der Voraussetzungen dafür ergeben sich gewaltige technische Mängel in den eigenen Reihen. Auch bei den Terroristen taucht der Gedanke auf, durch die Loslösung vom Westen, eigene Leistung zu motivieren. Aber, wie die OIC auflistet, fehlt noch sehr viel, um von Erfolgen zu sprechen. Die Negativa umfassen das niedrige Niveau von Wissenschaft und Technologie, die Unfähigkeit der Nutzung eigener Ressourcen, falsche Systeme der Lagerung von Lebensmitteln, ungeeignete Mittel für Marketing und Vertrieb sowie der hohe Grad von Korruption und Verschwendung. Woraus soll da die von Terroristen angesprochene Potenz dieser Staaten erwachsen? Eigentlich müssen sie sich sagen, daß die Frage der fehlenden Voraussetzungen zur Sicherung der eigenen Ernährung, die selbst so einfache Dinge wie Schutz und Lagerung der Lebensmittel umfaßt, einen dringenden Dialog mit dem technologisch weit vorangeschrittenen Westen erfordert. Davon ist aber nicht die Rede. Die OIC jedoch sieht es als wichtig an, mit den entwickelten Staaten des Westens Konsultationen darüber zu führen. Das ist günstig, weil die Übermittlung von Technologie und Know-how schon die Lösung bedeutender Fragen auf dem Gebiet erbringen kann. Die Terroristen aber schließen Gespräche und Erfahrungsvermittlungen dieser Art aus. Einerseits glauben sie vielleicht, daß solche Probleme nicht bestehen, anderseits sehen sie den Islam als Allheilmittel an, der jede Schwierigkeit überwinden kann. Dahinter verbirgt sich nicht nur ein mangelnder Realismus, sondern ein fehlendes Problembewußtsein bei den schwierigen Fragen der Wirtschaftspolitik. Denn für sie steht die Machteroberung im Mittelpunkt des Denkens, was sich jedoch als schwerwiegend negativ erweist, ist die immer wieder in neuen Spielarten auftretende Form eines Isolationismus. Deshalb orientieren sie darauf, bei der Bevölkerung Verständnis herbeizuführen, daß alle Waren, Einrichtungen und Dinge aus dem Westen nicht mehr in das Land gelassen werden. Einen umfassenden Boykott soll es geben. Auch der Gedanke zeugt von einer mangelnden Einsicht in die wirtschaftlichen Zusammenhänge. Man macht gleichzeitig nicht klar, auf welche Weise man die ausfallenden Importe durch eigene Produkte ersetzt. Wie überhaupt die Überlegungen der Terroristen, das Beispiel zeugt davon in krasser Weise, den Aspekt der wirtschaftlichen Entwicklung, der Stimulierung der Produktion und der effektiven Nutzung eigener Ressourcen gar nicht berücksichtigen. Dahingehend ist das Konzept gefährlich unkonkret und vage, der betroffenen Bevölkerung wird es schwer fallen, solchen radikalen Entscheidungen wie einem Boykott zu folgen, wenn gleichzeitig die medizinische Versorgung zusammenbricht, die von ausländischen Medikamenten abhängig ist, und die Ernährungslage sich zuspitzt, da die importierten Lebensmittel fehlen. Nur mit Koransprüchen kann man die Situation sicher nicht lösen. Die Extremisten glauben aber, daß die Konfrontation mit dem Westen auf dem geistigen Gebiet härter ist. Das ergibt sich aus der eindeutigen Überbetonung ihrer theologischen Sicht auf Allahs Gesetzlichkeit, die sie als Grundstein ihrer zukünftigen Gesamtkonzeption betrachten. Die Gefährlichkeit des Westens besteht für sie gerade darin, daß er gemeinsam mit bestehenden Regimen in der Region daran arbeitet, diese islamischen Grundüberzeugungen anzufechten, zu verwässern und auszuhöhlen. Das ist die schlimmste Bedrohung, die sie sich vorstellen können. Dagegen verblassen alle wirtschaftlichen Belange und Notwendigkeiten. Hier aber auf dem geistig-religiösen Feld sehen sie offenbar die Gefahr, daß ihre Positionen untergraben werden. Zwar glauben sie, daß dahinter eine gezielte Aktion des Westens steckt, doch ist mehr davon auszugehen, daß die wachsende Entfremdung in dem sich vertiefenden kapitalistischen Prozeß Ägyptens die Konfrontation mit der religiösen Welt erbringt. Denn die ständig tiefere Einbindung des Landes in den weltwirtschaftlichen Prozeß, der Chancen und Gefahren bedeutet, bringt in dem Land auch auf dem religiösen Feld objektive Wirkungen hervor, die die Terroristen mit größter Sorge beobachten.

Da zeigt sich eine neue Kultur, die nichts zu tun hat mit dem national-islamischen Erbe. Das zeigt sich vor allem durch die neuen Medien wie dem Internet, dem Mobiltelefon und der Computernutzung. Damit kommt eine neue Welt in das Land hinein, die viele Geistliche bereits erschreckt. Erst kürzlich schrieb Dr. Muhammad Abd al-Halim Umar, Professor an der Azhar, in der ägyptischen Wochenzeitschrift „Oktober" einen Artikel unter dem Titel „Die Gefahr und das Falsche in der Diskussion über das Verhältnis der Medien zum Islam". Darin zeigte er seine Verstörung über die hereinbrechende Informationsflut. Er setzte dagegen, und hatte auf seiner Seite sicher die Terroristen, daß man angesichts der neuen bedrohlichen Welt darauf beharren muß, daß mit dem Islam unerschütterliche Fakten entstanden und noch existieren, diese gilt es zu bewahren und damit die Wesensform und Fortdauer des Islam. Es sind der verehrungswürdige Koran, die mündlichen Aussagen des Propheten und das heilige islamische Recht. Die absolute Festigkeit sei notwendig, weil er eine Tendenz beobachtet, die nicht mehr von der ewigen Gültigkeit ausgeht und entsprechende Zweifel äußert. Für ihn sind das erschütternde Erfahrungen, die sich aus einer Welt der Grenzenlosigkeit und des Nihilismus ergeben. Unverzüglich antwortete ihm in der gleichen Zeitschrift am 15. 8. 1999 Professor Muhammad Shibil, der grundsätzlich darauf verwies, daß die religiösen Wissenschaften nicht göttlichen, sondern menschlichen Charakter tragen, die deshalb nicht unerschüttlich, sondern auslegbar und interpretierbar sind. Auch lehnte er den Anspruch ab, das Fachgebiet Religionswissenschaft sei ewig in sich geschlossen, das ist in einer sich wandelnden Welt, hob er hervor, unmöglich. Heute kommt es gerade darauf an, sich zu verändern, in mehreren Fachgebieten zu Hause zu sein und sich nicht zu scheuen, ganz fremde Ansichten sachlich zu prüfen. Damit verwies er auf die neuen Zwänge auch in dem Berufsleben Ägyptens. Aber gleichzeitig erscheint auch der Islam in einem neuen Licht. Denn der richtige Muslim, mag er von Allah erleuchtet sein oder nicht, muß heute viel Denken, Entscheiden und Urteilen in seinem Leben aufbieten, dabei kann er sich nicht an alte Texte klammern, sondern er hat vorbehaltlos Ursachen zu prüfen und Wirkungen abzuwägen, um seine Arbeit zu leisten. Da helfen keine Dogmen. Von dem Standpunkt aus wandte er sich ebenfalls dagegen, von der Unerschütterbarkeit islamischer Grundsätze auszugehen. Sicher, der Koran als Gottes Wort ist Richtschnur für die islamische Gemeinde. Neben klaren Aussagen, Definitionen und Prämissen gibt es jedoch in ihm auch mehrdeutige, dem Nachdenken Anregungen vermittelnde Sätze. Da zeigen sich bereits unterschiedliche Positionen im Verständnis, das betraf schon die Gelehrten früherer Jahrhunderte und wird sich auch in der Zukunft ergeben. Professor Shibil geht noch weiter und weist auch in den mündlichen Aussagen des Propheten auf Formulierungen, die keine ewige Gültigkeit haben, wo Andeutungen vorherrschen und jede Genauigkeit fehlt. Darüber muß man sich seine eigenen Gedanken machen. Ganz entschieden ist er gegen den Grundsatz, vor allem auch von den Terroristen verfochten, daß das heilige islamische Recht zu den ewigen Werten gehört, die unwandelbar sind. Das ist Unsinn, weil die Rechtsschulen von Gelehrten geschaffen wurden, die ihre eigene Meinung einbrachten. Deshalb existieren auch so große Unterschiede in den Überlegungen und Rechtspositionen zwischen ihnen. Nichts ist deshalb fest und absolut ewig.

Er fragt Dr. Umar nach einem Vorgang, der sich kürzlich in der Azhar unter seiner Leitung ergeben hat. Sieben Gelehrte berieten über das soeben von Jamal Banna erschienene Buch „Für ein neues Recht". Alle Anwesenden unter Dr. Umars Leitung verdammten die Schrift einhellig in harten Worten und den Autor gleich mit. Professor Shibil war zufällig anwesend und protestierte dagegen. So treffen inzwischen zwei Welten aufeinander. Die eine – die der traditionellen-konservativen Werte, die sich durchaus mit der Haltung der Terroristen verband; die andere brachte Einblicke in die neue Kultur einer Internationalität, die

Arbeitszwänge des modernen Schaffens und die Aufgeklärtheit eines gewandelten Umgangs mit der Religion. Dabei müssen bei der Orthodoxie und den Extremisten tiefe Erschütterungen eingetreten sein, daß keiner ihrer ewigen Werte sich behaupten kann. In der gleichen Zeitschrift meldete sich Dr. Ahmad Karimat zu Wort. Er erklärte, daß die Terroristen zwar ihre Rechtgläubigkeit immer betonen, doch gehören sie zu denen, die gegen den Koran und die Aussprüche des Propheten verstoßen, wenn sie gegen die Staatsmacht vorgehen, Blut vergießen und Besitz rauben. Damit bemühte er sich entschieden, den Ansprüchen der Extremisten von besonderer Gläubigkeit entgegenzutreten. Vor allem wendet er sich gegen die Behauptung der Terroristen, daß der gegenwärtige Staat in Ägypten dem Islam feindlich gegenübersteht. Die weitere Kritik richtet sich dagegen, die Jugend zu verhetzen, damit sie der Linie der Terroristen folgt. Er geht so weit, zu postulieren, daß derjenige, der sich gegen die überlieferten Aussprüche des Propheten vergeht, notwendigerweise Strafen erleidet und sich ausgeschlossen sieht aus dem Kreis der Gläubigen. Denn der religiöse Extremismus stößt mit den Grundwerten der Religion und ihren Wurzeln zusammen. Schon mit dem Koran, so meint er, können sie nicht richtig umgehen, weil sie Gegensätzliches hineinlesen. Auch bei den Aussprüchen des Propheten sieht er in ihrem geistigen Umgang ein Negatives, weil sie beispielsweise die vielen Prophetenworte über Gehorsam, Zusammenarbeit, Heimatliebe und freundlichen Umgang mit den Schriftgelehrten in keiner Weise beherzigen. Damit verfälschen sie die Religion. Diese konkreten Angriffe gegen die Glaubenslehre der Terroristen waren sicherlich Stoff zu internen Diskussionen bei ihnen. Schwerer wogen die Worte von Professor Shibil, weil sich damit ein Kritiker religiöser Grundanschauungen äußerte und gleichzeitig die Einflüsse westlicher Arbeitskultur in wichtigen Zügen umriß. Diese Erscheinungen im täglichen Leben fürchten sie am meisten, weil sie einerseits westliches Verhalten darstellen und andererseits den Glauben in spezifischer Weise relativieren. Wie weit das geht, konnten sie in den Ausführungen des Professors erkennen, bei dem schon der Koran nicht mehr frei von Mehrdeutigkeiten war. Er war nicht mehr sakrosankt. Die schlimmsten Vermutungen finden sie dadurch bestätigt. Einer, der sich zu Wort meldete, war Muntasir az-Zaijat. Er hat viele Terroristen vor den Gerichten verteidigt und soll, wie man sagt, gewisse Beziehungen zu ihnen unterhalten. Er wandte sich strikt gegen den Liberalismus. Diesen charakterisiert er dahingehend, daß er gegen den Islam Verdächtigungen vorbringt und Dinge hineininterpretiert, die es nicht gibt. Auch führt er westliche Prinzipien und Gedanken in die islamische Gesellschaft Ägyptens ein. Von Freiheit und Demokratie spricht er. Dagegen jedoch forderte er ein islamisches Wiedererwachen. Das soll sich ebenfalls gegen die sich herausbildende Weltordnung richten, in der die USA und ihr Verbündeter Israel die Macht ausüben, gemeinsam richten sie sich vor allem gegen die islamischen Bewegungen, die sie als terroristisch bezeichnen. Gegen den Kreuzzug will man die islamische Kultur und Geisteswelt stärken, weil sie für die Gegenwart und Zukunft die beste Garantie bedeuten. Er tritt besonders für die volle Einführung der islamischen Rechtssprechung ein. Mit den Volksmassen will man sich verbinden, um die islamischen Gedanken voranzubringen. Das kann beispielsweise in Gestalt einer Partei geschehen. Wichtig allein ist, daß sich die Anstrengungen in der Gemeinsamkeit verstärken und sich so die islamische Bewegung zu einer realen Kraft entwickelt.

Gegen die kritischen Überlegungen von Professor Shibil wandte sich auch direkt der Oberste Scheich der Azhar-Universität, Dr. Ahmad Umar Hashim. Vor allem gegen die dargelegten Vorbehalte hinsichtlich der Glaubwürdigkeit der vom Propheten überlieferten Aussagen äußerte er sich entschieden, indem er auf die untrennbare Verbindung zwischen Koran und diesen Überlieferungen verweist. Die Feinde des Islam haben schon immer versucht, die feste Beziehung zu zerstören, um den Islam zu schwächen. Er sieht auch geheime Organisationen am Werk, die, unterstützt von Orientalisten, geistiges Gift gegen den Islam verstreuen, vor allem gegen die Überlieferungen des Propheten. Das geschieht nach seiner Ansicht auch über das Internet. Einerseits zeigen sich gewisse Gemeinsamkeiten in den Ausführungen des Rechtsanwalts und des Gelehrten, die von der Sorge eines wachsenden Liberalismus zeugen. Andererseits belegt die geistige Übereinstimmung das noch immer bestehende breite Spektrum, das für eine Zurückweisung des Westens eintritt. Doch kann man in den Ausführungen von Professor Shibil keine westliche Strategie gegen den Islam erkennen, wie die Extremisten behaupten. Weil die Zwänge zu einer neuen Arbeitskultur weltweit eintreten und mit der Modernisierung der Medien in einem engen Zusammenhang stehen. Die Terroristen bewerten das anders, sie haben keinen Zugang zu den technischen und zivilisatorischen Umbrüchen in unserer Zeit, sondern betrachten aus ihrem eingeengten Blickwinkel die Welt, die nur von der Religion geprägt ist. Diese Haltung erschwert ihnen ein klares Bild von der Wirklichkeit.

Davon kündet auch ihre weitere Überlegung, die darauf gerichtet ist, die Kapitalbesitzer Ägyptens zu veranlassen, ihr Geld aus den ausländischen Banken abzuziehen. Damit will man bestimmte ausländische Banken schädigen. Dieses Unterfangen zeugt nicht gerade von einem klaren Einblick in die Dinge. Denn in Ägypten arbeiten 41 Banken mit ihren diversen Zweigstellen, das sind alles einheimische Geldinstitute, zu denen einige ausländische kommen. Die erwähnte Zahl zeugt von einer Unübersichtlichkeit des Geldmarktes in dem Land. Nicht etwa die Nationalbank verfügt über die größte Anzahl von Zweigstellen im Land, es sind nur 32. Dagegen hat die Alexandriabank 180. Lediglich acht Zweigstellen im Land wie bei der Ägypten Exterior Bank sind bei vielen die Regel. Es gibt auch welche mit nur sechs und die Internationale Kairo Barclays Bank hat vier. Islamische Banken sind auch vertreten, doch geben sie oft wenig Einblick in ihre regionale Verbreitung in Ägypten. Daran erkennt man, daß die absolut überwiegende Anzahl der Banken des Landes in kaum sichtbarer Weise auf dem Markt vertreten sind. Es sind kleine Banken wie die Ägypten-Rumänien Bank oder die Kairo Fernost Bank, die gerade noch die nötigen Kapitalien zur Weiterführung aufbringen. Bei der letzteren schlugen sich beinahe verheerend die jüngsten Wirtschaftskrisen in Thailand, Malaysia, Südkorea und Japan nieder. Denn alle Kennziffern gewannen eine klar negative Tendenz, das betraf vor allem den Umfang der finanzierten Investitionen, die Anlagen von Kapitalgebern und den erreichten Profit. Die Bank, die von ihrer Größe her auf dem 40. Platz steht, wäre beinahe an den Verlusten zugrunde gegangen. Die Leitung derselben konnte die Fortexistenz sichern, indem sie das Grundkapital erhöhte, wahrscheinlich durch Kredite, die nun zurück zu zahlen sind. Wie wollen die Terroristen bei der Vielzahl der Einrichtungen und ihrer sehr unterschiedlichen Finanzlage ein Bild von den Kapitalgebern und den Beziehungen in das Ausland gewinnen? Das wird deshalb schon schwierig, weil keine Bank verpflichtet ist, darüber Auskunft zu geben. Das könnte man durch ein entsprechendes Gesetz ändern, doch läßt sich die Kontrolle auch dann kaum vollständig ausüben, weil die Banken in mehrfacher Weise mit dem Ausland verbunden sind und damit immer eine Unsicherheit der Kontrolle besteht.

Die Auslandsarbeit ist heute absolute Notwendigkeit. Das Beispiel dafür ist die Ägyptische National Bank, die 1998 ihr hundertjähriges Bestehen feierte. Sie ist damit eine der ältesten in der arabischen Welt. International verflochten ist sie durch eine Zweigstelle in London, die ihr zu 100% gehört. In New York verfügt sie über 27,9% des Kapitals der dortigen Amerikanisch-Arabischen Bank, in der Afrikabank für Export und Import besitzt sie 3,3%. Damit ist sie auf den internationalen Märkten präsent und betreibt ihre ständigen Geschäfte auf der Basis ihres Kapitals. Zusätzlich ist sie bei acht arabischen Banken mit einem Prozentsatz zwischen 19,6% und 4,6% beteiligt. Das sind für Außenstehenden wie Terroristen schwer überschaubare Geschäftsbeziehungen. In allen von ihnen haben Kapitaleigner ihr Geld angelegt. Die Internationalität tritt heute auch dadurch zu Tage, daß sie weltweiten Bewertungsmaßstäben unterworfen werden.

So ist die Ägyptische National Bank unter dem Gesichtspunkt ihrer langfristigen Zahlungsverpflichtungen mit der Qualitätsstufe A 3 belegt worden, bei den kurzfristigen war es nur BBB. Diese Bewertungen nehmen heute internationale Rating Agenturen vor. Die Bank kam damit unter die 350 größten Banken der Welt. Ganz schwierig ist es auch für die Terroristen, einen Überblick zu gewinnen über die von der Bank aufgelegten geschlossenen Fonds. Diese sind dazu da, Kapitalanlegern aus Ägypten Einnahmen zu verschaffen, die sich erneut durch die Verflechtung mit ausländischen Finanzen ergeben. Hier merkt man ziemlich direkt, wie solche Fonds eine Abschöpfungsfunktion haben. Denn mit 46 Mio. Dollar ist der ägyptische INV Fond an Concord International beteiligt, bei ihnen hat man damit 26% Anteil. Das sind alles Gelder aus Ägypten. Weitere Fonds sind der Ägyptische Trust Fond, der Nil Wachstumsfond und der Societé Generale Arabische Fond. Internationale Partner sind Lazard, Alliance Capital und die Societé Generale. Mit dem Geld sind die ägyptischen Anleger am europäischen Geldmarkt beteiligt und hoffen so auf sichere Gewinne, denn bei rein arabischen Fonds besitzt die Bank keine Anteile. Damit genießt sie bei den Ägyptern eine hohe Stellung und gewisse Attraktivität, die bei den Terroristen aber gerade eine negative Bewertung ergeben würde. So stehen sich die Interessen und Sichtweisen diametral gegenüber. Der Markt der Beteiligungen erweitert sich ständig, damit kommen immer mehr Bürger in den Besitz von Aktien, Anteilscheinen und anderen Geldpapieren. Bei den drei zuletzt genannten Fonds der Ägyptischen Nationalbank wurden insgesamt 273,1 Mio. Dollar eingezahlt. Die Kauf von Anteilen bei den Auslandsfonds erscheint vielen Bürgern, die über Dollar verfügen, als die allerbeste Variante, weil man dadurch maximale Sicherheit und hohe Erträge erwartet. Bei diesen Menschen haben die Terroristen keinerlei Aussicht, eine Rücknahme der Beträge zu erreichen. Das ist ein gewaltiger Konfliktstoff, der kaum lösbar erscheint.

Warum bemühen sich die Menschen nicht in einem gleichen Maß um die Börse? In Ägypten besitzt sie zwar eine gewisse Tradition, spielt jedoch wirtschaftlich noch keine entscheidende Rolle. Das verdeutlichen folgende Zahlen. In Großbritannien umfaßt der Beitrag der Börse zum Nationaleinkommen 92%, in den USA sind es 72%. Doch beträgt der Wert in Ägypten bloße 5%. Das liegt daran, daß zwar rund 658 Firmen dort vertreten sind, die wichtigsten Betriebe der Schwerindustrie und der Militärproduktion aber nicht, weil sie noch staatlich sind. Deshalb spiegelt die Börse keineswegs die Wirtschaft wieder. Dazu kommen noch weitere Faktoren, die das Börsengeschäft nicht sehr beliebt bei Anlegern machen. Zu ihnen gehört es, daß bei großen Zuwächsen oft sofort die entsprechenden Aktien verkauft werden, was zum Absinken des Wertes führen kann. Manche der Börsenmakler gehen an ihre Arbeit heran, als würden sie mit Obst oder Gemüse handeln, ihnen fehlt noch weitgehend die Fachkenntnis. Zum Negativbild der Börse tragen zusätzlich die raschen Auswirkungen der Krisen in Südostasien bei. Angesichts der Tatsachen zogen viele europäische Geschäftsleute ihre Papiere aus Ägypten ab und legten das Geld lieber in den USA an. Ebenso traten die Belastungen der ägyptischen Währung an der Börse negativ hervor. Deshalb bevorzugen viele das sichere Geschäft der Fonds, müssen aber dafür Dollarbeträge aufbringen. Doch gibt es auch spezifische neue Erscheinungen in Ägypten, die sich aus der Privatisierung ergeben. Das ist aus der Sicht der Regierung ein notwendiger Prozeß, der ihr ziemlich viel Geld erbringt, für die arbeitenden Menschen aber oft recht schmerzlich ist. Insgesamt sollen bis zum Jahr 2000 314 Fabriken und Unternehmen von der Veränderung betroffen sein. Für die Bürger erbringt das manchmal recht günstige Gelegenheiten für den Erwerb von Aktien, bei denen man dann oft nicht weiß, ob das Werk in ausländische Hände gelangt oder im Land einen neuen Besitzer findet. 1998 standen 54 Unternehmen zur Privatisierung an, 1999 sollten es weitere 50 sein. Mit europäischer Hilfe werden in dem Zeitraum der beiden Jahre 58 Betriebe gesondert behandelt und privatisiert. Seit 1991 bemüht man sich um die schrittweise Regelung des Vorgangs.

Nach vielen Schwierigkeiten und Pannen hat man eine zentrale Körperschaft gebildet, die den Ablauf zu kontrollieren hat. Vorher waren es mehrere Ministerien und weitere Dienststellen, die diese Aufgaben wahrnahmen, wodurch eine große Unübersichtlichkeit bestand, die zuweilen recht ernste Folgen für den entsprechenden Betrieb hatte. Auch gibt man heute den betreffenden Unternehmern relativ viel Spielraum für Eigenentscheidung. Zuerst werden die Betriebe klassifiziert, die, die wichtige Güter wie Lebensmittel oder Medikamente herstellen, werden besonders sorgfältig behandelt. Dann werden Holding Companies gebildet, die bis zu 20 Einheiten verwalten können. Insgesamt stehen heute 310 Unternehmen im Überleitungsprozeß. In der Zeit bilden sich ein neuer Rechtsrahmen und ein neuer Verwaltungsrat, der mit entscheiden kann. Dann kommt es zu der schwierigen Ermittlung des Wertes, der real und gerecht sein soll. Das aber ist in wenigen Fällen erreicht. Überwiegend legt man dann den ermittelten Preis gleich in Aktien fest. Bei den Betrieben aber, bei denen keine Reform auf Grund der technologischen Rückständigkeit der Ausrüstungen oder des mangelnden Bedarfs der Produktion möglich ist, schreitet man zur Liquidierung. Das betraf bis 1999 insgesamt 28. Natürlich traten auch in dem Prozeß Unregelmäßigkeiten auf, denn z. B. verschleuderte man 19 Betriebe unter ihrem Wert, bei denen weniger als 50% auf den Tisch kamen. Für die Bevölkerung interessant war die Umwandlung in Aktien an der Börse von 36 Einrichtungen. 26 erwarben die Gewerkschaften und 10 ein Investor.

Der Staat macht dabei als Verkäufer große Gewinne. So zahlten ihm die Investoren 1392 Milliarden ägyptische Pfund. Auch die Erlöse des Verkaufs über Aktien sind gewaltig und werden deshalb selten veröffentlicht. Nach internen Angaben sollen sich die Summen auf mehr als drei Milliarden ägyptische Pfund belaufen. Damit gewinnt der Staat beachtliche Mittel, während viele Arbeiter und Angestellte zu den Opfern des Umwandlungsprozesses gehören. Ein anderer Personenkreis, er ist beachtlich groß, zieht Vorteile durch den günstigen Aktienkauf daraus. Auf diese

Weise erhöht sich der Umfang dieser Gruppe allmählich immer weiter. Die Terroristen sind gegen alle Aktien und Fondsanteile, wenn sie mit dem Auslandskapital zusammenhängen. Doch bei den meisten Wertpapieren ist dieser Zusammenhang direkt oder indirekt gegeben. Damit stehen auf dem Gebiet unabsehbare Konflikte bevor, sollten die Extremisten ihre Ziele verwirklichen können. Ein weiterer Schwerpunkt in ihrer Konfrontationsstrategie gegen den Westen lautet dahingehend, daß die Einkreisung der islamischen Staaten in Nordafrika durch Westeuropa durchbrochen werden muß. Gemeint ist dabei wohl die EU, die mit ihren konkreten Schritten zur wirtschaftlichen Einheit, den arabischen Staaten tatsächlich gewisse Probleme bereitet. Die Extremisten glauben offensichtlich, daß man mit gezielten Wirtschaftsaktionen eine neue Lage schaffen kann, die für Ägypten günstiger ist. Das sind vage Aussichten und wenig begründete Möglichkeiten. Natürlich hat Ägypten auf den ersten Blick günstigere Ausgangspunkte für den Export nach Europa, wenn dort eine einheitliche Währung in Gestalt des Euro existiert. Doch weiß man in Kairoer Wirtschaftskreisen, und das haben vielleicht auch die Terroristen erfahren, daß die Wirtschaftsbeziehungen zur EU dadurch nicht vereinfacht werden. Denn der einheitliche Markt in Europa bedeutet für die Außenstehenden, daß beachtliche Hürden überwunden werden müssen. Die Einheit bringt auch unter bestimmten Gesichtspunkten eine gewisse Abschottung mit sich. Das geschieht z. B. durch die Einführung bestimmter hoher Qualitätsstandards, die für Importe bestehen. Das kann für die Industrieprodukte Ägyptens recht schwierig werden. Bisher waren diese von Land zu Land in Europa verschieden und ermöglichten den ägyptischen Exporteuren ein flexibles Agieren. Auch beobachtet man in den Wirtschaftskreisen die rasch wachsende Tendenz des Zusammenschlusses von Großunternehmen wie Daimler-Chrysler mit Sorge, weil auf die Weise die Wirtschaftskraft der EU weiter an Stärke gewinnt. Ca. 50 solcher Verschmelzungen jährlich zählt man in Kairo, dadurch reduziert man die Produktionskosten und kann günstiger auf dem Markt operieren, um vielleicht eine Vormachtstellung zu gewinnen. Als Folge reduziert sich objektiv die ägyptische Wettbewerbspotenz, auf dem Markt effektiv wirksam zu werden. Inzwischen gibt es auch in den Wirtschaftskreisen des Landes aufgeklärtere Geister, die mit Realismus und Ernst die Lage bewerten. Sie reden nicht über die Bedrohung durch die EU, sondern über die neue wirtschaftliche Weltordnung, die vor allem durch die Freiheit des Warenmarktes, der Dienstleistungen und des Kapitals bestimmt ist. Bereits in drei Feldern ist der volle Durchbruch erfolgt: in der Computerindustrie, in den Medien und der modernen Technologie. Die Bereiche sind nach Ansicht dieser ägyptischen Fachleute die Musterbeispiele weltweiter Produktion und Vermarktung.

Daß die Welt näher zusammenrückt, weiß man auch in terroristischen Kreisen, und die islamische Geistlichkeit fürchtet am meisten, daß mit dem Internet und dem Satellitenfernsehen allmählich kulturell geistige Änderungen eintreten. Doch ist der Vorgang auch für Ägypten nicht aufzuhalten, denn bereits ca. 90% der Staaten der Welt sind in die neue Weltordnung einbezogen, darunter die Staaten Südostasiens, Osteuropas und Lateinamerikas. Wer sich vor dem Entwicklungsprozeß verschließt, landet in Isolation und runiert sein Land. Deshalb ist der Markt schrittweise zu öffnen für den Welthandel. Das muß einhergehen mit der Qualitätssteigerung der eigenen Produktion, um in dem schärferen Wettbewerb bestehen zu können. Nur durch die Schaffung der Offenheit für den Weltmarkt kann es zur weiteren Mordernisierung der Wirtschaft kommen, zu steigenden Investitionen, zur Gewinnung von Arbeitspätzen, zur ständigen Qualifizierung der Angestellten und zum konstanten Wachstum. Natürlich verschließen auch realistische Kreise nicht die Augen vor der Gefahr, die in dem freien Weltmarkt liegt, denn die Finanzkrise in Mexiko 1995 und die Wirtschaftsprobleme in Südostasien seit 1996 belasten die Entwicklungsländer mehr als die großen Industriestaaten. Deshalb muß man die eigene Wirtschaft maximal in Ordnung bringen. Das ist aber nicht die einzige Forderung dieser Leute an die ägyptische Regierung. Sie verlangen auch die umgehende Beseitigung bürokratischer Fesseln im Land, die schrittweise Überwindung der Arbeitslosigkeit durch steigende Produktion, eine Förderung der Börse als Wirtschaftsfaktor, eine Überarbeitung der Gesetze, die dem freien Handel entgegenstehen, und eine umfangreichere politische Beteiligung breiter Volksmassen an dem Umgestaltungsprozeß. Mit den Vorschlägen machen sie sich bei den Regierenden nicht unbedingt beliebt. Man kann sich auch vorstellen, welches Erschrecken die Extremisten und die islamische Geistlichkeit befallen wird, wenn sich der beschriebene Prozeß beschleunigt, weil auch die Auswirkungen auf die geistige Kultur darin impliziert sind. Wir haben in den Ausführungen des Oberhaupts der Azhar bereits erkennen können, welche Gefahr für ihn das Internet bildet. Wenn sich jetzt noch die Möglichkeiten des Satellitenfernsehens und anderer weltweiter Medien und Kommunikationsverbindungen intensivieren, müssen wir mit der wachsenden Opposition der Geistlichkeit und der Terroristen rechnen, die ihre traditionellen Glaubensformen verstärkt gefährdet sehen. Eine Art von Kulturkampf ist nicht auszuschließen.

Die Terroristen haben ihre anti-westliche Konzeption auch mit einem besonderen Sicherheitsaspekt versehen, der viele Fragen aufwirft. Sie rechnen offensichtlich nach der Machtübernahme mit einer wachsenden Bedrohung. Dabei muß der Schritt wohl als bewußter Ausstieg aus der oben dargestellten neuen Weltwirtschaft angesehen werden. Was daraus im Inneren für Rückschritt resultiert, ist in den Ausführungen der Wirtschaftsfachleute enthalten. Die Terroristen sehen nicht die Komplikationen, rechnen jedoch mit irgendwelchen Konfrontationen, die der Westen realisiert. Deshalb schreiben die Extremisten in ihre Konzeption, daß man in dem Besitz einer atomaren Abschrekkung sein muß. Gefährliche Konsequenzen erwachsen aus der wahnwitzigen Vorstellung dieser Leute, wenn sie glauben, damit ihr Land sichern zu können. Ibn Ladin hatte sich bisher vergebens um die Beschaffung von atomaren Substanzen bemüht. Die

Terroristen nehmen jedoch an, daß sich der Besitz atomarer Waffen allmählich verbreitet und damit der Zugriff möglich ist. Doch ist sicher damit zu rechnen, daß die Weltöffentlichkeit keine Atomwaffen in Händen von Terroristen zulassen wird. In der Gestalt stellt sich ein weiteres Spannungsfeld in dem Land dar, das sich schwer in seiner gefährlichen Dimension einschätzen läßt. Man faßt seitens der Terroristen drei besondere Schlachtfelder mit dem Westen ins Auge.

Das erste richtet sich gegen die ausländische Okkupation der islamischen Welt, das zweite soll die Beseitigung der gottlosen Herrscher bringen und das dritte zur Befreiung der Heiligtümer Palästinas führen. Der Plan zeigt keine friedlichen Absichten, er bedroht deshalb nicht nur den Nahen Osten, sondern die ganze Welt. Ihr neues Geheimpapier trägt daher den Titel „Die Unausweichlichkeit der Konfrontation". Darin gibt man schon in dem Einleitungsteil einen Gedanken wieder, der den Geist des Ganzen umreißt. Denn sie fordern ein starkes Heer der Muslims, das die Fahne des Glaubens erhebt und in Allahs Namen den Kampf für die Religion beginnt. Damit will man gegen die Feinde antreten, die das Land besetzt haben, seine Reichtümer raubten und seine Menschen unterwarfen. Deshalb ist der Heilige Krieg erforderlich, um Tausende von Gefangenen zu befreien sowie Millionen von Bedürftigen und Armen, die bisher keinerlei Unterstützung erhalten haben. Das sind extrem militante Ziele, die sich aus dem geplanten Umsturz ergeben und nicht zur Beruhigung der Lage beitragen werden. Im Gegenteil. Genau das wollen die Terroristen, sie sind an Spannungen interessiert, die sie als Mittel zur Realisierung ihrer Absichten begreifen. Die Befreiung islamischer Länder ist nur ein Moment des Krieges, der andere ist die Islamisierung neuer Gebiete. Das eine hängt also mit dem anderen unmittelbar zusammen. Ausgangspunkt ihrer Überlegungen ist Ägypten, das eine kampfstarke Armee bereitstellt, die die Zurückgewinnung zahlreicher Länder mit dem Kampf gegen die Ungläubigen verbindet. Anfangen will man in Palästina, die dort lebenden Israelis bezeichnen sie in dem Zusammenhang als die

Nachkommen von Affen und Schweinen. Dann erfolgt die Eroberung des Libanon. Europa erscheint nicht in der Liste, ist aber wohl mit eingeplant, denn die weiteren Aktionen sind nur durch geographische Endziele fixiert. Eines besteht in Indien und Afghanistan, das fernste bilden die Philippinen. Das sind beinahe Welteroberungspläne. Sie glauben damit Allahs Willen zu erfüllen. Sicher ist das ein vorgeschobenes Motiv, denn die anderen Staaten, die man erobern will, sind zum Teil auch islamisch in ihrer Mehrheit. Gegen wen will man dort kämpfen? Eine Variante des Islam soll hier verbreitet werden und ohne Diskussion bei den anderen Muslims Zustimmung finden. Im Libanon ist die islamische Bevölkerung stark zersplittert und in ihrer Mehrheit sicher nicht gewillt, ihren angestammten Glauben aufzugeben. Gerade die zahlreichen Drusen und Schiiten in dem Land besitzen eigene Glaubensgrundsätze, die nicht mit denen der Terroristen in wichtigen Dingen übereinstimmen. Beide Glaubensgemeinschaften sind aber durch leidvolle Erfahrungen in der Vergangenheit stets kampfbereit, sich entschieden zu verteidigen. Das ist eigentlich auch den Terroristen bekannt, doch spielt dies in ihrem Text keine Rolle. Der Tatbestand wirft erneut die Frage auf, ob sie so verblendet sind, solche Probleme überhaupt nicht gelten zu lassen, oder ob sie aus der blanken Unkenntnis heraus planen. Ihre ständige Betonung der Weisungen Allahs legt die Wahrscheinlichkeit nahe, daß sie unter seiner Fahne keine Schwierigkeiten zu erwarten scheinen. Eine Antriebskraft dabei ist immer auch die Beseitigung westlicher Einflüsse und Machtpositionen. Der Kampf ist an jedem Platz zu führen. Beginnend in Ägypten, geht es dann weiter in jeder Phase der Auseinandersetzungen. In dem Sinn ist der Aspekt dieser militanten Absichten ein entscheidender Schwerpunkt, der sicher auch bei der Ausbreitung des Islam eine wichtige Rolle spielt. Überall und an jedem Ort ist der Westen anzugreifen, um seinen Machtbereich einzuengen und seine Einflußzonen zu beschneiden. Die Terroristen glauben, zu einer Art Weltmacht werden zu können, die weite Teile der Erde beherrscht und damit ein politisches

Gewicht gewinnt, das für alle Menschen eine Herausforderung darstellen wird. Das Fanatische und Unreale ihrer Überlegungen stellt eine äußerst bedrohliche Mischung dar. Man darf deshalb nicht ablassen, die weiteren Aktivitäten der Terrorgruppen genau zu beobachten.

4. Die Schattenwirtschaft als Einnahmequelle der Terroristen

Die Schattenwirtschaft umfaßt alle jene Bereiche der Landesökonomie, die keinerlei Steuer zahlt, amtlich nicht erfaßt ist und Arbeitskräfte sowie Material dem normalen Wirtschaftsleben entzieht. Der damit erzielte Schaden ist immens und bedeutet eine ständige Schwächung des Staates. Zu dem umfassenden Erscheinungsbild dieses Sektors gehört aber auch das weit verbreitete Bewußtsein der Menschen in Ägypten, sich auf unerlaubte Weise bereichern zu wollen. Davor schrecken selbst Beamte und Angestellte im öffentlichen Dienst nicht zurück. Dazu einige Beispiele aus der allerjüngsten Zeit. Eine junge Frau aus Alexandria, Mutter eines Sohnes und einer Tochter, hatte, da sie geschieden war, für die Ausbildung der Kinder zu sorgen. Sie selbst ist Beamtin. Ihr Sohn schaffte ein Diplomstudium als Ingenieur und war damit versorgt. Um ihrer Tochter ebenfalls eine Lebensbasis zu ermöglichen, wandte sie sich an das Institut für Hotelwesen in ihrer Heimatstadt. In den Gesprächen dort erfuhr sie, daß sehr hohe Studiengebühren verlangt wurden. Es waren 5000 ägyptische Pfund, die in vier Teilen zu begleichen waren. Da die junge Frau das Geld nicht erbringen konnte, wandte sie sich an ein Gericht und schaffte es, von ihrem geschiedenen Mann die Summe als Ausbildungshilfe einzuklagen. Nun wollte sie im Institut für ihre Tochter bezahlen, da war man bereit das Geld zu nehmen, verweigerte jedoch jede Quittierung desselben. Als sie sich deshalb bei dem Direktor des Instituts beschwerte, stellte sich heraus, daß gar nicht solche Gebühren verlangt wurden. Hier hatten sich Institutsangestellte eine zusätzliche Einkommensquelle gesichert. Ein weiterer Fall ereignete sich in Kairo in der Vereinigung vereidigter Ingenieure, die vor allem im Bau-

und Elektrowesen arbeiten und seit 1991 einen Fond eingerichtet hatten, der jedes Mitglied, das in seinem Beruf tödlich verunglückte, etwas sicherte, indem dessen Familie zusätzliches Geld erhielt. Die letzte Nachricht besagte, daß in dem Fond 6200 ägyptische Pfund waren. Nun starb ein Ingenieur bei einem Häuserbrand, und seine Frau wandte sich hilfesuchend an die Vereinigung, um wenigstens die Bestattungskosten durch den Fond zu bekommen. Nach mehreren Anfragen stellte sich heraus, daß man in der Leitung der Vereinigung das ganze Geld veruntreut hatte. Natürlich benehmen sich nicht alle Ägypter so, doch das Problem der Bereicherung ist eine sehr auffallende Erscheinung. Die Bestechung erscheint vielen als eine Art Honorar, das glücklicherweise das Steueramt nicht berücksichtigen kann. Religiöse Menschen betrachten sie als gute Gabe, die Allah segnet. Manche sehen sie als wahrhaften Ausdruck von Dankbarkeit oder als Gegenleistung für die Anstrengung des bestochenen Beamten an. Ebenso beobachten wir sie für Vermittlungsdienste und in dem Streben nach Protektion, wo man Freunde oder Verwandte einer hohen Person besticht, um diese für sich zu gewinnen. Zur Korruption gehört auch das Abstreiten jeglicher Verfehlung, weil man in ihr keinen Verstoß gegen die Gesetzlichkeit sieht. Oft sind es nicht gerade arme Menschen, die zu solchen Mitteln greifen, um ihren Besitz rasch zu vergrößern. In einem solchen Klima blüht die Schattenwirtschaft. Kein Wunder ist es, daß gerade die Terroristen hier eine fast ideale Möglichkeit sehen, sich zu bereichern und dem verhaßten Staat maximal zu schaden. Die Schattenwirtschaft macht in den letzten Jahren fast 11,3% der Gesamtwirtschaft des Landes aus. Das sind wertmäßig bis zu 32,7 Milliarden ägyptische Pfund. Ihr jährliches Wachstum beträgt ca. 49,2%, das ist fast zehnmal mehr als die jährliche Steigerungsrate des Nationaleinkommens. Daraus wird ersichtlich, wie lukrativ es sein muß, in dem Bereich sein Geschäft zu machen. In unseren Breiten bildet die Schwarzarbeit den Kern der Schattenwirtschaft. Sie ist auch im gegenwärtigen Deutschland nach Ansicht kompetenter Wissenschaftler zu einem rasch wachsenden Wirtschaftszweig geworden. Ihre jährliche Steigerungsrate beträgt 7,5%, während die offizielle Konjunkturprognose des Staates von nur 2,0% ausgeht. Damit ist sie auch hier die stärkste Branche, die aber in keiner offiziellen Statistik erscheint. Sie erwirtschaftet ca. 602 Milliarden Mark und boomt viermal so schnell wie die offizielle Wirtschaft. Fünf Millionen arbeiten in dem Gewerbe. Vor allem im Baubereich können sich zahlreiche Unternehmer nur dadurch erhalten, daß sie illegale Subauftragnehmer beschäftigen. Auf Berliner Großbaustellen ist deshalb die Erscheinung auch anzutreffen. In unserer Schattenwirtschaft zahlt man grundsätzlich in Bargeld, was nirgends nachzuweisen ist. In Westeuropa und Amerika finden wir die Erscheinung in den Ländern, deren Bürger unter einer steigenden Steuer- und Abgabelast leiden. Deshalb sind Deutschland, Griechenland, Italien, Belgien und Schweden sehr davon betroffen, jedoch die Schweiz und die USA bedeutend weniger.

Ein Hauptzweig ist in Ägypten das illegale Drogengeschäft, wobei die Terroristen als Zwischenhändler eine wichtige Rolle spielen. Sie verkaufen den Stoff nicht direkt auf dem Markt, sondern gewinnen dafür junge Leute, denen sie gute Einkommen bei einem vorsichtigen Verhalten versprechen. Die Strafe für die Kleinhändler mit einigen Gramm Haschisch und Opium liegt zwischen drei und 15 Jahren Gefängnis. Bei etwas größeren Mengen kann es lebenslange Zwangsarbeit geben. Erwischte Großhändler werden hingerichtet. Neuerdings fallen immer öfter Schulkinder in die Hände der Sicherheit, die drogenabhängig sind und sich das benötigte Geld durch den Verkauf des Stoffs verdienen. Bei ihnen überlegen die Verantwortlichen, ob sie für solche Fälle Therapiemaßnahmen anordnen können. Die Terroristen halten sich im Hintergrund und empfangen die gefährliche Ware aus dem Libanon und Afghanistan. Der Konsum von Rauschgift wächst rasant, in den letzten fünf Jahren um ca. sieben Prozent. Das hängt vor allem mit der weit verbreiteten Hoffnungslosigkeit vieler Jugendlicher zusammen. Aber auf zahlreiche Wasserpfeifen gehört bei älteren Menschen ebenfalls ein bißchen Rauschgift. In Ägypten gibt es neben Haschisch und Opium noch die Hanfpflanzen, den Rohmohn und chemische Drogen. Die Mengen von Haschisch haben sich verdreifacht in den letzten Jahren, während Opium auf ein Zehntel seiner früheren Mengen zurückgefallen ist. Ziemlich rasch gewachsen ist der Markt für chemische Drogen. Die Sicherheitsorgane können die Verhältnisse keineswegs kontrollieren, ca. 8,2% aller Verhaftungen ergeben sich aus dem Drogenhandel. Nur ca. 40% der heißen Ware kann beschlagnahmt werden, andere Schätzungen liegen bedeutend niedriger. Dafür steigen die Gewinne der Händler immer gewaltiger, denn kostete ein Kilo Haschisch noch vor zehn Jahren 900 ägyptische Pfund, so sind es jetzt 25 000 Pfund. Kein Wunder ist es deshalb, daß der Markt konstant wächst. Die Terroristen haben ein festes Netz geschaffen, wodurch sie weite Teile des Verkaufs beherrschen. Für die Verkäufer besteht das größte Problem, mit dem rasch wachsenden Reichtum fertig zu werden, vor allem nicht so leicht aufzufallen. Ein Schuster, der sogar in einer Berufsgenossenschaft arbeitete, war ein Rauschgifthändler. Er legte seinen Gewinn in Grundstücken und anderen günstigen Objekten an, bis die Sicherheit auf ihn aufmerksam wurde und ihn festnahm. Ein weiterer Händler, bereits ein älterer Herr von 52 Jahren, kaufte von dem Geld zwei Bäckereien und landwirtschaftlich nutzbaren Boden. Aus Sicherheitsgründen schuf er sich eine Leibgarde. Seine Waren bestanden vor allem aus Heroin, Haschisch und Opium. Besonders Dörfer in der Ostregion versorgte er damit, bis er der Polizei in die Hände fiel. Ein anderer Händler, dessen Gesamtvermögen bereits 10 Millonen ägyptische Pfund betrug, versuchte das Geld zu waschen, indem er Summen bis zu 250 000 Pfund in Supermärkten ausgab und dadurch natürlich auffiel, was die Sicherheit auf seine Spur führte. Ein vorsichtigerer Händler baute langsam ein kleines Wirtschaftsimperium auf, das aus einer Fischverarbeitungsfabrik und zwei Autoreparaturbetrieben bestand. Dazu kam Hausbesitz in Kairo. Er wurde durch eine anonyme Anzeige bei der Polizei gemeldet. Ähnlich erging es einem Händler, der gleichzeitig im Importgeschäft mit Rauschgifte tätig war. Er wohnte in der westlichen Wüste in Richtung der libyschen Grenze und erwarb größere Landflächen an der Küste des Mittelmeeres, auch Häuser und teure Autos zählten zu seinem Besitz. In einigen Fällen vererbt sich das Drogengeschäft in den Familien, die geschickt getrennt arbeiten und ihr Geld in Eigentumswohnungen und der Errichtung von Häusern anlegen. Angesichts der Gewinnmöglichkeit gibt es auch Beamte in den Reihen der Händler, sogar stellvertretende Richter sind dabei. Hanfpflanzungen betreiben wilde Händler. Geschickte Verkäufer tarnen ihr Geschäft mit Autoverkauf, wobei mit dem gewünschten Auto auch das entsprechende Rauschgift geliefert wird.

Die Terroristen raten ebenfalls zu einem vorsichtigen Kauf von Fondsanteilen als Geldanlage in unterschiedlichen Banken. Es gibt aber auch Ärzte, die selbst chemische Drogen produzieren und verkaufen. Das sehen die Terroristen nicht gerne und helfen bei der Beseitigung solcher Konkurrenten durch verdeckte Information an die Sicherheit. Dagegen betrachten sie es mit Zufriedenheit, daß fast regelmäßig unter den Parlamentariern des Landes einer ist, der seinen Wahlkampf durch Drogenverkauf finanziert hat. Obwohl die Wahlordnung vorschreibt, daß jeder Kandidat durch vorbildliche Lebensführung auffallen muß, passiert das immer wieder. Ist er erst einmal gewählt, erweist es sich als sehr schwer, ihn wieder zu entfernen. 1971 hatte man noch in der Parlamentsordnung den Handel mit Rauschgift als Verbrechen benannt, das eine Kandidatur verhindert. Ein Jahr danach strich man den Drogenhandel in dem Zusammenhang und beschränkte den Ausschluß aus der Kandidatur auf den Fall, daß gegen den Abgeordneten gerichtlich Klage erhoben ist. Seit dieser Zeit versuchen Abgeordnete ein gesondertes Gesetz gegen Rauschgifthändler im Hohen Haus zu fixieren, doch kam man bisher nicht entscheidend voran. Denn die Grundbedigung für die Kandidatur ist zwar die gute Lebensführung, doch ist eine schlechte noch nicht unbedingt strafbar. Bei solchen Unwägbarkeiten bleibt die Diskussion über das Rauschgift im Parlament bisher stehen. In jeder Parlamentswahl tauchen deshalb die Fragen erneut auf. Bei der letzten gab es Meldungen, daß sich unter den Abgeordneten ein wichtiger Drogenhändler aus Kairo und einer aus der Küstenregion befinden. Sie sind Mitglieder einer Oppositionspartei. Nur einmal ist es vorgekommen, das war 1992, daß man einen der Abgeordneten vor Gericht gestellt und sein ganzes Eigentum konfisziert hat. Davor schrickt man heute im Interesse des Ansehens des Hohen Hauses weitgehend zurück. Natürlich sind fast alle Parteien von der Erscheinung betroffen und sind deshalb nicht sehr an der Aufdeckung solcher Fälle interessiert, vor allem nicht, wenn sie nur Verdachtsmomente sind.

Die Terroristen betrachten diese Fälle als Beleg für die weitgehende Schwächung des Parlamentarismus. Sie wissen genau, daß die Verquickung von Abgeordneten mit dem Geschäft auch das Strafmaß im Land für den Drogenhandel allmählich reduziert. So beobachtet man in letzter Zeit immer weniger die Todesstrafe, häufig dagegen taucht als Urteil lebenslängliche Zwangsarbeit und Einzug des Eigentums auf. Wenn man seinen Besitz weitgehend im Ausland untergebracht hat, ist der in jedem Fall vor dem Zugriff des Staates geschützt. Deshalb spielt gerade im Drogenhandel der illegale Geldtransfer eine entscheidende Rolle. Das ist gleichzeitig die eleganteste und unauffälligste Form der Geldwäsche überhaupt. Nach glaubwürdigen Schätzungen verschwinden zwischen 9 bis 11 Milliarden ägyptische Pfund auf illegalen Wegen aus dem Land. Vor allem in die arabischen Golfstaaten strömt dieses Geld, das umgerechnet ca. 8,9 Milliarden Dollar umfaßt. Das geschieht teilweise über ägyptische Banken oder ausländische, die in Ägypten ansässig sind. Natürlich ist der Hauptantrieb die Gefahr des weiteren Verbleibs der Gelder im Land, die im Lauf der Zeit wegen ihres unrechtmäßigen Erwerbs Nachforschungen ausgesetzt sein könnten. Im Ausland sind sie den Händen der Sicherheitsorgane entzogen. Vor allem suchen sich die Terroristen bei ihren Geldaktionen die Staaten aus, mit denen Ägypten keine Vereinbarungen über die

Auslieferung von Straftätern abgeschlossen hat. Auch bevorzugen sie die Länder, die nicht an besonderen Untersuchungen über die ankommenden Finanzmittel interessiert sind. Die Möglichkeiten, das nach dem Ausland illegal transferierte Geld dort auch anzulegen, ist ein weiterer Faktor für das Verhalten. Denn damit kann man durchschnittlich höhere Einnahmen als im Herkunftsland erzielen. Das trifft für den normalen Handel zu und für Aktienkapitale. Dagegen besteht die größte Abneigung, die Summen in Ägypten anzulegen. Da gibt es neben der Hauptfurcht der Aufdeckung auch rein ökonomische Vorbehalte wie die Höhe der direkten und indirekten Steuern, die Vielzahl weiterer Abgaben und die endlose Verwaltungsbürokratie auf allen Ebenen. Weiterhin besteht eine rechtliche Unsicherheit, da die Investitionsgesetze häufig einer Änderung unterzogen werden. Selbstverständlich ist ebenso der künstlich hoch gehaltene Wechselkurs ein weiteres Kriterium für das Verhalten, denn damit besitzt das ägyptische Pfund nicht seinen tatsächlichen Wert, was die Flucht in stabile internationale Währungen beschleunigt. Dazu kommen Regelungen in einigen Ländern, die nicht ansässigen Investoren und Geldgebern besondere Bedingungen einräumen, keine Steuern erheben und gesetzlich das Einkommen schützen. Auch in den Fällen hat Ägypten keine Möglichkeit, rechtlich dagegen vorzugehen. Das zeigte sich erst kürzlich. Einer der Rauschgifthändler hatte 14 Mio. ägyptische Pfund außer Landes gebracht und investierte die Summe teilweise im Goldhandel eines afrikanischen Staates. Das könnte Südafrika oder der Kongo sein. Alle Versuche der ägyptischen Behörden, den Mann und das Geld zurückzuholen, scheiterten. Das afrikanische Land sah in ihm einen Investor unvoreingenommener Art und lehnte jegliche Maßnahme gegen ihn strikt ab. Die Terroristen haben bei ihren illegalen Aktionen teilweise eine indirekte Unterstützung von Wirtschaftskreisen, die, um schnell hohe Gewinne zu erzielen, ihr Kapital illegal in das Ausland bringen. Absprachen oder unmittelbare Zusammenarbeit existieren nicht, doch beobachten die Terroristen den Einfallsreichtum dieser Leute und lernen daraus eine ganze Menge. Das betrifft beispielsweise die Schaffung internationaler Gesellschaften in Ägypten, die auch Zweigstellen im Ausland haben können. Letztere sind dann das Ziel von geheimen Geldtransaktionen. Ebenfalls sehen sie mit großem Respekt, wie solche Wirtschaftsunternehmer Kontakte zur hohen Politik nutzen, um ihre Geschäfte zu betreiben. Vor allem zählen Einblicke in den ägyptischen Bankapparat zu den nützlichen Fakten, die eine geheime Ausfuhr von Geldern erleichtern. In der letzten Konsequenz laufen die Handlungen dieser Unternehmer in die gleiche Richtung wie die der Terroristen, wenn erstere schlechtes Fleisch importieren und verteuert verkaufen und ungedeckte Schecks mit hohen Summen einlösen. Andere gründen wohltätige Grundfonds, wofür man Spenden und Anzahlungen der Bevölkerung annimmt, als Strohmann setzt man einen Politiker auf den Leitungsposten und verschwindet mit dem Geld bei der nächsten Gelegenheit. Das sind drastische Akte der Schädigung des Landes und seiner Bürger. Die Terroristen stimmen dem Vorgang entschieden zu. Deshalb kann man eigentlich das Treiben beider Gruppen unter einem Vorzeichen sehen. Die Terroristen, die sehr genau den Markt Ägyptens beobachten, um ebenfalls ihre Aktivitäten zu planen, erkennen immer wieder, daß die Unternehmer mit dem Risikokapital ungewollt für die Extremisten die Öffentlichkeit ablenken und auch die Staatsanwaltschaft intensiv beschäftigen. Damit haben sie eine relativ sichere Basis für ihre verdeckte Arbeit. Die sich häufenden Skandale im Wirtschaftsleben sind deshalb eine Form von günstiger Abschirmung. Wenn jüngst ein geschlossener Immobilienfond platzte, als sich herausstellte, daß die Verantwortlichen nicht mit dem Geld rechtmäßig umgegangen waren und das Land verlassen hatten, entstand eine solche Unruhe in der Öffentlichkeit, daß die Terroristen in ziemlich geordneter Weise eine beachtliche Summe ins Ausland transferieren konnten.

Ein spezielles Feld ihrer Aktivitäten in Ägypten umfaßt die illegale Ausfuhr von Altertümern. Hier aber arbeiten sie über sichere Vertrauensleute, weil beachtliche Fachkenntnisse zu dem Geschäft gehören. Auch ist dabei in einem mehrfachen Sinn deshalb Vorsicht geboten, weil Familienangehörige eines hochrangigen Politikers, man spricht von einem Minister, mit in den schmutzigen Handel einbezogen sind. Das wurde bekannt, weil Schwestern des Ministers einen Grabräuber umbringen wollten, der in einem von ihm entdeckten altägyptischen Gräberfeld 227 kleine Figuren gestohlen hatte, um sie auf eigene Kosten zu verkaufen. Die Damen wollten die Grabbeigaben für sich haben. Der illegale Export erfolgt vor allem über kleine Feldflugplätze, von denen es viele in Ägypten gibt. Am häufigsten soll al-Ghardaqa genutzt werden. Hier gibt es keine Radarkontrolle und keinen Nachtbetrieb. Manchmal steigt von hier und anderswo wöchentlich ein Kleinflugzeug auf, daß mit Altertümern vollgestopft ist. Inzwischen sollen ca. 600 000 Einzelstücke ins Ausland gebracht worden sein. Ein kleiner Teil davon ist aus dem Ägyptischen Museum in Kairo gestohlen worden. Doch der größte Teil stammt aus Grabräubereien. Denn noch immer finden in das Geschäft einbezogene Beduinen unangetastete kleinere Begräbnisanlagen, die aber nicht, wie das Gesetz entschieden fordert, der einheimischen Altertümerverwaltung mitgeteilt werden, sondern in den illegalen Warenfond eingehen. Überwiegend handelt es sich bei den Altertümern um Halsketten, Ringe, Kleinfiguren, Halbedelsteine mit Inschriften und verzierte Tonscherben. Offensichtlich gibt es dafür sichere Abnehmer in der Kunstszene Europas, obwohl Interpol von den Ägyptern alarmiert ist. Da jedoch die kleinen Kunstwerke nirgends registriert sind, ist ihre Herkunft schwer oder gar nicht zu beweisen. Das auf diese Art im Ausland gewonnene Geld kommt auf die Konten, die bereits in Banken des arabischen Golfs bestehen. Der kulturelle Schaden, der damit Ägypten zugefügt wird, ist nicht abzuschätzen. Doch ist auch die gesamte Sicherung des Kulturerbes ernster zu nehmen, dazu sind sehr viel mehr Gelder bereit zu stellen. Das bedeutet auch, die Präsentation und Forschung zu den Gegenständen zu verbessern sowie das Bewußtsein in der Bevölkerung zu entwickeln, damit auch von dieser Seite die Wachsamkeit erhöht werden kann.

Wie konzeptionlos der Staat noch ist, erwies sich Mitte August 1999 in Kairo. Stadtbehörden machten offiziell bekannt, daß ein historisch wertvolles Gebäude, in der Liste kostbarer Baudenkmale trägt es die Nummer 351, zum Verkauf steht. Das Bauwerk in der Azhar Straße ist ca. 1000 Jahre alt und gehört der frühen islamischen Kulturperiode an, es trägt künstlerische Schmuckelemente und ist noch gut erhalten. Zuletzt war eine Bibliothek darin untergebracht. Die Oberste Altertümerverwaltung war über den Schritt nicht informiert und zeigte sich entsetzt über die Handlungsweise. Doch ihr Widerstand half nichts, der Verkaufsprozeß wurde weitergeführt. Schließlich fand man jedoch keinen Käufer, weil die verlangte Summe zu hoch war. Zu erwarten ist, daß sich die Stadtverwaltung durch den Fehlschlag nicht von ihrem Ziel abbringen läßt. Das ist kein Einzelfall. Fast gleichzeitig passierte etwas Ähnliches. Hier war es das Ministerium für religiöse Stiftungen, das den Verkauf eines historischen Gebäudes im Norden Kairos bekanntgab. Es handelte sich um einen mittelalterlichen Chan, ein Gasthaus. Der Einspruch des Obersten Rates für Altertümer beeindruckte die Verantwortlichen nicht. Auch kümmerten sie sich nicht um einen Kabinettsbeschluß vom 28. 10. 1998, der für historische Bauwerke keinerlei Besitzveränderungen oder Neuverpachtungen vorsieht. Bei solchen Formen des Umgangs mit Altertümern braucht man sich nicht zu wundern, daß in breiten Teilen der Bevölkerung wenig Wertbewußtsein festzustellen ist.

Bei Unterschlagungen finden die Terroristen einen anderen Anknüpfungspunkt. In dem Prozeß der allmählichen Umwandlung Ägyptens in einen offenen Mark mit einer freien Wirtschaft, die sich der internationalen Welt öffnet, wächst die in das Land strömende Hilfe und Unterstützung aus dem Ausland. Diese Ausrüstungen, Gelder und anderen Spenden betrachtet man weithin in der Gesellschaft als kostenloses Material, das man sich beliebig einverleiben kann. So viel wie möglich davon zu ergattern, ist eine weit verbreitete Haltung. Ein Unrechtsbewußtsein ist dabei nicht festzustellen. Alle Mittel sind dafür recht. Ein Staatssekretär im Bauministerium des Distrikts Minia nutzte seine hohe Stellung und seine speziellen Beziehungen zu Bauunternehmern dazu, Hilfsgelder nur gegen Bestechungssummen freizugeben, so daß der Wohnungsbau in der Gegend stark behindert wurde. Erst als der Mann schließlich ungefähr drei Mio. ägyptische Pfund besaß, die er in Häusern und Immobilien angelegt hatte, wurde man bei Routinekontrollen auf ihn aufmerksam. Die Zahl solcher Vorfälle erhöht sich beinahe jährlich. Vor allem sind jene Ausrüstungen gefragt, die ausländische Bauunternehmen in das Land bringen und die weitgehend zollfrei sind. Deshalb bemühte sich ein ägyptischer Unternehmer, gleichzeitig Parlamentsmitglied, in Verbindung mit einem ausländischen Partner darum, Ausrüstungen zollfrei einzuführen, die er im Land für das Mehrfache auf dem Schwarzen Markt verkaufen ließ.

Das Finanzministerium, das die Finanzhilfen verwaltet und kontrolliert, ist ein Schwerpunkte für Unterschlagungen. Hinzu kommen örtliche Verwaltungen und das Bildungswesen. In manchem Jahr werden deshalb bis zu 300 Strafmaßnahmen gegen Beamte eingeleitet. Vor allem ist es sehr bedenklich, daß selbst hohe Verantwortliche in solche Verbrechen verwickelt sind.

Ägypten stellt zwar Zucker her, muß jedoch gewisse Mengen davon einführen, um den einheimischen Bedarf zu decken. In dem Wirtschaftsministerium, das mit den Importfragen befaßt ist, hat der hierfür zuständige Beamte kürzlich versucht, Zucker für eigene Geschäftszwecke abzuzweigen, um ihn auf dem Schwarzen Markt zu verkaufen. Das war für ihn nicht schwer, weil er kaum irgendwelchen Kontrollen unterlag. Ähnlich günstig war die Situation für einige Unternehmer, die von Hilfsgeldern, die für den Aufbau eines großen Stadtviertels bestimmt waren, 15 Mio. ägyptische Pfund abzweigten. Die Aufsichtsbehörden stoßen nur durch Stichproben auf solche Fälle. Kommunalaufsicht besteht weitgehend nicht, und öffentliche Finanzkontrollen existieren nur in Ansätzen. Nicht die fortlaufende

Überprüfung der öffentlichen Hand steht im Vordergrund, sondern die Verdachtsuntersuchung, wenn über eine Person Auffälligkeiten bekannt werden oder Routineprüfungen Sachverhalte zu Tage fördern. Der Lebenswandel und das finanzielle Erscheinungsbild stehen im Mittelpunkt des Interesses. In den oberen Rängen der ägyptischen Verwaltung existiert die Regel, daß jeder Beamte aller fünf Jahre einen Bericht über seine Lebensverhältnisse vorlegen muß. Stichprobenhafte Nachprüfungen gehören dazu und sollen die Täter verunsichern. In die gleiche Richtung arbeitet eine Sonderverwaltung zur Bekämpfung des unrechten Gebrauchs staatlicher Mittel, die in allen Landesteilen tätig ist und über genügend Erfahrungen verfügt, um zwischen normalen und unnormalen Besitz von Beamten zu unterscheiden. Kürzlich erwischte man einen hohen Beamten durch den Vergleich mit Normalparametern. Er arbeitete in dem Ministerium für den öffentlichen Sektor, der beispielsweise die nationale Schwerindustrie und bestimmte pharmazeutische Fabriken verwaltet. Er hatte sehr geschickt seine Manipulationen an Importmengen von Medizinstoffen verschleiert und die Produkte über einen Händler auf den Schwarzen Makt gebracht. Die Verantwortlichen in dem Ministerium merkten nichts davon. Auch die zufälligen Überprüfungen von illegalen Waren erbrachten nichts. Erst als man in der Sonderverwaltung zufällig dahinter kam, daß die Person beinahe zwei Mio. ägyptische Pfund auf ihrem Konto hat, griff sie zu und ließ ihn verhaften.

Um in dem Punkt voranzukommen, der mit der Mißwirtschaft in der Verwaltung eng zusammenhängt, hat die Weltbank vom 19. bis 22. 9. 1999 in Kairo eine Konferenz abgehalten. In acht Punkten faßte ihr stellvertretender Direktor Dr. Ibrahim Shahata die Aufgaben zusammen, die Staaten wie Ägypten bei der Bekämpfung von Geldwäsche, Unterschlagung und Bestechung zu leisten haben. Daraus resultiert als erstes die Schaffung eines allgemeinen Bewußtseins über die Gefahren der Mißwirtschaft und der Notwendigkeit ihrer allseitigen Bekämpfung. Jegliche Duldung dieser Erscheinungen muß aufhören. Dazu ist die entsprechende Haltung notwendig, die kleine und große Vorkommnisse von Bestechung, Unterschlagung und anderen Verstößen in gleicher Weise verurteilt. Zweitens hat sich der Staat dringend darum zu kümmern, daß auf allen exekutiven und legislativen Ebenen sowie im Gerichtswesen jegliche Mißwirtschaft unterbunden wird. Keine Rolle darf es spielen, ob der Vorfall kriminell, verwaltungsmäßig nicht korrekt oder durch charakterliche Fehler verursacht ist. Die Menschen auf den hohen staatlichen Stufen sollen Vorbilder werden für die anderen Bürger des Landes. Natürlich gehören entsprechende Gesetze dazu. Die Parteien, Gewerkschaften und Massenmedien sind drittens mit dafür verantwortlich, daß die Regierung ihre Aufgaben ernsthaft wahrnimmt. Um den Kampf gegen die Geldwäsche und die Bestechung zu sichern, sind viertens vom Staat wichtige Reformen einzuleiten. Das betrifft eine Neuordnung des Öffentlichen Dienstes, der auf fachlichen Grundlagen beruhen soll. Dazu gehört, daß allein die ausbildungsmäßige Tauglichkeit über die Besetzung der Posten entscheidet. Entsprechend der Arbeitsleistung und der Verantwortung ist auch die Entlohnung neu zu regeln. Die materielle Ausstattung der Verwaltung ist durch öffentliche Ausschreibungen und unter genauer Kontrolle durch die Finanzbehörde zu beschaffen. Der Staat hat zu gewährleisten, daß auch in der Privatwirtschaft solche gewandelten Maßstäbe Platz greifen. Dazu ist ebenfalls die Steuerordnung zu überprüfen. Fünftens sind alle Fragen der Neuordnung und der Bekämpfung von Mißständen in jeder Phase durch eine freie Presse abzusichern. Keinerlei Ebene im Staat darf von der Kritik ausgenommen werden, wenn Anlaß dafür besteht. Ein soziales Klima soll sechstens in Schulen, Wohnhäusern, Regierungsstellen und der Polizei entstehen, wo das Vorbild seine Anerkennung findet, notwendige Vorschriften Achtung genießen und öffentliches Eigentum sowie persönliche Rechte respektiert werden. Damit erwachsen neue Wertvorstellungen, die dem Mißbrauch entgegenstehen. Ausländische Investoren sind angehalten, keine Bestechungen zu leisten, um Aufträge zu gewinnen. Das ist die siebente Forderung. Die letzte betrifft die Notwendigkeit, mit internationalen Organisationen bei dem Kampf gegen Geldwäsche, Unterschlagung und Bestechung zusammenzuarbeiten, denn diese Erscheinungen haben eine grenzüberschreitende Dimension. Die hier dargelegten Forderungen tragen einen beinah gesamtgesellschaftlichen Charakter und haben die grundlegende Reform des Öffentlichen Dienstes zum Kern. Ägypten ist noch weit entfernt, diese Wertmaßstäbe zu erfüllen.

Angesichts der weitverbreiteten Mißstände haben es die Terroristen leicht, ihre Aktivitäten zu entfalten. Sie haben erkannt, daß das Computergeschäft sehr hohe Einnahmen sichert. In Ägypten haben gegenwärtig ca. 70% aller Schulen, konkret sind es 230 500, Computer mit einigen entsprechenden Arbeitsplätzen. Man ist bemüht, den Prozentsatz noch zu erhöhen. Doch zeigt sich gegenwärtig, daß fast alle Lehrkräfte keinerlei Computerkenntnisse und Vorstellungen über die Anwendung des PC im Unterricht besitzen. In aller Eile hat man Vereinbarungen mit der Amerikanischen Universität in Kairo, mit den Pädagogischen Fakultäten der Universitäten, dem British Council, der Sadat-Akademie und großen Bildungseinrichtungen getroffen, um den Lehrern entsprechendes Wissen zu vermitteln. 1400 Lehrer schickt man sogar für die Qualifizierung ins Ausland. Zusätzlich dazu schloß im Januar 2000 Ministerpräsident Atif Ubaid ein Abkommen mit der Firma Microsoft, um in einem weiten Umfang Computer-Kenntnisse in Ägypten zu verankern. Der Hochschulminister des Landes kam gleichzeitig mit der gleichen Weltfirma überein, die PC-Ausbildung für ca. 100 000 Studentinnen und Studenten zu realisieren. Leider konzentrieren sich die Anstregungen zur Zeit vor allem auf das Stadtgebiet von Kairo, die Kleinstädte auf dem Land sind noch nicht erfaßt. Am 17. 1. 2000 eröffnete der ägyptische Ministerpräsident die internationale Konferenz „Cairo-Telecom 2000", die sich mit Technologie, Information, Computern und künstlichen Erdsatelliten in der arabischen Welt befaßt. Unter anderem hat man auf der viertägigen Beratung die Einbindung des Internets in die TV- und Radioprogramme erörtert. Dabei gibt es in der Öffentlichkeit des Landes noch große Vorbehalte gegen das Internet, diese betreffen die Anonymität und die Bevorzugung handschriftlicher Texte gegenüber elektronischen. Man erkennt weitgehend auch keinen Sinn darin, über das Internet Informationen auszutauschen. Der Staat seinerseits schränkt den Handel über das Internet entscheidend ein, da er die Zoll- und Steuergesetze darauf anwendet. Die Terroristen lenken in Verbindung mit verbündeten Lehrkräften von den oben erwähnten Bildungsinstituten geschenkte PC um. Auf dem Schwarzen Markt erhält man den mehrfachen Preis dafür. Auch aus Universitäten geschieht das. Hier ist die Besetzung mit Computern sehr unterschiedlich, die Lehrkräfte sind weitgehend recht gut ausgebildet. Neben dem Handel mit den Geräten haben die Terroristen auch die Ausbildung als Einnahmemöglichkeit erkannt. Sie finanzieren kleine Einrichtungen dieser Art, wo sie auch eigene Anhänger einsetzen können. Der Bedarf in der Bevölkerung ist riesig. Natürlich kennen sie die massiven Vorbehalte der orthodoxen Geistlichkeit gegen das Internet. Inzwischen sehen jüngere Vertreter der Terroristen auch Vorteile des Internets für ihre geheime Aktion. Damit können sie ihre extremistische Lehre optimal verbreiten, die Risiken der Strafverfolgungen sind gering. Mit geeigneten Verschlüsselungs- und Anonymisierungstechniken, so meinen sie, kann man sich der Überwachung durch die Sicherheitsbehörden völlig entziehen. Auch neue Mitglieder sind damit leichter zu werben. Wenn man geeignete Provider im Ausland findet, kann man noch effektiver arbeiten, weil dann die ägyptischen Behörden keinerlei Zugriffsmöglichkeit mehr haben. Das alles sind Vorstellungen einer neuen Generation von Terroristen, die für sich die moderne Technik als Instrument für die Zukunft erkannt haben.

Auf einem anderen Feld, das mit der Landesgeschichte eng verbunden ist, sind die Terroristen ebenfalls aktiv. Es geht um das Eigentum von Muhammad Ali, dem Begründer des modernen Ägyptens. Er war albanischer Herkunft und verstand es, in seiner Regierungszeit von 1805 bis 1849 die Unabhängigkeit Ägyptens vom osmanischen Staat, dessen Hauptstadt Konstantinopel war, weitgehend herzustellen. Ansehen in der islamischen Welt errang er, als er mit einer starken Armee auf der Arabischen Halbinsel die Wahhabitenherrschaft vernichtete. Auch in Europa erkannte man dadurch erstmals Ägypten als einen weltpolitischen Faktor an. Mit dem Erstarken seiner Stellung bemühte er sich auch um die Verbesserung der Verhältnisse in seinem Land. Er kümmerte sich ganz autokratisch um eine optimierte Verwaltung, um die Ankurbelung der Wirtschaft und um die Übernahme europäischer Erfahrungen in Modernisierungsfragen. Vor allem mit Frankreich stand er auf gutem Fuß. Er war der alleinige Besitzer und Verwalter seines Landes, trotzdem erreichte er für Ägypten ein hohes Maß an Stabilität und Anfänge von Prosperität. Eine Moschee ließ er sich oben auf der Zitadelle von Kairo errichten, sonst aber entstanden für ihn keine besonderen Bauwerke. Dagegen erwarb er sich besondere Verdienste für die Allgemeinheit durch Verbesserung und Vergrößerung des Bewässerungssystems im Nildelta. Ein von ihm projektierter Staudamm bei Kairo scheiterte jedoch. Sein Reiterstandbild überragt heute den Hauptverkehrsplatz in Alexandria. Das ist ein großes Zeichen der Anerkennung. Seine Zeitgenossen waren wohl aber noch mehr von seiner Gestalt und seinem Wirken angezogen, als das heute der Fall ist. Viele neue Züge bekam dadurch das Land am Nil. Ein Augenzeuge dieser Entwicklung stammt aus Deutschland und hinterließ uns lebendige Schilderungen über Ägypten und seinen Herrscher. Es handelt sich um Hermann Fürst von Pückler-Muskau. Er wurde 1785 geboren und widmete sich nach einer militärischen Karriere der Reiseschriftstellerei. Zuerst wandte er sich nach europäischen Staaten, 1837 aber finden wir ihn in Ägypten. 1844 kam in drei Teilen das Buch heraus „Aus Mehmed Ali`s Reich", als Autor war vermerkt „Verfasser der Briefe eines Verstorbenen", ein Pseudonym des Fürsten. Mit erstaunlicher Schärfe erkennt er die neuen Züge, verzeichnet spanische Experten in der Artillerie, eine französische Eisengießerei und die Zuckerfabrik eines Italieners, berichtet aber auch über die Schwierigkeiten in der Landwirtschaft. Nicht müde wird er, die Leistungen des Herrschers zu preisen. Dazu zählt er die großartigen Wasserbauten, Hospitäler und Schulen, in denen 11 000 Kinder lernen. Sie erhalten kostenlos Kleidung und Nahrung. Zusätzlich bekommen sie noch ein Taschengeld. Zahlreiche junge Leute schickt man nach Europa zur Ausbildung. Von ersten Impfungen für Kinder weiß er zu berichten, wobei den Eltern dafür Geld bezahlt wird. Damit ist ein ungeheurer Anreiz geschaffen. Natürlich trifft der Autor auch mit Muhammad Ali zusammen, der, schon siebzigjährig, sehr interessiert war, sich mit ihm zu unterhalten. Über die ersten Vorstellungen einer modernen Bank, die Gefährlichkeit der islamischen Geistlichkeit und die Unklarheit der Nilquellen drehte sich das Gespräch. Fürst Pückler-Muskau brachte es auf dieser Reise fertig, bis nach Nubien und in die ersten Teile des Sudan vorzudringen. Der Reisebericht ist bis heute ein gültiges Dokument für diese Zeitepoche Ägyptens.

Die noch verbliebenen Besitztümer aus der Familie Muhammad Alis gerieten nach der Juli-Revolution 1952, durch die die Republik Ägypten entstand, in den Besitz des neuen Staates. Es handelte sich um bebaute Grundstücke in Kairo, wo sie vor allem in dem von Touristen stark besuchten Distrikt Chan al-Chalili liegen. Andere Gebäude befinden sich in Oberägypten bei der Ortschaft Qena. Auch in Alexandria sowie an der weiteren Mittelmeerküste kann man solche Häuser entdecken. Außerdem gibt es umfangreiche Ländereien der Familie. Ägypten hat jedoch große Schwierigkeiten, ältere Bauwerke zu erhalten. So kam es dazu, daß auch diese Hinterlassenschaft vernachlässigt wurde. Ein idealer Markt für die Terroristen. Scheinbar interessierten sie sich für alles. Möbel, Bilder, Teppiche, Porzellan, Bücher und Kochutensilien verschwanden so nach und nach. Das meiste davon kam auf den Schwarzen Markt, wo sie als antike Einrichtungsgegenstände hohe Preise erzielten. Sicherheitsleute bemerkten nichts davon. Es gab keine Inventarverzeichnisse mit Nummern, man hatte nichts museal erfaßt. Das rächte sich jetzt.

Eigentlich ist keiner direkt für die Schätze in der Kulturverwaltung zuständig. Die Oberste Kommission für Altertümer schlägt sich mit ganz anderen Sachen aus der Zeit der Pharaonen herum als diesen Objekten aus der Epoche des Empire, jenes Kunststils aus der Zeit Napoleons I. Geld für den Unterhalt der zahlreichen Kostbarkeiten fehlt an allen Ecken und Enden. Franzosen waren die begeistertsten Käufer, wenn Stücke aus den Gebäuden Muhammad Alis auf den Markt in Kairo kamen. Beinahe nach Bestellung konnten die Terroristen Gegenstände liefern und brachten heran, was sich transportieren ließ. Richtig generalstabmäßig ging man vor. Keines der Häuser war besonders gesichert, so daß es ein leichtes war, die Aktionen langfristig und regelmäßig durchzuführen. Die Behörden kamen erst ganz allmählich dahinter, und zwar als die Terroristen dazu übergingen, auch die Ländereien der Familie Muhammad Alis zu veräußern. Sie machten einen Versuch mit gefälschten Papieren, als das mißlang, zogen sie sich zurück. Nun kam die Polizei erst dahinter, was sich in den Häusern zugetragen hatte. Sie rekonstruierte insgesamt ca. 749 Einbrüche. Den Wert der verschwundenen Gegenstände beziffert man heute auf ca. 39 Mio. ägyptische Pfund. Erst diese traurigen Feststellungen deuten an, daß man jetzt in den offiziellen Kreisen langsam erkennt, was man einst besessen hat. Sicherlich sind die meisten Gegenstände in dem Touristengepäck schon längst außer Landes. Die Medien beschuldigten die Verantwortlichen im Staat, durch ihre langjährige Vernachlässigung dieser Schätze eine Mitschuld an deren Verschwinden zu tragen. Nun denkt man nach, wie man weitere Objekte aus der Epoche besser schützen kann. Dabei zeigt sich aber erneut die Konzeptionslosigkeit der Spezialisten, da sie keinen eindeutigen Überblick besitzen.

Auf dem Gebiet der Fälschung von Banknoten in Ägypten trat in dem Jahr 1995 eine gravierende Änderung ein, als USA-Dollar Noten auftauchten, die auf einem Farbkopierer angefertigt worden waren. Bisher hatte man nur ganz selten solche Aktivitäten beobachtet, jetzt aber häuften sich die Vorfälle. Die erste

Bande, die 50-Dollar-Scheine in einem Wert von 10 000 Dollar produziert hatte, konnte relativ schnell gefaßt werden. Als Chef der Gruppe nahm man einen Rechtsanwalt fest. In Alexandria tauchten kurz danach erneut falsche Dollarscheine auf. Nach einer fieberhaften Suche kamen die Experten des Innenministeriums dahinter, daß das Falschgeld aus dem Ausland importiert wurde. Völlig unbekannt blieben die Täter, die mit gefälschten Dollarnoten ein teures elektrisches Gerät kauften. Der Preis belief sich auf 3200 Dollar. Die Sicherheitsfachleute waren deshalb auf das höchste alarmiert, weil sie sich ausrechnen konnten, daß auch sehr bald ägyptische Banknoten als Fälschungen vorliegen würden. Die technischen Gegebenheiten waren durch hochwertige Farbkopierer gesichert. Kein aufwendiger Druckvorgang war mehr erforderlich. Die ägyptischen Geldscheine weisen keine besonderen Sicherungselemente auf, die eine Fälschung erschweren oder unmöglich machen. Kein Metallfaden und keine Hologramme sind dort zu finden. Die ägyptischen Fachleute fürchten deshalb das Schlimmste. In ihrer Ratlosigkeit haben sie sich darauf orientiert, jeden importierten Farbkopierer zu registrieren und seine Besitzer regelmäßig zu überprüfen. Der Zoll infomiert über die Einfuhr der teuren Geräte, damit haben die Experten die Möglichkeit den Besitzer zu ermitteln. Das geschieht selbstverständlich ganz intern. Denn offensichtlich glaubten sich viele neue Besitzer solcher Farbkopierer sehr sicher und machten sich daran, die Banknoten des Landes zu fälschen. Als die Sicherheit bei einem von ihnen beobachtete, daß er gewaltige Mengen von Spezialpapier kaufte, war die Sache klar. Sie folgten ihm, als er mit seinem Mercedes einige der Blüten unter die Leute bringen wollte. Recht einfach lag auch der Fall, als ein Farbkopierer nach Oberägypten transportiert wurde. Die Sicherheit klärte das berufliche und finanzielle Umfeld des Besitzers. Dabei ergaben sich keine besonderen Anhaltspunkte für den dringenden fachlichen Gebrauch eines solchen Gerätes. Die Beobachtung bestätigte den Verdacht, daß man sich vor allem mit der Produktion von Falschgeld befassen wollte. Die acht Personen, die sich zu dem

Zweck zusammengefunden hatten, nahm die Polizei fest. Weitaus schwieriger stand der Fall bei einem Elektronik-Ingenieur in Alexandria. Er benötigte das Gerät fast täglich und zeigte auch keine Verdachtsmomente. Er verkehrte auch viel mit Fachkollegen, stand mit zahlreichen modernen Betrieben in Verbindung und installierte in vielen Institutionen Computernetze. Nur durch Zufall kam man dahinter, daß er sich auf das Fälschen von 20 Pfund-Noten spezialisiert hatte. Da der Fall in die Presse geriet, waren alle Interessenten im Land gewarnt. Die Terroristen haben aus der Lage die Konsequenz gezogen, daß man die Sicherheit umgeht, wenn man unbrauchbar gewordene Farbkopierer über Mittelsmänner aufkauft, um sie dann durch eigene Fachleute wieder aufzubauen. So geht ein Gerät in seinem sich wandelnden Zustand durch zahlreiche Hände, ein Umstand, der es der Sicherheit sehr erschwert, dem Vorgang zu folgen. Darüber hinaus hat sie immer mehr die sich ausbreitende Menge neuer Importgeräte zu kontrollieren. Sie stehen jetzt auch in manchem Großbetrieb, was die Kontrolle der Benutzung absolut erschwert. Kürzlich konnte die Polizei einen Betriebsleiter festnehmen, der einer Fabrik für die Abfüllung und Verpackung von Lebensmitteln vorstand. Er hatte Fälschungen in einem Wert von 250 000 ägyptische Pfund hergestellt. Solche Erscheinungen verdeutlichen die wachsenden Probleme für die Verfolgungsbehörden, die nicht mehr die flächendeckende Verbreitung von Neugeräten überblicken können. Die Terroristen haben sich auf kleine Geldscheine spezialisiert, die sie vor allem in der Provinz unter die Leute bringen. Der Vertrieb ist sehr intern. Offenbar nutzt man auch öffentliche Verkehrsmittel, um nicht irgendwelchen Straßenkontrollen in die Hände zu fallen.

Auf dem Gebiet der Lebensmittelversorgung bestehen generelle Probleme, die eine Ausnutzung der gravierenden Schwächen sehr erleichtern. Vor allem ist die mangelnde Genauigkeit im Umgang mit den Nahrungsgütern auffällig. Ständig sind Kontrolleure unterwegs, die in den Läden nach Preisen, Buchführung und Sauberkeit schauen. So ergaben sich beispielsweise in einem Monat bei 832 Bäckern zu geringes Gewicht bei den Broten, keinerlei schriftliche Dokumente über die verkauften Mengen und Preisverstöße. Hintergrung dafür ist die staatliche Subventionierung des Brotmehls, um den Preis zu stützen. Alle diese Bäcker haben wahrscheinlich Teile des Mehls auf dem Schwarzen Markt verkauft, wo sie einen beachtlichen Preis dafür erheben. Den jeweiligen Verstoß gegen die drei erwähnten Punkte halten die Kontrolleure in einem Protokoll fest, das aber keinerlei Folgen für die Betreffenden nach sich zieht. Alle Kaufleute stehen unter dieser Aufsicht, die Bäcker aber aus dem erwähnten Grund ganz besonders. Die Terroristen finden aber noch bessere Möglichkeiten, Einfluß auf die Getreidemühlen zu nehmen. Denn hier tritt uns die gleiche Ungenauigkeit entgegen. Die Müller halten sich nicht an die Bestimmungen über das Mischungsverhältnis im Brotmehl, vermindern das Gewicht der Mehlsäcke und haben keine schriftlichen Mengenangaben für Monate oder Wochen vorzuweisen. 2917 Protokolle wurden darüber schon angefertigt. Die Terroristen sehen in den Mühlen die optimale Voraussetzung, größere Mengen des Mehls auf dem Schwarzen Markt unterzubringen. An dem erzielten Verkaufsgewinn ist auch die Mühle beteiligt; dennoch verdienen die Terroristen daran sehr gut. Sie erblicken gleichzeitig einen gewissen Erfolg darin, daß sich eine breitgefächerte Gehorsamsverweigerung gegenüber dem Regime in dieser Tatsache manifestiert. Der Verlockung, selbst gutes Geld mit den Nahrungsmitteln, vor allem aber mit dem Mehl, zu verdienen, erliegen immer häufiger auch die Kontrolleure selbst. Einer von ihnen, der in Kairo eingesetzt war, hat zielgerichtet seine Stellung ausgenutzt, indem er ein Warenlager anlegte, Zucker und Mehl waren seine Spezialitäten. Er belieferte schließlich damit Groß- und Einzelhändler. Sein Preisniveau bei dem Mehl lag 72% über dem amtlichen. Solche Nachrichten, die durch die Presse gehen, begeistern in gewisser Form die Terroristen, weil Fälle dieser Art das Kontrollsystem ad absurdum führen. Der Staat sieht keine andere Möglichkeit als durch ständige Kontrollen dem Mißbrauch der Nahrungsmittel etwas entgegenzutreten. Gleichzeitig aber sind auch zahlreiche Verantwortliche auf wichtigen Posten in dem Lebensmittelsektor Unsicherheitsfaktoren, die jedoch keiner ständigen Kontrolle unterstehen. So orderte kürzlich ein Chefmanager eines Lebensmittelimport-Unternehmens Nahrungsgüter in einem Wert von mehr als drei Mio. ägyptischen Pfund. Wie sich bald herausstellte, war das weitaus mehr als die eigene Firma bezahlen konnte. Der Mann wurde abgesetzt. Sein Verhalten verdeutlicht jedoch, daß im Lebensmittelsektor noch zahlreiche Veränderungen in den oberen Rängen erfolgen müssen, ehe dort optimale Arbeit geleistet werden kann. So ist es nicht verwunderlich, daß die Terroristen den Staat als unfähig bewerten, den Menschen ausreichende Lebensmittel garantieren zu können.

Der Kredit- und Anlagemarkt in Ägypten ist im Zug der allgemeinen Liberalisierung der Wirtschaft, der allmählichen Öffnung des Marktes nach dem Westen und der Privatisierungen ein unübersichtlicher Bereich geworden. Für die Bürger des Landes sind viele der geschäftlichen Vorgänge absolut undurchsichtig. Die Banken des Landes stehen in einem scharfen Wettbewerb untereinander und in einer immer schonungsloseren Konkurrenz zu den Großbanken Europas, Amerikas und Asiens. Wie klar inzwischen die Verhältnisse sind, verdeutlicht die Tatsache, daß alle 477 arabischen Banken zusammen gegenwärtig über ein Kapital von ca. 490 Milliarden Dollar verfügen, die Deutsche Bank/Bankers Trust jedoch 756 Milliarden Dollar besitzt. Damit erreichen die Araber nur 65% des Deutsch/US-Unternehmens. Diese Größenverhältnisse machen vielen Finanzverantwortlichen in Ägypten in einem zunehmenden Maß Sorgen, weil man sich gegen solche Finanzriesen einen erbarmungslosen Kampf ausgesetzt sieht. Sie müssen sich unter den Bedingungen bemühen, mit allen Kräften die eigene Existenz zu sichern und sich dabei von den örtlichen Konkurrenten irgendwie abzuheben. Denn es ist eine bekannte Tatsache, daß in vielen arabischen Staaten, so auch in Ägypten, zu viele Banken existieren. Dieser wachsende Druck auf die Banken und die Befürchtungen hinsichtlich ihrer

Perspektive bewirken einen ziemlich bedenkenlosen Umgang mit Krediten. Man will unbedingt Geld verdienen, der Bank damit Gewinn verschaffen und auf diese Weise die anderen Geldinstitute ausstechen; möchte sich von traditionellen Geschäftsformen lösen und will modern sein. Dabei versteht man die Modernität offenbar als eine Form der Bedenkenlosigkeit. In anderen Fällen scheint es schon vielen Mitarbeitern von Banken egal zu sein, wie es um ihren Arbeitsplatz steht, wenn sie nur eine tüchtige Summe als Bestechung erhalten, worauf der erwünschte Kredit bewilligt wird. Meist läßt sich der Verlust nicht verschleiern, wenn der Kredit platzt. Die betreffenden Angestellten müssen dann über gute Freunde in den Leitungen verfügen, wenn sie weiter beschäftigt werden wollen. Die Massenhaftigkeit des Kreditbetrugs erbringt es, daß eigentlich nur in ganz gravierenden Fällen strafrechtliche Maßnahmen gegen Verantwortliche eingeleitet werden. Damit hat sich eine sehr komplexe Situation entwickelt, die Gaunern aller Art gewaltige Möglichkeiten erschließt. Auch Geschäftsleute und Politiker gehören dazu. Offensichtlich ist es zu verlockend für viele, die aktuelle Konstellation zu nutzen, um sich maximal zu bereichern. Die Terroristen konstatieren, daß man mit einer solchen Leichtigkeit größere Summen erwerben kann, ohne das es auffällt. Sie beteiligen sich deshalb in verdeckter Weise an den Geschäften. Das Grundmuster des Kreditbetrugs besteht darin, mit einem erschwindelten Betrag ins Ausland zu verschwinden, wo man das Geld in günstiger Weise anlegt und die Gewinne über eine ausländische Bank in die Heimat zurücküberweist. Wenn aber die Variante nicht gelingt, man festgenommen wird, nachdem man gerade den Betrag ins Ausland überwiesen hat, dann ist es auch nicht so schlimm. Denn seltsamer Weise kam 1999 ein neues Gesetz heraus, das keinen Unterschied macht zwischen dem, der Millionen dem Staat entwendet und dem, der im Laden Wäsche oder einen Blumentopf stiehlt. Beide bekommen maximal drei Jahre Haft. Das alten Gesetz hatte noch für unrechtmäßig erworbenen Gewinn maximal 10 Jahre festgelegt. Journalisten fragen deshalb, ob man nicht mit einer solchen Gesetzesänderung die Mißwirtschaft noch begünstigt, was sicher der Fall ist. Denn wenn der Täter seine drei Jahre abgesessen hat, kann er im Ausland seine Millionen genießen. Durch solche Rahmenbedingungen verbessern sich die Möglichkeiten, die Freiheit des Marktes dahingehend umzudeuten, möglichst viel Geld zusammenzurauben. Einige haben schon früh damit begonnen. Gleich mit der Öffnungspolitik Sadats haben geschickte Geschäftsleute Gesellschaften für den Handel und die Industriekooperation gegründet. Aus dem Geschäft gliederte man Teile aus, die rechtlich unabhängig wurden. Ein solcher Experte baute sich auf die Weise ein ganzes Imperium zusammen, das dem Zweck diente, ein Maximum an Geld ins Ausland zu transferieren. Schließlich verschaffte er sich noch mit gefälschten Unterlagen einen beachtlichen Kredit und begab sich ins Ausland. Ein anderer Unternehmer gründete einen Lebensmittelimportbetrieb, vor allem Eier kaufte er in Israel auf. Zur Finanzierung der Geschäfte nahm er mehrere Kredite als Aufbauhilfen in Anspruch. Als der günstigste Moment gekommen war, verschwand er mit dem Kapital. Offenbar war das ganze Unternehmen nur für den Zweck geschaffen worden, möglichst raschen Gewinn zu erreichen. Die örtlichen Banken, denen das Verhalten sowie die Formulierungen in den Geschäftspapieren nicht aufgefallen waren, hatten die Summen abzuschreiben. Ein anderer Unternehmer gründete die Gesellschaft Hydco, die sich dem Baugeschäft widmen sollte. Den örtlichen Banken fiel nicht auf, daß der Mann begierig war, alle Fördergelder zu bekommen, die möglich waren. Dann verschaffte er sich noch einige Kredite und errichtete wahrhaftig in verschiedenen Stadtteilen Kairos Wohnhäuser. Doch hätten die Banken schon aufmerksam werden müssen, als der Unternehmer die Wohnungen meistbietend verkaufte. Als er das Geld zusammen hatte, beantragte er noch einen Kredit für die Fortführung der Arbeit und verschwand. Begleitend hätten die Banken die Geschäftsgebaren des Mannes beobachten müssen, dann hätten sie sicherlich gewisse Anzeichen für seine tatsächlichen Absichten erkannt. Seine zurückgelassene Gesellschaft war bankrott, er hatte alle Gelder aus ihr abgezogen. Das muß schrittweise noch in seiner Kairoer Zeit erfolgt sein, bemerkt hat das keiner. Dabei waren die Konten öffentlich kontrollierbar. Auch kam man erst nach seinem Verschwinden dahinter, daß er seinen Bauarbeitern fast keinen Lohn gezahlt hatte. Da solcher Mißstand jedoch keineswegs selten ist, fiel auch sein Fehlverhalten nicht besonders auf. Eine Firma für Reifen und Autoersatzteile gründete ein Unternehmer, da sein Fachprofil sehr gut in die Aufbauphase des Landes paßt, flossen ihm Kredite von sechs örtlichen Banken in einem Umfang von 16 Mio. zu. Über einen Mittelsmann ließ er die Summe ins Ausland überweisen. Geschäftlich wurde er zum Vertreter einer internationalen Reifenfirma und erwarb sich hohes wirtschaftliches Ansehen. Zuschüsse von dem Reifenmulti für seine Existenzgründung zahlte er zurück. Seine Gewinne beliefen sich auf 24 Mio. ägyptische Pfund. Damit war er ein Musterbeispiel eines erfolgreichen Unternehmers im Land. Seine Absicht, Ägypten im günstigsten Fall zu verlassen, hielt er streng geheim. Vor allem lag ihm daran, die Gewinne in geeigneter Form bei ausländischen Banken Kairos in Dollar anzulegen. Das war nicht außergewöhnlich, weil sogar in der Bevölkerung der Grundsatz besteht, daß nur Kapital optimal gesichert ist, wenn es ausländische Banken verwahren. Selbst staatliche Banken in Ägypten müssen in dieser oder jener Form dem Umstand Rechnung tragen. Die ständige Unsicherheit sich ändernder Investitionsgesetze, die hohe Besteuerung der Gewinne, die unklare Perspektive der Landeswährung und die allumfassende Bürokratie Ägyptens ließen es ihm also weitaus günstiger erscheinen, das Kapital ins Ausland zu transferieren. Eine als geschäftlich deklarierte Reise führte ihn nach Italien, von wo er seinen Geschäftspartnern mitteilte, daß er nicht mehr zurückkehren wird. Die Nachricht schlug bei den politisch Verantwortlichen wie eine Bombe ein, da man ein solches Verhalten gerade von diesem Unternehmer zuletzt erwartet hatte. Der politische und wirtschaftliche Schaden war gewaltig. Das höchste Amt der Strafverfolgung, der Sozialistische Ankläger, nahm sich der Sache an, ohne viel Neuigkeiten zu gewinnen. Der Mann hatte seine Bücher sauber geführt, die Konten waren ordentlich aufgelöst worden, und den Vertrag mit dem internationalen Reifenunternehmen hatte er fristgerecht gekündigt. Letzteres war keiner Regierungstelle rechtzeitig zu Ohren gekommen. Vor allem die Banken waren wieder die direkt Geschädigten, sie mußten die gewährten Kredite weitgehend abschreiben. Nur einige von dem Unternehmer zurückgelassene Waren konnte man gewinnbringend veräußern. Er hatte eigentlich ein Muster für den Begriff Kapitalflucht geliefert. Nur seine Phase wirtschaftlichen Erfolgs im Land machte ihn zu einem Ausnahmefall. Das normale Verlangen nach Krediten erwächst aus einer krisenhaften Entwicklung des eigenen Unternehmens. Ein klassischer Fall ereignete sich Mitte des vergangenen Jahres. Ein Unternehmer trat intern an drei Verantwortliche in der Kairoer Arabischen Investment Bank heran und bestach sie. Sie sollten geschönte Geschäftsberichte seines Unternehmens der eigenen Leitung vorlegen, damit ihm erneut Kredite zugebilligt werden. Er hatte bereits seit 1990 einige Summen dieser Art bekommen, doch hatte sich sein Betrieb trotzdem nicht gewinnbringend entwickelt. Die drei verfaßten auftragsgemäß einen Erfolgsbericht des Unternehmens, worauf man ihm ohne jede Sicherheit acht Mio. als Kredit zubilligte. Kaum hatte er das Geld, verschwand er damit. Die drei Angestellten wurden sofort verhaftet und dem Obersten Staatssicherheitsgericht überstellt. Das sind sehr schlechte Aussichten für sie.

Die Terroristen, die keinerlei Geschäftsunterlagen vorlegen können, konzentrieren sich darauf, mit gefälschten Papieren Vertrauensleute zu den Banken zu schicken, um für Geschäftsgründungen Kredite zu bekommen. Damit das eigene Agieren nicht auffällt, legte man die Aktion möglichst in eine Zeitspanne, in der sich solche Fälle geplatzter Kredite besonders häufen. Im Oktober 1999 war wieder solch ein Höhepunkt. Die Öffentlichkeit war im höchsten Maß erregt über die in diesen Wochen aufgetretenen Mißstände, die beinahe einige Banken ruiniert hätten. Da hatten windige Geschäftsleute angeblich aussagefähige Geschäftsunterlagen vorgelegt. Sie wollten eine Fischkonservenfabrik großen Stils errichten. Insgesamt 350 Mio. ägyptische Pfund erhielten sie von einigen Banken und machten sich nach dem Erhalt der Summe auf und davon. Ein Holzhändler verschwand mit 70 Mio. Ein Handelsunternehmen für Gummiprodukte erwies sich als Scheingeschäft und bekam sieben Mio., die ebenfalls in das Ausland transferiert wurden. Selbst der Ministerpräsident sah sich gezwungen, zu diesen Erscheinungen Stellung zu nehmen. Er forderte, das Banksystem zu erneuern, kündigte eine scharfe Kontrolle der Banken an, um die Finanzen des Landes vor weiteren Schäden zu bewahren. Die Terroristen stellten in den Wochen zwei Kreditanträge auf jeweils eine Million und bekamen die Summen. Sie hatten in den Papieren industrielle Kleinunternehmen vorgestellt, zu deren Errichtung die Summen benötigt wurde. Auch sie brachten das Geld in das Ausland. Nicht ganz klar ist es, ob man Verantwortliche in den Banken bestochen hatte. Sie betrachten solche Akte als direkte Schädigung des Staates, obwohl manche Bank inzwischen einen privatrechtlichen Charakter trägt. Der Staat bürgt für keinerlei Kredite, deshalb ist er auch nicht direkt betroffen, wenn die Summen verloren gehen. Aber indirekt erleidet er massiven Schaden, weil damit seine Glaubwürdigkeit im politischen und wirtschaftlichen Sinn in Frage steht. Wie kann die Ökonomie gedeihen, wenn durch Gaunerei solche Schäden eintreten. Die großen Fälle, in die sogar Parlamentsabgeordnete verwickelt sind, deuten aus Sicht der Terroristen gewisse Agonieerscheinungen des Regimes an. Deshalb sind sie sehr dafür, daß sich diese bedenklichen Erscheinungen im Wirtschaftsleben nicht nur fortsetzen, sondern noch verstärken. Sehr große Vorbehalte haben sie gegen die Formen der privaten Kapitalanlagen wie Investmentfonds oder ähnliche, weil sie zu Recht darin letztendlich eine Stützung des Staates erblicken. Im August 1994 brachte die Ägyptische Nationalbank den ersten Investmentfond des Landes heraus, ein Jahr danach folgte ihr zweiter. Heute gibt es insgesamt 15 bei unterschiedlichen Banken. Zusätzlich dazu haben fast alle Geldinstitute in Verbindung mit ausländischen Geldgebern gesonderte Entwicklungsfonds gebildet. Allein bei der Nationalbank sind es fünf. Die Investmentfonds beziehen sich nur auf den ägyptischen Markt und können deshalb mit der einheimischen Währung bezahlt werden. Bei den anderen sind Dollars gefragt. Die Vielfalt der Formen dieser Fonds wird immer unübersichtlicher. Zwar gibt es eine Körperschaft des Finanzmarktes, die alles überblicken und regeln soll, doch kaum etwas passiert. Die Terroristen stehen den Erscheinungen nicht nur reserviert gegenüber, sie bemühen sich auch ihre Vorbehalte in die Öffentlichkeit zu tragen. Das geschieht mit gesteuerten Leserbriefen, mit Aufrufen und Artikeln. Besonders günstig erachten sie es, wenn auf dem Gebiet Mißbräuche, schlechtes Management und Unterschlagungen bekannt werden. An Stoff dieser Art fehlt es nicht. Der typischste Fall ist vielleicht die Investmentgesellschaft „Sonnenaufgang", die bereits 1986 entstand. Sie machte viel Versprechungen für große Gewinne und erhielt als eine der ersten Gesellschaften dieser Art regen Zuspruch. Bald aber, nachdem sie das Geld erhalten hatten, hüllten sich die Verantwortlichen in Schweigen. Nach 10 Jahren kam ein Schreiben der Gesellschaft an die Anteilseigner mit der Nachricht, daß die Gesellschaft umgruppiert wurde und nun aus mehreren unabhängigen Teilen besteht. Die Anteilseigner, so lautete die Bitte, mögen ihre Summen noch einmal bezahlen, damit sie richtig in der neuen Struktur verankert sind. Das rief schon ziemliche Unruhe hervor. Inzwischen sickerte durch, daß einer der Spitzenmanager ins Ausland geflüchtet war. Empörte Kunden wandten sich an einen amerikanischen Detektiv mit der Bitte, die Finanzstruktur der Gesellschaft aufzuklären. 25 000 Dollar kostete der Auftrag. Er brachte aber immerhin zu Tage, daß die Gesellschaft insgesamt 180 Mio. Dollar bei folgenden Banken angelegt hat: Royal Bank of Canada, Zweigstelle Toronto, First Union-Bank New Jersey, Credit de Suisse und einer Stockholmer Bank. Mit den mühsam erworbenen Kenntnissen begannen sich die Anteilseigner lauter mit ihrer massiven Kritik zu Wort zu melden. 1999 kulminierte die Aktion, weil sich die Presse des Falles teilweise annahm. Die staatliche Behörde kümmerte sich darum nicht. Aber der Minister für Parlamentsangelegenheiten veröffentlichte am 30. 5. 1999 in der Zeitung „al-Ahram" eine direkte Warnung vor der Gesellschaft. Seit 13 Jahren hatten die Anteilseigner von der Gesellschaft keinerlei Abrechnung, geschweige Geld erhalten. Obwohl in den Vertragsunterlagen, die jeder der Betroffenen besitzt, bestimmte Termine für die Zahlung angegeben sind. Unter dem Druck der Öffentlichkeit bequemten sich die Verantwortlichen zu einer symbolischen Zahlung. Wer 6000 ägyptische Pfund bezahlt hatte, bekam 600 dafür. Die Terroristen sehen in den Vorgängen ihre schlimmsten Befürchtungen bestätigt.

In ihren eigenen Geschäftsgebaren sind sie recht vorsichtig. Nach den vorliegenden Informationen, das deutet sich bereits in der Computerfrage an, vergeben sie Kleinkredite wie für die Einrichtung von PC-Schulen. Meist entstehen diese in einstigen Ladengeschäften. Der Kredit ist hart kalkuliert und wird nur bei klarer wirtschaftlicher Aussicht vergeben. Juge Leute werden bevorzugt, so sind arbeitslose junge Anhänger mit entsprechenden Computer-Kenntnissen für diese Einrichtungen gut geeignet. Die Nachfrage nach solchen Kursen ist sehr groß. Weil viele Sekretärinnen, Postangestellte, viele Verkäuferinnen und große Teile des Staatsapparats sich mit der Anwendung von Computertechnik befassen müssen. Die Kredite vergibt man ohne Zinsen, weil die islamischen Grundsätze das vorschreiben. Dafür ist man für bestimmte Zeit am Gewinn beteiligt. Solche Finanzierungsbedingungen erweisen sich als sehr günstig. Denn die einzige ägyptische Bank, die Kleinkredite vergibt, ist die private Ägyptische Industrie-Wachstumsbank. Sie gewährt für die Schaffung von Kleinindustrie-Betrieben einen Kredit bis zu 200 000 ägyptische Pfund mit acht Prozent Zinsen. Natürlich verlangt das Konzept der Terroristen eine aktive Mitarbeit der jungen Leute an dem Aufbau der jeweiligen Einrichtung. Verkaufsläden werden offenbar nicht finanziert. Die einzige Ausnahme soll ein Buchladen sein, den eine verheiratete junge Frau übernommen hat. Kleinunternehmen für die Holzverarbeitung sollen weitere bevorzugte Unternehmen sein. Die Perspektive derselben ergibt sich vor allem durch die Zusammenarbeit mit der Bauwirtschaft. Fenster, Türen und andere Teile sind ihr Produktionsprofil. Natürlich baut und repariert man für die Bevölkerung Möbel und andere häusliche Gegenstände. In der Form schafft man im kleinen gewisse Wirtschaftseinheiten, die ihren besonderen Wert daraus ableiten, daß sie einigen Jugendlichen Arbeitsplätze verschaffen, die ihnen eine recht sichere Perspektive bieten. Der Kredit in ihren Händen ist mit der Überreichung ihr Eigentum, damit können sie jeder Behörde gegenüber offen auftreten, wenn es einmal nötig ist.

Sehr viel schwieriger und auch gefährlicher ist das Wechseln ägyptischer Pfunde in ausländische Währungen und umgekehrt. Anhänger und Sympathisanten der Terroristen unternehmen solche Aktionen völlig auf eigene Gefahr. Der Reiz dabei besteht in einem ziemlich raschen Verdienst. Die Ursache dafür finden wir in der ägyptischen Währung. Die Führung des Landes hat sich seit längerer Zeit bereits dafür entschieden, den Wert ihres Pfundes gegenüber dem Dollar festzuschreiben. Man hält künstlich den Kurs der einheimischen Währung durch Zuschüsse hoch. Nur in einem ganz geringen Maß schwankt der Kurs. 1993/1994 waren 3,34 Pfund ein Dollar. 1996/1997 war der Wert auf 3,39 Pfund gestiegen. Heute im Jahr 2000 sind es 3,42 Pfund. Was nach außen wie Stabilität aussehen soll, erweist sich für viele Ägypter und auch ausländische Investoren als schweres Problem, weil vielen klar ist, daß die Landeswährung nicht ihren tatsächlichen Wert widerspiegelt. Langfristig läßt sich unter den Verhältnissen nicht unbedingt planen, da irgendwann die Stützung des Pfundes aufhören wird und damit die ganze Wirtschaft eine drastische Phase der Abwertung erlebt. Das illegale Wechselgeschäft ist deshalb lukrativ, wenn man den offiziellen Kurs unterbieten kann und Touristen mehr Pfund für einen Dollar oder eine andere Währung auszahlt. Wir finden deshalb solche illegalen Geldwechsler vor allem in Touristenzentren. Meist haben sie einige Jungen dabei, die ihnen rechtzeitig einen Tip geben, wenn sich verdächtige Personen nähern. Die ägyptischen Sicherheitsorgane können nur stichprobenartige Kontrollen unternehmen, weil sich die Anzahl solcher Leute kontinuierlich drastisch erhöht.

Die Kapitalflucht aus Ägypten ins Ausland zeigt mehrere Erscheinungsformen. Am häufigsten transferiert man sein Kapital über eine inländische Bank ins Ausland. Der Weg ist meist nur über Bestechungen möglich. Die zweite Methode wählen die ganz Eiligen, die Hals über Kopf das Land verlassen und die unrechtmäßig erworbenen Gelder mit sich führen. Sie müssen jedoch ihre Abreise soweit vorbereitet haben, daß sie die Zollkontrollen an den Grenzen umgehen. Meist entscheidet man sich aus diesem Grund für eine Flucht über das Meer. Als dritte Art sind Gewinne anzuführen, die man als Bürger Ägyptens in einer Auslandsbank erzielt, ohne daß die Landesbehörden den Betrag kontrollieren oder versteuern können. Hinter ihrem Rücken quasi macht man den Profit. Der Kapitalexport ist für die Ökonomie des Landes ruinös, weil dem Wirtschaftsleben in einem unbeschränkten Maß Kaufkraft verlorengeht. Was treibt nun die Menschen zur Kapitalflucht? Große Beträge, die man unrechtmäßig erworben hat, sind ständig der Gefahr ausgesetzt, im Laufe der Zeit durch die Sicherheitsorgane entdeckt zu werden. Fragen nach den Quellen können auftauchen. Reichen droht häufig ganz ungerechtfertigt eine Überprüfung der Finanzen, was schlimmstenfalls gleich zur Beschlagnahmung führen kann. Solche Gelder sind in Staaten sicher, mit denen Ägypten keine Auslieferungsvereinbarungen abgeschlossen hat. Auch sollte es der ausländischen Bank möglichst unbekannt bleiben, daß der Betrag aus Unterschlagungen oder dem Rauschgiftverkauf stammt. Das könnte sonst die Transaktion gefährden.

Natürlich können sich auch im Ausland Summen bilden, die entweder einen rechtmäßigen Charakter tragen oder durch Unrechtshandlungen entstanden sind. In dem letzteren Fall besteht die Gefahr, daß die Behörden des Gastlandes nach dem Summen fahnden. Jedoch ist der ägyptische Besitzer nicht in seinem Vaterland zu belangen, auch besteht für die ägyptische Sicherheit keine Möglichkeit, auf die Vorgänge im Ausland Einfluß zu nehmen. Meist sind die illegal in das Ausland verbrachten Gelder in bestimmter Form gewaschen worden und damit ihre Herkunft nicht mehr erkennbar. Die Geldwäsche besteht in der Einschleusung von aus illegalen Quellen gewonnener Geldbeträge in den normalen Währungskreislauf, um eine Rückverfolgung der Herkunft der Summen unmöglich zu machen. Die wahren Eigentumsverhältnisse sollen damit verschleiert werden. In der Europäische Union ist seit 1993 die Geldwäsche durch eine Richtlinie der EU-Kommission verboten.

Viele Bürger Ägyptens neigen auch deshalb zur Kapitalflucht, weil im Ausland die Chancen für bessere Anlagemöglichkeiten gegeben sind. Von den 644 Milliarden Dollar Direktinvestitionen im Jahr 1998 realisierte man 71,7% in Westeuropa und den USA, in den Entwicklungsländern nur 25,6% und in Osteuropa nur 2,7%. Die Inflationsrate ging in dem gleichen Zeitraum in den modernen Industriestaaten der westlichen Welt von 2,1% auf 1,6% zurück. In den Entwicklungsländern erhöhte sie sich von 9,2% auf 10,2%. Diese Verhältnisse verlocken manchen Ägypter dazu, sein Geld irgenwie ins Ausland zu schaffen. Noch mehr sind die Terroristen und windigen Geschäftemacher aller Art daran interessiert, daß ihr Auslandskapital günstig plaziert ist, um einen hohen Gewinn zu sichern. Westeuropa und Amerika bilden deshalb den Schwerpunkt des Interesses. Auch die Steigerungen auf dem Aktiensektor Europas zählen zu den Anreizen. Eine weitere Ursache für die Kapitalflucht steht mit dem soeben umrissenen Aspekt in einem indirekten Verhältnis. Für viele Investoren in Ägypten ist das wirtschaftliche Klima nicht förderlich, sondern in vielen Feldern direkt mit Schwierigkeiten belastet. Dazu gehören die unendlich langsame Verwaltung, die Höhe direkter und indirekter Steuern, die Stempelgebühren und

Abgaben für den Wachstumsfond. Weiteres ergibt sich auch aus der fortdauernden Unsicherheit der Landeswährung. Deren Überwertung durch den Staat kann auch nicht das Vertrauen in die örtliche Ökonomie stärken. Angesichts dieser Schwierigkeiten erscheint die westeuropäisch-amerikanische Hemisphäre unter dem Anlageaspekt als das gelobte Land.

Die ägyptische Regierung beobachtet auch mit Sorge eine Entwicklung, die mit den ägyptischen Gastarbeitern zusammenhängt, die in anderen arabischen Ländern auf Grund von bilateralen Staatsabkommen arbeiten. In Saudi-Arabien und Jordanien sind sie beispielsweise im Rechnungswesen und der Gastronomie. Überwiegend schicken die Betreffenden den größten Teil ihrer Einnahmen nach Ägypten zu ihren Familien. Neuerdings aber verstärkt sich die Tendenz, daß viele ihr verdientes Geld lieber im Ausland anlegen. Das sind immerhin 63 Milliarden Dollar, die auf diese Weise Ägypten verloren gehen. Denn die Überweisungen aus dem Ausland zu den Familien unterliegen der Besteuerung und stellen damit eine beachtliche Einnahmequelle des Staates dar. Mit zunehmender Tendenz droht sie zu versiegen, und immer mehr Ägypter verfügen damit über Gelder im Ausland, die ihnen neue Möglichkeiten erschließen. Denn im eigenen Land gibt es genug Hemmnisse, um Kapital in Form von Aktienkäufen oder von Anteilsscheinen zu erwerben. Überhöhte Gebühren schrecken ebenfalls manchen Kunden ab. Darüber hinaus bringt die Fusionswelle von ägyptischen Banken, 15 Banken verschwanden in den letzten Jahren durch solche Verschmelzungen, auch nicht gerade Klarheit. Denn viele Bürger fragen sich, ob ihr Kapital noch gesichert ist, wenn ihre Bank in einer anderen aufgeht. Es gibt kein festgelegtes Verfahren dafür. Meistens kauft die stärkere Bank alle Aktien der anderen auf, worauf die eine ihre Identität verliert und höchstens als Teilbegriff in dem neuen Namen auftaucht. Immer stärker aber erweist sich der Trend, daß sich die größte Bank des Landes, in Ägypten, die National-Bank, durch maximale Zukäufe rasch potenziert, um im kleinen Rahmen des Landes zu der absoluten Mega-Bank zu werden. Bei vielen Banken fehlt die Transparenz, in den Erklärungen, Schriften und Verlautbarungen können die Bürger oft nicht die nötigen Auskünfte über ihr Kapital finden, wenn solche Verschmelzungen anstehen. Viele kommen deshalb um so rascher auf den Gedanken, das Geld irgendwie ins Ausland zu schaffen. Dabei wissen sie noch nicht, doch empfinden so, daß das Leistungsvermögen der einheimischen Banken sehr viel zu wünschen übrigläßt. Wenn man das Verhältnis der Einnahmen zu den Kosten als einen Maßstab der Qualität betrachtet, dann beläuft er sich bei den Banken im Nahen Osten auf 49%, in Japan 85%, in Westeuropa 61% und in den USA 58%. Solche Zahlen sind den Bürgern Ägyptens nicht leicht zugänglich, sie sehen aber täglich die Unsicherheiten im Bankgeschäft und streben deshalb, wenn es geht, einen illegalen Kapitalexport an. Ganz eindeutig stehen die Verhältnisse, wenn ein führendes internationles Unternehmen seine Geschäfte mit Ägypten abwickelt, dann fließen die Einnahmen zurück. Im Januar 2000 sah sich die ägyptische Regierung gezwungen, zur Erlangung der Viagra Potenzpillen, mit der USA-Herstellerfirma Pfister eine Vereinbarung zu schließen, daß sie die Rohstoffe liefert und vier pharmazeutische Fabriken in Ägypten die Medizin herstellen. Damit erhält die amerikanische Firma einen festgelegten großen Gewinnanteil. Die Unternehmer in Ägypten wiederum sind ebenfalls bestrebt, ihre Einnahmen im Ausland unterzubringen. Das Gesundheitsministerium braucht ca. sechs Monate für die Registrierung der Pillen. Man rechnet damit, daß in knapp einem Jahr Viagra in den Apotheken des Landes zu haben sein wird. Die Regierung sah sich gezwungen zu dem kostspieligen Schritt, weil auf dem Schwarzen Markt Viagra zu Superpreisen angeboten wurde und trotzdem fast immer ausverkauft war. Auch die Terroristen boten sie an; die Lieferungen kamen aus Frankreich. Die Regierung sprach deshalb ein Verbot dafür aus. Heute hoffen die Verantwortlichen auf beachtliche Gewinne, obwohl die vier Fabriken mit dem amerikanischen Pharmakonzern sicher bald eigene Absprachen führen werden über die Gestaltung der Einnahmen. Oft entwickeln sich in einem solchen Verhältnis zwischen den örtlichen Produzenten und dem internationalen Multiunternehmen gewisse gemeinsame Interessen, deshalb hat die ägyptische Regierung Probleme mit dem illegalen Kapitalexport zu erwarten. Wie sich überhaupt die Bevölkerung fragt, ob es nicht kostengünstiger sei, die Pille einfach direkt aus den USA einzuführen. Für solche Diskussionen ist es zu spät. Auf jeden Fall bestimmt der USA-Konzern die Vermarktung in Ägypten und wird in vielfältiger Form präsent sein, so daß die Geschäftswelt davon betroffen ist.

Weitere Gründe für den illegalen Kapitalexport ergeben sich daraus, daß in Ägypten wie in vielen Entwicklungsländern sich Weltwirtschaftskrisen wie die jüngste in Süd- und Ostasien sehr viel länger und intensiver auswirken als in westlichen Industrieländern. Die neun Golfstaaten, die in dem Arabischen Währungsfond zusammengeschlossen sind, haben jetzt einen Rückgang an Wirtschaftsleistung von 24,8%. Die Finanzkraft der Entwicklungsstaatengruppe hat sich, so sagen internationale Beobachter, um 32,5% reduziert. Bei Ägypten beträgt die negative Handelsbilanz 12,5%. Auch mehren sich die Stimmen, die das für das Jahr 2000 prognostizierte Wachstum des Nationaleinkommens von 6% bezweifeln. Der erwähnte Arabische Währungsfond geht von 5% aus und erkennt auch nicht einen so raschen Rückgang der Inflation, wie die ägyptische Regierung für dieses Jahr mit 3,4% annimmt. Der Fond orientiert auf 3,8%. Die Touristenzahl stagniert seit 1996 bis heute mit 4 Mio. jährlich. Die Erwartungen für das Jahr 2000 mußten bereits drastisch zurückgeschraubt werden. Inzwischen sind die Einnahmen des Landes aus den Suezkanal-Gebühren wieder zur Hauptquelle der Wirtschaft geworden, der Tourismus ist auf einen sympathischen Faktor reduziert. Solche Wirtschaftsprobleme führen dazu, Wege für das Kapital ins Ausland zu suchen.

Natürlich werden auch Menschen dazu verlockt, diesen Schritt zu gehen, wenn sie erfahren, daß es ausländische Banken auf den britischen Kanalinseln und im Südpazifik gibt, die Anlagesicherheiten für nicht ansässige Kunden anbieten, keine Steuern auf die überwiesenen Beträge erheben, alle Kundenangaben streng geheim halten und jede Erleichterung bei der Aufnahme neuer Klienten garantieren. Auch die Terroristen haben Teile ihres Kapitals über solche Banken geleitet. Häufiger aber nutzen sie Geldinstitute in dem arabischen Golfgebiet. Sie zählen mit zu den wichtigsten Faktoren bei der Realisierung des illegalen Kapitalexports und tragen damit zu der weiteren Schwächung des Staates bei.

Die Unterschlagungen, die Geldwäsche und die vielen Aktivitäten der Schattenwirtschaft dauern an. Deshalb hat es Druck vor allem von amerikanischer Seite gegeben, die Schritte gegen Geldwäsche, die als ein Hauptglied des internationalen Terrors zu verstehen sind, grundsätzlich ernster zu konzipieren. Auch die Landesregierung hält es für dringend erforderlich, daß die Kontrolle über die Banken bedeutend verstärkt wird. Das ist auch im ausdrücklichen Eigeninteresse der Banken, denn international wirksam haben sich zwei unabhängig von einander arbeitende Rating Agencies entwickelt, die alle Geldinstitute der Welt nach ihrer finanziellen und rechtlichen Solidität einschätzen. Das Ziel dabei besteht vor allem darin, durch die einheitliche Klassifizierung dem Laien und Fachmann einen Schlüssel in die Hand zu geben, wie er diese oder jene Bank einzuschätzen hat. Die zwei wichtigsten Einrichtungen dieser Art sind Moody's sowie Standard & Poor's. Vor allem ist durch die Hilfsmittel leicht abzulesen, wo Risiken für Investoren bestehen. Sie gehen auch so weit, ganze Staaten in der Entwicklungsländerregion vor allem unter den Gesichtspunkten Finanzpolitik, gesetzlicher Rahmen und politische Risiken zu bewerten. Eines der größten Probleme sehen sie in den Schwächen rechtlicher Fixierungen des Bankgeschäfts. Dort besteht die Gefahr der Geldwäsche. Sie verlangen in ihrer Bewertung die Aufdeckung aller Risikofaktoren. Natürlich stecken in den Urteilen auch durchaus subjektive Elemente. So schätzt Moody's die politische Instabilität Ägyptens sehr hoch ein, während S & P die innenpolitische Gefahr im

Land als steuerbar bezeichnen. Bei Moody's ist daher Ägypten in die Klasse Ba2 eingeteilt. Das bedeutet unter dem wirtschaftlichen Blickwinkel ein verhältnismäßig niedriges Investrisiko hinsichtlich des kurzfristigen Aspektes. Dann aber heißt es in der Analyse, daß tiefgreifende Veränderungen im Geschäftsleben, der Ökonomie und den finanziellen Bedingungen eintreten können, die ein erhöhtes Invest-Risiko bedeuten. Die Gefahr des Terrorismus in dem Land drückt sich recht direkt in der Bewertung aus. Auch die Fortdauer der Schattenwirtschaft gehört in das Bild, wobei die Geldwäsche ein integraler Bestandteil ist. Solche Aussagen sind für das auswärtige Kapital, das Ägypten dringend für seine weitere Industriealisierung braucht, von verheerender Wirkung. Immer weniger Finanzhilfe steht in Aussicht, wenn solche Meinungen und Bewertungen fortbestehen. Deshalb bemüht sich das Land, die negativen Tendenzen allmählich zu überwinden. Dazu gehört, daß nur 27,0% der Gesamtbevölkerung zu dem aktiv arbeitenden Sektor im Land gehören. Im Libanon sind es 28,8%, in Marokko 31,6% und in Algerien sogar 35,0%. Die sehr geringe Zahl in Ägypten rührt vor allem aus dem großen Bereich der Schattenwirtschaft her. Alle dort tätigen Menschen tauchen in keiner Statistik auf. Obwohl andere Staaten ebenfalls mit solchen Problemen zu tun haben, ist ihre Wirtschaft weitaus besser mit Arbeitskräften ausgestattet. Schlimm ist es auch, daß ein Land mit ca. 60 Mio. Menschen und einer Landfläche von über 1 Million Quadratkilometern so wenig Menschen in Lohnverhältnissen hat. Natürlich sind Teile des Territoriums schwer kultivierbare Halbwüsten. Man verweist die Ägypter auf ernste Versäumnisse. Die Steigerung der Zahl arbeitender Menschen hängt auch davon ab, wie weit das Analphabetentum endlich beseitigt ist. Konkrete Maßnahmen fehlen, um mehr Frauen in der Gesellschaft, der Wirtschaft und in Wachstumsindustrien zu beschäftigen. Hier behindern noch immer islamische Traditionen ein entscheidendes Weiterkommen. Energische Schritte der Regierung könnten die Hindernisse beseitigen. Qualifizierungsprogramme für Arbeiter, wie sie auch die Arabische Arbeitsorganisation fordert, sind einzuführen, um die Beschäftigungszahl bei neuen Technologien und Techniken zu erhalten und sogar zu steigern. Bei der Bearbeitung der Flächen weist man darauf hin, daß Ägypten beidseitig des Nil die Nutzfläche für Landwirtschaft, Industrie und Tourismus von zur Zeit mäßigen 6% auf 24% erhöht. Das wären alles neue Arbeitsplätze im größten Umfang. Immerhin hat Ägypten das Projekt in die Reihe seiner sieben langfristigen Entwicklungslinien aufgenommen. Mit solchen Ratschlägen soll die Wirtschaft des Landes und das Arbeitskräftepotential verbessert sowie die Schattenwirtschaft eingeschränkt werden. Mit Sorge ist es zu konstatieren, daß der ägyptische Wirtschaftsmarkt nur 17% für das einheimische Gesamtprodukt erbringt. Daran trägt wieder die Schattenwirtschaft schuld. Denn in Jordanien, dem relativ kleinen Land mit seiner sich entwickelnden Chemieindustrie und dem Tourismus, sind es beachtliche 75%. Selbst in Tunesien sind es 22%. Das betrifft auch speziell die Banken, die in den negativen Feldern eine Hauptrolle spielen. Die Erbitterung der Regierung über die Banken resultiert daraus, daß sie selbst nach Berichten vom Januar 2000 eine Schuldenlawine auf sich zukommen sieht, die den Staat jederzeit zerschmettern kann. Das leichtfertige Verhalten der Geldinstitute, gewaltige Finanzmittel durch Fahrlässigkeit zu verschleudern, muß ihr in der Situation beinahe wie feindliche Sabotage erscheinen.

70 Milliarden Pfund nimmt der Staat jährlich ein, das ist aber der Betrag, den allein die Löhne der Lehrer ausmachen, die die 17 Mio. Schulkinder unterrichten. Man kann also den Bildungsbereich gar nicht mehr bezahlen. In der Not denkt man jetzt an die Privatisierung von Schulen, obwohl es Verfassungsgrundsatz ist, daß die Schulbildung weitgehend kostenlos ist. Ein weiteres drückendes Problem sind die staatlichen Betriebe des Landes, die auf dem Papier einen Wert von 80 Mio. ägyptische Pfund ausmachen. Tatsächlich beträgt ihre Verschuldung 60 Mio. 314 staatliche Unternehmen existieren noch, nur 100 von ihnen arbeiten mit Gewinn. Wie lange kann man noch die ange-

schlagenen Fabriken finanzieren? Die Erfahrungen besagen, daß bei einem Verkauf solcher Objekte, deren Erwerber nur an der Immobilie interessiert ist, die er umgehend veräußern will. Solche massiven Probleme belasten die Regierung gegenwärtig, so daß sie keinerlei Verständnis für die Vergeudung von Geldern durch die Banken hat.

Angesichts solcher massiven Kritiken setzten sich Vertreter ägyptischer Banken und der Zentralbank zusammen, um die bisherigen Unklarheiten im Umgang mit der Schattenwirtschaft zu beseitigen. Die Beratungen mündeten in neun Empfehlungen, die man zur weiteren Diskussion stellte. In der ersten tauchen bereits die spezifischen Probleme auf. Denn man legt nun fest, daß keine Geschäftskontakte zu Personen entwickelt werden dürfen, deren Identität nicht klar ist und dessen Namen Fragen aufwerfen. Offensichtlich hatte man sich bisher nicht an diese Grundregel der Geschäftsbeziehungen gehalten und dadurch auch der Geldwäsche jede Möglichkeit gegeben. Die zweite Empfehlung wirft aber in einer anderen Richtung Fragen auf, denn nun fordert man geeignete Maßnahmen, um über die Person, die ein Konto eröffnen will oder ein Geldgeschäft abwickeln möchte, zusätzliche Informationen zu bekommen. Das klingt sehr seltsam, weil dabei der Verdacht aufkommt, daß man über jeden Kunden möglichst umfangreiche Daten sammeln will. Die Empfehlung enthält keinen genauen Hinweis auf die Behörde, woher man die Details holt, doch scheint man von einem Extrem in das andere fallen zu wollen. Hatte man früher sich kaum um glaubwürdige Daten der Personen gekümmert, möchte man jetzt über jeden Kunden ein umfangreiches Dossier erhalten. Darin sollen Angaben über die Arbeit und jetzige Tätigkeit des Menschen, seine Ausbildung, Besitz, Immobilien, die Wohnorte und Anschriften, seine Staatsbürgerschaft, Ruf und finanzielles Ansehen, Konten bei anderen Banken, Umgang mit Steuern, Mitgliedschaft in Handels- oder Industriekammer und in Berufsgenossenschaften enthalten sein. Schon der Punkt des Steuerverhaltens zielt auf die Kontakte zur Schattenwirtschaft hin. Selbstverständlich möchte man ebenfalls erfahren, ob der Unternehmer seinen regelmäßig anfallenden Zahlungen im Sozialbereich nachkommt. Zusätzlich will man von der Zentralbank und den übrigen Geldinstituten Erkundigungen über ihn hinsichtlich seiner Geldgeschäfte einholen. Vor allem interessiert man sich dafür, ob er Auffälligkeiten dabei an den Tag legt. Gerichtliche oder verwaltungsrechtliche Auseinandersetzungen sind von besonderer Bedeutung. Tatsächlich scheinen sich aber die Banken kaum um die Realisierung der von ihnen gewährten Kredite zu kümmern. Der Eindruck ergibt sich in Alexandria. Dort steht seit einem Jahr ein großes Einkaufszentrum, eine Mall, in sechs Etagen, das täglich von ca. 4000 Menschen besucht wird. Zur Attraktivität des Gebäudes gehören auch vier Kinos. Jetzt ergeben sich ernste Probleme an der Statik des Bauwerks. Ein Verwaltungsgericht entschied, daß der Bau gegen die fixierten Vorgaben gravierend verstößt, denn genehmigt waren nur drei Etagen. Die anderen hatte der geschäftstüchtige Bauherr einfach darauf bauen lassen. Eine korrekte Bauabnahme gab es nicht. Nun müssen die obersten Etagen schnell entfernt werden, um das Bauwerk nicht völlig einstürzen zu lassen. Der Fall liegt gegenwärtig beim Bauminister. Die Untersuchungen berühren auch die kreditgebende Bank. Hatte sie die zusätzlichen Stockwerke ebenfalls finanziert? Es scheint so, daß man dem Investor blindlings in seinen Forderungen entsprach. Das zeigt das mangelnde Einschätzungsvermögen in der Einrichtung.

In der dritten Empfehlung der Banken geht es darum, daß die Fülle der erlangten Informationen über die Kunden gesammelt und aufbereitet werden sollen, um abrufbereit zu sein für staatliche Stellen. Also bleibt man dabei, ein Zweigorgan des staatlichen Machtapparats zu sein. Der Kunde ist damit zu einem Jagdobjekt geworden. Die Banken wetteifern quasi mit der Staatsgewalt dabei, die Verbrecher aufzudecken und zu überführen. Das kann nicht zu den Aufgaben der Bank gehören. Selbst wenn auf diese Weise die Schattenwirtschaft bekämpft werden soll, kann man keine positiven Resultate erwarten. Oft sind jedoch die Bankangestellten selbst die Täter. Am 4. 9. 1999 verhaftete die Polizei einen hohen Manager einer staatlichen Bank in Kairo. Er hatte die Gelder einer verstorbenen Kundin und eines im Ausland arbeitenden Fachmanns auf das Konto seiner Frau überwiesen. 58 000 ägyptische Pfund waren das. Mit Wirtschaftsverbrechen beschäftigen sich außerdem schon so zahlreiche Institutionen, daß man eigentlich nicht unbedingt den Banken die Hauptverantwortung für die Aufdeckung von Vergehen anlasten muß. Zu den bereits früher genannten sind noch anzuführen das Amt für Verwaltungskontrolle, die Finanzkontrollämter, die Aufsichtsbeamten in dem Ministerium für Finanzen und die Zentralbehörde für Buchführung. Sie alle untersuchen ständig die Wirtschaft unter dem Aspekt von Unregelmäßigkeiten. So viele Menschen werden nur unproduktiv damit beschäftigt, die Wirtschaft auf Verbrechen hin zu untersuchen.

Das wirft die Frage nach der Effektivität des Kontrollsystems auf. Nach internen Informationen arbeitet im Innenministerium des Landes seit 1989 eine Extraabteilung, die sich mit geheimen Mitteln um die Aufdeckung von Bestechungen und anderen Wirtschaftsvergehen kümmert. Sie verfügt über alle Möglichkeiten der konspirativen Arbeit, um ihre Aufgaben zu erfüllen. Vor allem befaßt sie sich auch mit dem Drogengeschäft. Wenn man jedoch dagegen hält, daß auch damit die Schattenwirtschaft nicht eingedämmt worden ist, muß man an der Berechtigung zweifeln.

Die vierte Empfehlung der Banken besagt, daß die jeweilige Bank bei zweifelhaften Fällen in ihrer Leitung einen Beschluß über das weitere Vorgehen fassen wird. Das sind nicht etwa solche Kunden, die man durch den geheimen Datenschatz als Täter entlarven kann. Nein. Als besondere Vorkommnisse betrachtet man mehr oder weniger technische Dinge. Da hebt ein Kunde an einem Tag mehrfach eine Summe ab, schon fällt das unter Auffälligkeiten. Oder jemand entnimmt einen Betrag von seinem Konto und eine andere Person zahlt ihn auf seinem Konto wieder ein. Das kann auch in mehreren Teilsummen oder in der Folge von einigen Tagen passieren, dann registriert die Bank sofort ein verdächtiges Verhalten. Eigentlich muß sich die Mehrheit der Angestellten in den Geldinstituten nur mit der Suche nach Verbrechern befassen. Ganz schlimm trifft es die Kunden, die Aktien bei einer der Banken gekauft haben und diese zurückerwerben, um sie in Devisen umzutauschen. Darin erblickt man schon den halben Versuch, illegal Kapital in das Ausland zu schleusen. Solche Fälle werden deshalb sicher Gegenstand einer Entscheidung in der Bank sein, die eine Information an eine der Verfolgungsbehörden ergibt. Obwohl es doch einfach das Recht jedes Kunden ist, sein Geld in die beliebige Form umzuwandeln. Wenn jemand einen nicht gedeckten Scheck vorlegt, ist er ebenfalls im Verdacht, ein Verbrechen größeren Stils unternehmen zu wollen. Statt den Scheck zurückzuweisen und, bei größeren Summen, den Fall den Gerichten zuzuleiten, nimmt sich hier der interne Verfolgungsapparat der Sache an. Die Terroristen kommen bestimmt nicht mit einem ungedeckten Scheck in eine Bank. Deshalb denkt man in den oberen Kreisen des Staates darüber nach, in einem Extragesetz die besonderen Fälle aufzulisten und die Banken zur Meldung zu verpflichten. Das ist bisher noch nicht geschehen, doch beweist die Überlegung die Entschlossenheit, die Kontrolle über die Banken zu verschärfen. In dem Nachdenken über das Gesetz tritt uns ebenfalls das verdächtige Bild entgegen, das von den Banken in den oberen Staatskreisen besteht. Ihnen unterstellt man quasi eine stillschweigende Kumpanei mit den Elementen, die Geldwäsche betreiben wollen oder ihr Geld illegal in das Ausland zu schaffen gedenken. Das ist kein schmeichelhafter Eindruck. Die fünfte Empfehlung weist auf die Schwäche hin, denn da spricht man von der Notwendigkeit, daß die Angestellten der Banken ausgebildet werden, zweifelhafte Geschäfte zu erkennen. Gleichzeitig sind sie über die Maßnahmen zu ihrer Bekämpfung in Kenntnis zu setzen. Ebenfalls sind für sie Informationen über die rechtlichen Grundlagen des Kampfes gegen die Geldwäsche vorgesehen. Vor allem sollen sie wohl erfahren, welche Methoden der Verfälschung von Tatsachen, der List und verschiedenen Tricks die Menschen gebrauchen, die unrechtmäßiges Eigentum haben, die die wahren Quellen über ihren Besitz verheimlichen und die Sicherheitsorgane hinter das Licht zu führen gedenken. Daß die Angestellten mit diesen Tatsachen konfrontiert werden, ist sicherlich nützlich. Die Mitarbeiter fallen in der Realität sehr oft auf die geschickten Argumente undurchsichtiger Geschäftsleute herein. Jüngst finanzierte man einem solchen Mann den Kauf von Waren. Um große Mengen von Zigaretten und Kleiderstoffen handelte es sich. Er und seine Begleiter nahm man fest, als sie die Kisten am Zoll vorbei in das Ausland schaffen wollten. Daran erkennt man, wie illusorisch das Sammeln von Daten ist. Besser wäre es gewesen, den Antrag des Mannes sachlich genauer zu prüfen. Daher ist es wünschenswert, die Mitarbeiter mit den grundsätzlichen Aufgaben der Bankarbeit mehr vertraut zu machen. Durch die bestehenden Mängel auf dem Gebiet ist die Existenz dieser Menschen als Verfolgungsbehörde direkt gefährdet. Was nützt es, wenn sie bestimmte Tricks verdächtiger Personen kennen lernen, gleichzeitig aber anfällig sind, mit ihnen in bestimmten Situationen zusammenzuarbeiten. Die Rechtsbelehrungen sind speziell auf die Frage Geldwäsche und Bekämpfung der Schattenwirtschaft gerichtet. Da Ägypten jedoch noch über kein eigenes Gesetz dazu verfügt, kommt nur das uns bereits bekannte über die Geheimhaltung der Bankarbeit von 1990 in Frage. Das ist den meisten Angestellten längst geläufig, weil sich daraus die enge Kooperation mit den Verfolgungsbehörden ergibt. Für die Ausbildungen will man vor allem Experten aus dem Justiz- und Wirtschaftsministerium, dem Zoll und den Bereichen des Verwaltungs-, Zivil-, Verfassungs- und Kriminalrechts gewinnen. Die sechste Empfehlung schließt sich dem Vorhaben an, denn der Dachverband der ägyptischen Banken beteiligt sich an dem Bildungsprogramm. Das bedeutet, daß damit auch einige banktechnische Belehrungen in die Aktion einfließen. Die siebente Empfehlung betrifft erneut ein schärferes Vorgehen gegen verdächtige Kunden. Denn einerseits will man die Manipulationen mit Geldkarten einschränken, anderseits jedoch möchte man die Rückzahlung der Kredite stärker dadurch absichern, daß man von dem Interessenten ausführliche Berichte über seine Absichten verlangt. Dazu sollen Sicherheiten kommen. Offensichtlich hatte man sich in der Vergangenheit zu wenig um diese grundsätzlichen Garantien für das Geldgeschäft gekümmert. Dagegen waren die Unternehmer der einheimischen Wirtschaft mit der neuen Orientierung direkt angesprochen. Das schwierigste Problem sind die Sicherheiten von Kunden, die im Ausland bestehen. Viele Bürger haben sich Kredite erschwindelt, indem sie von ausländischen Banken ausgestellte Belege über Devisenkonten vorlegten. Das war nur schwer nachprüfbar, häufig erfuhr man später, daß das fingierte Papiere waren. Eigentlich hat sich die Lage kaum gebessert, die Banken sind nur vorsichtiger geworden, nicht zu großen Schaden zu erleiden. Um solche Fälle künftig auszuschließen, strebt man an, über die entsprechende Person durch die internen Personalanfragen rechtzeitig genügend zu erfahren. Vor allem sollen es Angaben über das tatsächliche Einkommen sowie über die Rechtmäßigkeit seiner Geldquellen sein. Das Material müßten das Steueramt sowie mehrere der Einrichtungen zur Bekämpfung von Wirtschaftsverbrechen liefern. Wie lange es dauert, an diese Angaben zu kommen, ist allerdings nicht absehbar. Unter der achten Empfehlung schlägt die Zentralbank vor, die bestehenden Gesetze, die das Problem der Geldwäsche tangieren, auf ihre Aktualität hin zu überprüfen. Das sind im wesentlichen fünf, die sich mit dem unrechtmäßigen Besitz, mit der geheimen Rechnungsführung der Banken, mit dem Ausnahmezustand, Verstößen von Ministern und allgemeinen Verbrechen befassen. In dem Zusammenhang erkennt man, wie weit Ägypten bereits rechtliche Grundlagen für den Kampf gegen die Schattenwirtschaft und die damit verbundene Geldwäsche geschaffen hat. In jüngster Zeit haben sich die Verfolgungsbehörden immer mehr auf das Gesetz über den Ausnahmezustand gestützt, weil das die schnelle Handhabe bietet, Eigentum von Drogenhändlern oder betrügerischen Unternehmern sofort zu beschlagnahmen und damit der Verbringung ins Ausland zuvorzukommen. Natürlich entdeckt man nur einen geringen Bruchteil, weil man mehr mit der Mißwirtschaft im administrativen Feld zu tun hat. Denn der Mißbrauch des politischen Einflusses in der Kommunalverwaltung und die Finanzgebaren mancher Gesellschaft, die mit den Geldern der Anleger nicht korrekt umgeht, wird eher bekannt, weil sich aus der Öffentlichkeit empörte Bürger melden und damit die Sicherheit auf die richtige Fährte führen.

Auch Zeitungen greifen manchmal solche Klagen auf, wenn sie sich als stichhaltig erweisen. Das war Anfang September 1999 der Fall, als in der Hafenstadt Alexandria das Hotel „Venezia", 1983 entstand der Bau mit 190 Zimmern, plötzlich abgerissen werden sollte. Es liegt nur ca. ein Kilometer entfernt vom Hafen und war von Schiffbesatzungen sowie Reisenden gern besucht. Seit 1994 stand es unbenutzt. Proteste der Bevölkerung und touristischer Einrichtungen bewirkten, daß sich die Presse des Falles annahm und heraus bekam, daß der Besitzer ein Geschäft damit machen wollte. Er hatte das Land 1975 für 34 000 ägyptische Pfund gekauft. Nach dem Abriß sollte der Verkauf der Fläche 10 Mio. ägyptische Pfund erbringen. Hier wollte sich einer rasch spekulativ bereichern. Den Artikel nahm die Gouverneur von Alexandria zum Anlaß, eine Fachkommission aus Ingenieuren zu bilden, die die Weiterführung des Hotels prüfen und absichern sollen. Gegen den Unternehmer sind sicherlich unter der Hand konkrete Nachforschungen eingeleitet worden, um seine finanziellen Bedingungen und Quellen aufzudecken. Das Eingreifen des Staates war schon ein ernstes Zeichen dafür, daß Schaden verhindert werden mußte. Man ist bereits bei den Untersuchungen dahingehend fündig geworden, daß der Mann schon bei dem Kauf des Landes auffällige Züge an den Tag legte. Denn zuerst wollte er die Fläche damals nicht bebauen und brauchte schließlich acht Jahre bis das Hotel fertig war. Der Hotelbesitzer kann nun nicht mehr über sein Vermögen entscheiden. Das sind Ereignisse, wie sie sich relativ häufig ereignen, die aber auch den schwierigen Umgang mit Investoren zeigen. Den Aspekt behandelt ebenfalls die neunte Empfehlung. Darin unterstreicht man nochmals die Wichtigkeit des Gesetzes über die geheime Rechnungsführung der Banken von 1990 für die Strafverfolgung von Verbrechen der Geldwäsche und der Tätigkeit in der Schattenwirtschaft. Plötzlich jedoch taucht in dem Zusammenhang der Hinweis auf, daß für die Einschaltung der Sicherheit ernsthafte Beweise vorliegen müssen. Welcher Natur die sein sollen, ergibt sich nicht. Dagegen macht man jetzt unmißverständlich klar, daß die Banken gehalten sind, keinesfalls mit ihren Aktionen das Investitionsklima negativ zu beeinflussen. Auch sollen sie bei ihrem Vorgehen wirtschaftliche Schäden vermeiden. Gleichzeitig dürfen keine Beeinträchtigungen der Handlungsfreiheit der Banken eintreten. Hier werden die Geldinstitute für jedes Problem haftbar gemacht, daß die ganze Ausforschungsaktion bewirken kann. Sie sind die Sündenträger und haben auszubalanzieren, wie sie das eine tun müssen und das andere nicht lassen dürfen. Aus der ernsten Konstellation heraus relativiert sich das ganze Unternehmen.

Weil die Banken in einen schonungslosen Wettbewerb untereinander und mit der Weltkonkurrenz gestellt sind, modifiziert sich das ganze Nachfragewesen auf ein Mindestmaß, da die Verschmelzung mit den Finanzmärkten keine andere Wahl läßt. Auch die Niederlassung ausländischer Großbanken in Kairo trägt zur Beunruhigung bei. Deshalb haben sich die Banken weitgehend auf die grundsätzliche Praxis orientiert, die Geschäfte in den Mittelpunkt zu rücken, um den Arbeitsplatz zu erhalten. Die Sicherheitsaspekte lehnt man nicht ab, beschränkt sie aber auf die offensichtlichen Fälle, bloße Verdachtsmomente kann man nicht berücksichtigen. Damit besteht die Schattenwirtschaft fort. Die Geldwäsche hat sich kaum umstellen müssen. Da der Wettbewerbsdruck so stark ist, zeigt sich fast jede einheimische Bank bereit, bei sachlicher Begründung größere Beträge zu überweisen. Sie haben schnell gemerkt, daß nur die Wahrung der Vertraulichkeit die Kunden befriedigt. Die Banken wollen sich nicht als Richter betätigen, um eine Staatsräson durchzusetzen. Einerseits die Heiligkeit der Vertrauchlichkeit zu betonen und gleichzeitig einen Kontrollapparat aufzubauen, verträgt sich nicht. Die Sicherheit ihrerseits wird nicht müde, ihre Forderungen nach den Informationssammlungen zu wiederholen, weil die Freiheit der Wirtschaft nach ihrer Meinung nicht Chaos bedeuten darf. Das ist ein sehr gefährliches Argument, weil man damit das gesamte Wirtschaftsleben diskreditieren kann. Die Gedankenführung der Kreise zeugt von einer Geringschätzung der ökonomischen Freiheit. Sie wollen weiter steuern und lenken in ihrem Sinn, in jedem Investor erblicken sie den potentiellen Feind. Wie das mit dem Aufbau einer demokratischen Verwaltung und einer Reform des Staates zu vereinen ist, ist eine weitere Frage. Eine gewisse Interessenkollision ist dabei zu befürchten. Denn viele Banken des Landes gehen gezwungener Maßen einen anderen Weg, um Kunden zu finden und an sich binden. Sie organisieren für ihre Kundschaft einen Tag der offenen Tür, verbessern die Kultur der Betreuung und erarbeiten umfangreiche Druckschriften über ihr finanztechnisches Angebot zur Verteilung an die Öffentlichkeit. Gleichzeitig erfahren sie in dem Zusammenhang aus dem Gespräch mit Interessierten und Vorbeigehenden manche Details, die für ihre Arbeit wichtig sind. Die Angestellten nehmen an Rechtsbelehrungen teil, wenn es die Zeit erlaubt, sind aber sehr viel mehr daran interessiert, in die komplizierten und wichtigen Techniken des effektiven Kundengesprächs eingeführt zu werden. Auch die Finessen des richtigen Telefonierens, der optimalen Briefform und der mühevollen Arbeit, Vertrauen zu stiften, gehört zu den Aktionsfeldern, die zu beherrschen sind, wenn man den harten Anforderungen in dem heutigen Geschäftsleben gerecht werden will. Achtung in dem Verhältnis zu den Kunden zu entwickeln, ist eine der wichtige täglichen Aufgaben. In der Qualifizierung ihrer Mitarbeiter sehen die Banken einen wichtigen Beitrag ihrerseits, zur Bekämpfung der Schattenwirtschaft beizutragen. Der größere Teil muß von staatlichen und wirtschaftlichen Regularien erwartet werden.

5. Ausblick

Mehr als 80 Jahre existieren in Ägypten Terrorgruppen, die sich teilweise auf die ganze islamische Welt ausgedehnt haben. Heute sind diese Gefahren keineswegs gebannt. Der Attentatsversuch am 6. 9. 1999 und die militärischen Auseinandersetzungen nur einen Tag danach im Süden Kairos, wo sich Terroristen und Sicherheitskräfte gegenüberstanden, machen darauf aufmerksam, daß mit weiteren Konflikten zu rechnen ist. Der Innenminister hat nach den Ereignissen im Kreis seiner Mitarbeiter angeordnet, daß die Sicherheitsplanungen fortlaufend überprüft und aktualisiert werden müssen. Das Land steht vor Entscheidungen, die ein Wirksamwerden terroristischer Gedanken behindern können. Die gegenwärtigen Bemühungen von vier Oppositionsparteien, die Demokratisierung voranzuführen, gehen in die richtige Richtung. Nur mit einem weitaus größeren Umfang von Freiheit in den Medien, dem Parteienwesen und der breiten Öffentlichkeit sowie mit demokratischer Rechtlichkeit kann das Regime einen Charakter gewinnen, der eine größere Einbeziehung der Menschen in das gesellschaftliche und politische Leben sichert. Der Staat muß auch die Wirtschaft durch neue Technik produktiver gestalten, um perspektivisch mehr Arbeitsplätze zu schaffen, vor allem für Jugendliche. Das neue Jahrtausend bringt durch die Internationalisierung der Landesökonomie neue Belastungen, die sich aus dem fortdauernden verschärften Wettbewerb ergeben. Wenn es sich nicht dafür wappnet und in der beschriebenen Weise das geistige und politische Klima freiheitlich öffnet, eine Vielzahl der Bürger für einen positiven Wandlungsprozeß gewinnt und dadurch an Stärke wächst, sind starke Turbulenzen im Innern vorauszusagen. Die Verkrustungen und Ungerechtigkeiten erweisen sich als Belastungen, die große Gefahren in sich bergen. Die heutige Jugend läßt sich nicht ohne weiteres den freien Gedanken verbieten. Nach neuesten Umfragen möchten 42% der Jugendlichen einmal Europa besuchen, weil es geographisch nah und kulturell verwandt ist. Mit 30% folgen die arabischen Staaten, an dritter Stelle steht Amerika. An letzter mit 10% sehen wir Asien. Die Umfrage stellt klar, daß sich die jungen Menschen nicht vor dem Westen fürchten, wie es die Geistlichen und die Extremisten tun. Selbst sprachliche Hindernisse stehen dem nicht im Wege. Auch bei den Werten, die die heutige arabische Welt repräsentiert, zeigen die jungen Leute erstaunliche Sachlichkeit. Denn 64% von ihnen bezeichnen die arabische Sprache und das geistige Erbe als die größten Potenzen der gegenwärtigen Araber. Keiner führt die Religion an. In dem geistigen Erbe kann sie enthalten sein, aber nicht nur.

Auch die literarische Prosa und Poesie, die Architektur und die bei der Geistlichkeit so verhaßte Philosophie sowie Volksbräuche gehören dazu. Sogar die Miniaturmalerei muß dazu zählen, die eigentlich auf Grund des islamischen Bilderverbots gar nicht existieren dürfte. Die Betonung des Erbes macht auch auf die eigene Schwäche in der gegenwärtigen Gesellschaft aufmerksam. Analog dazu erkennen sie die technologische Überlegenheit des Westens an sowie dessen militärische und wirtschaftliche Stärke. Da sie jedoch gern dorthin fahren möchten, bedeutet die Stärke für sie kein Bedrohungspotential, sondern ein Punkt des Interesses. Probleme haben sie mit der modernen Technik, denn nur 43% von ihnen haben einen Computer in der Nähe, den sie benutzen können. Sie selber haben auch noch keineswegs die allseitige Anwendbarkeit dieser Technik erkannt, sondern sehen den PC zu 58% eingeschränkt auf die Forschung, die akademische Untersuchung, als hätte er nichts mit dem täglichen Leben zu tun. Hier zeigen sich noch beachtliche Bildungsschwächen, die für den ägyptischen Staat alarmierend wirken müssen. Dabei sind sich die jungen Menschen offensichtlich weitgehend einig darin, daß sie von ihrer Regierung nichts zu erwarten haben. Auf die Frage, wie schätzt du die Arbeit der Regierung ein, antworten 45% mit schlecht und 8% mit sehr schlecht. Nur 18% finden sie gut. Das ist die Enttäuschung, die viele Jugendliche schließlich in die Hände der Terroristen treibt. Logisch ist auch, daß sie am liebsten ausländisches Fernsehen konsumieren und als die bevorzugte Sprache auf der Mattscheibe das Englische angeben. Aus dem hier nur kurz dargestellten Material ergibt sich, daß die heutige Jugend auf den Westen setzt, die Medien nutzt, um sich über ihn zu informieren und sich zu bilden. Europa spielt dabei die entscheidende Rolle. Wir haben zu erkennen, daß sich damit eine gewisse Chance ergibt, die aus den Tendenzen der wachsenden weltwirtschaftlichen Verflechtung des Landes resultiert. Auf diese Weise werden die jungen Menschen auch direkt mehr und mehr mit der westlichen Kultur in Berührung kommen, das wird ihnen von Nutzen sein. Leider wird es nicht konfliktfrei sein, da die Ökonomie dominiert und die Kultur eine Nebenrolle spielt. Unter der Jugend haben wir aber Verbündete, die vorurteilslos bei einem besseren Leben nicht auf ihre Traditionen verzichten wollen, doch die Weiterentwicklung des Lebens mehr mit dem Westen in Beziehung setzen als mit dem gegenwärtigen Staat. Dieser muß sich fragen, wie er die Jugend gewinnen will. Damit sind wir erneut bei den dringenden Forderungen nach mehr Offenheit, größerer Freiheit und stärkerer Demokratie. Die Postulate liegen, von der Opposition formuliert, auf dem Tisch. Selbst in den engeren Führungskreisen scheint man sich mit dem Gedanken zu befassen, wie man das System reformieren kann. Dabei muß aber die regierende Partei über ihren eigenen Schatten springen und einen offenen politischen Wettbewerb mit anderen Parteien antreten. Das wiederum scheint deshalb schwierig, weil mit der bisherigen Regelung die unerschütterliche Stellung des Präsidenten gesichert war. Sollte er sich selbst in das unsichere Fahrwasser des freien Parteilebens wagen? Zweifel in der Hinsicht sind angebracht. Er ist inzwischen der mit 18 Jahren am längsten regierende arabische Herrscher und wird wohl kaum in seiner letzten Phase die eigene Macht gefährden wollen. Gewisse Schritte in Richtung einer offeneren Demokratie scheinen möglich, er spricht selbst davon, aber umfassende und die Jugend begeisternde Wandlungen sind wohl nicht zu erwarten. Das bildet die Chance für den Terrorismus, der sich als Feind des Westens nicht nur vor jeder Internationalisierung fürchtet, sondern strikt dagegen operiert. Denn das Festhalten der Jugendlichen an dem geistigen Erbe ist enttäuschend für die Extremisten, weil die Religion nicht explizit Erwähnung findet, doch haben sie ihre eigene eingeschränkte Definition vom Erbe, so daß sich die Haltung der Jugend mit der ihrigen vielleicht berühren kann. Allerdings wird es den Extremisten nur schwer gelingen, den jungen Menschen ihr großes Interesse an Europa und seiner Kultur sowie Technik auszureden. Die Geistlichkeit steht den Terroristen zur Seite, wenn es gegen die Verwestlichung geht. Damit zeichnen sich auch für die Zukunft nützliche Formen der Zusammenarbeit ab, die einfach aus der gemeinsamen Abneigung erwachsen. Aus den Reihen der Geistlichen wird vielleicht eines Tages die Gestalt auftauchen, die an die Spitze des Staates treten kann, wenn die Amtsnachfolge nach dem Präsidenten Mubarak in Schwierigkeiten gerät. Er hat keinen offiziellen Stellvertreter. Nach seinem plötzlichen Tod würde laut Verfassung der blasse Parlamentspräsident die Geschäfte übernehmen, ob die Armee der Entscheidung ruhig zusieht, ist nicht sehr wahrscheinlich. In dem Konflikt vermag sich die Geistlichkeit als eigenständige Kraft erweisen, was letztlich den Terroristen entgegenkommt und sogar optimale Formen in ihren Augen gewinnen kann. Die beiden Kräfte arbeiten auf die Situation hin, um bereit zu sein, wenn sich die Verhältnisse günstig gestalten.

Weiterführende Literatur

1. Kapitel

Haider Ibrahim Ali, as-sudan, al-fasad wa l-iftiqar tahta nizam aj-jabha al-islamija al-qaumija, Kairo, 2. Aufl. 1997;

Muhammad Fazl-ur-Rahman Ansari, The Qur`anic Foundations and Structure of Muslim Society, 2 Bde., Karachi, 2. Aufl. 1977;

The New York Times, Newsweek, USA-Today, al-Masarif al-Arabija

2. Kapitel

Admas, C. C., Islam and Modernism in Egypt, London 1933;

Mitchel, R. P., The Society of the Muslim Brothers, London/Oxford 1969;

Perthes, V., Die Fiktion des Fundamentalismus. Von der Normalität islamischer Bewegungen. In: Blätter für deutsche und internationale Politik (Februar 1993), 2, S. 188-200;

Semsek, H. G./Stauth, G., Lebenspraxis, Alltagserfahrung und soziale Konflikte. Kairoer Slums der achtziger Jahre, Stuttgart 1987;

Springborn, R., Mubarak's Egypt. Fragmentation of the Political Order, London 1989;

Wikan, U., Life Among the Poor, London 1980

3. Kapitel

Ibrahim al-Bajumi Ghanim, al-gharb fi ru`ja al-haraka al-islamija al-misrija, Kairo 1993;

Jansen, J. J. G., The Interpretation of the Koran in Modern Egypt, Leiden 1980;

Muhammad Qutb, The Misunterstood Religion, Lahore, 4. Aufl. 1978;

Sayyid Abul Ala Maududi, Towards Understanding Islam, Lahore, 14. Aufl. 1974;
- The Process of Islamic Revolution, Lahore, 7. Aufl. 1979;
- Jihad in Islam, Lahore, 3. Aufl., 1980;
- First Principles of the Islamic State, Lahore, 5. Aufl., 1978;
- Political Theory of Islam, Lahore, 6. Aufl., 1980

4. Kapitel
`Isam at-Tarsawi, ghasil al-amwal, mulhaq al-ahram al-iqtisadi, 29. 5. 1995;
Muhammad Sa`id al-`Ashmawi, jara`im al-muchaddirat, Uktubar (ägyptische Wochenzeitschrift), S. 12/13, 12. 9. 1999;
Mustafa Suwaif, al-muchaddirat wa l-mujtama`, Kuwait 1996;
Zaaluk, M., Power, Class and Foreign Capital in Egypt. The Rise of the New Bourgeoisie, London/New Jersey 1989

Personenverzeichnis

Die Erfassung der arabischen Namen erfolgte nach dem dort üblichen Prinzip: Vor- Nach(Vaters)name; alle anderen Namen und bekannte arabische Persönlichkeiten sind zuerst mit ihrem Nachnamen ausgewiesen.

Eberhard Serauky

Jahrgang 1940; 1959 bis 1964 Studium der Orientalistik an der Martin-Luther-Universität Halle-Wittenberg; 1964 bis 1968 wissenschaftlicher Assistent am Institut für Orientforschung der Deutschen Akademie der Wissenschaften zu Berlin; 1968 Promotion, 1968 bis 1974 Hauptreferent im Ministerium für Auswärtige Angelegenheiten der DDR, anschließend wissenschaftlicher Oberassistent am Institut für Internationale Beziehungen Potsdam-Babelsberg; 1977 wissenschaftlicher Mitarbeiter am Zentralinstitut für Alte Geschichte und Archäologie der Akademie der Wissenschaften der DDR und von 1981 bis 1995 wissenschaftlicher Oberassistent an der Humboldt-Universität zu Berlin; 1985 Berufung zum Hochschuldozenten; seit 1995 Mitarbeit an Forschungs- und Publikationsvorhaben der Ain Shams-Universität Kairo, eigene Veröffentlichungen in verschiedenen ägyptischen Zeitschriften wie „Hawa“, „al-Masarif al-arabija“ und „Rose al-Jussuf“.